县域高中、超级中学和中国精英大学入学机会

郭丛斌◎著

图书在版编目 (CIP) 数据

县域高中、超级中学和中国精英大学入学机会 / 郭丛斌著 . — 北京：北京大学出版社，2022.8

ISBN 978-7-301-33541-3

Ⅰ . ①县… Ⅱ . ①郭… Ⅲ . ①高中 – 教育质量 – 影响 – 高等教育 – 教育资源 – 资源分配 – 研究 – 中国 Ⅳ . ① G649.2

中国版本图书馆 CIP 数据核字 (2022) 第 196840 号

书　　名	县域高中、超级中学和中国精英大学入学机会 XIANYU GAOZHONG、CHAOJI ZHONGXUE HE ZHONGGUO JINGYING DAXUE RUXUE JIHUI
著作责任者	郭丛斌　著
责任编辑	刘　军
标准书号	ISBN 978-7-301-33541-3
出版发行	北京大学出版社
地　　址	北京市海淀区成府路 205 号　100871
网　　址	http://www.pup.cn　　新浪微博：@ 北京大学出版社
电子信箱	zpup@pup.cn
电　　话	邮购部 010-62752015　发行部 010-62750672 编辑部 010-62753056
印 刷 者	北京虎彩文化传播有限公司
经 销 者	新华书店
	720 毫米 ×1020 毫米　16 开本　15.5 印张　270 千字 2022 年 8 月第 1 版　2022 年 8 月第 1 次印刷
定　　价	90.00 元

目 录

中国精英大学入学机会篇

导 言 …… 3

第一章 中国精英大学入学机会的省际差异 …… 8

第一节 中国精英大学每万人录取机会指数 …… 9

第二节 不同省份的精英大学录取机会差异 …… 11

第三节 精英大学入学机会省际差异的成因 …… 13

第四节 研究结论及讨论 …… 17

第二章 中国精英大学入学机会的省内差异 …… 20

第一节 研究数据及方法 …… 22

第二节 精英大学生源在不同行政层级区域中学的分布 …… 23

第三节 各省份 A 大学和 B 大学生源在不同地市的分布 …… 27

第四节 不同类别优质高中教育发展不平衡的原因分析 …… 31

第五节 促进优质高中资源均衡分布的政策建议 …… 36

第三章 中国精英大学入学机会的校际差异 …… 38

第一节 衡量精英大学入学机会校际差异的方法 …… 40

第二节 中国精英大学入学机会的校际差异 …… 43

第三节 中国精英大学入学机会校际差异的马太效应 …… 49

第四节 研究结论及讨论 …… 56

县域高中篇

导　言 …………………………………………………………… 63
第四章　县域高中对县域经济增长的贡献 ………………………… 66
　第一节　数据来源和研究方法 ……………………………… 69
　第二节　实证研究结果 ………………………………………… 72
　第三节　县域高中对地区经济增长影响的机制分析 ………… 77
　第四节　研究结论及讨论 ……………………………………… 82

第五章　县域高中学生精英大学入学机会对人口流动的影响 ……… 86
　第一节　研究设计 ……………………………………………… 91
　第二节　实证研究结果 ………………………………………… 96
　第三节　研究结论及讨论 …………………………………… 106

第六章　县域高中对农村学生精英大学入学机会的影响 ………… 110
　第一节　数据来源与研究方法 ……………………………… 113
　第二节　实证研究结果 ……………………………………… 116
　第三节　县域高中教育质量对农村学生精英大学入学机会的影响 …………………………………………………… 125
　第四节　研究结论及讨论 …………………………………… 127

超级中学篇

导　言 ………………………………………………………… 133
第七章　超级中学的教育垄断 ………………………………… 136
　第一节　超级中学教育垄断指数的构建 ……………………… 137
　第二节　各省超级中学教育垄断的基本情况 ………………… 138

第八章　超级中学对各省普通高中教育质量的影响 …………… 144
第一节　高中教育质量的测量指标 …………… 145
第二节　各省高中教育质量的基本情况 …………… 147
第三节　教育垄断对各省高中教育质量的影响 …………… 150
第四节　研究结论及讨论 …………… 155

第九章　超级中学对农村学生精英大学入学机会的影响 …………… 160
第一节　测量指标与计量模型 …………… 162
第二节　各省份精英大学录取机会的集中程度 …………… 164
第三节　各省份农村学生精英大学录取机会的情况 …………… 166
第四节　超级中学对农村学生精英大学入学机会的影响 ……… 168
第五节　研究结论及讨论 …………… 175

政策建议篇

导　言 …………… 185
第十章　科学设定高考难度 …………… 188
第一节　高考难度及其测算 …………… 190
第二节　各省理科高考难度探析 …………… 192
第三节　各省县域高中学生精英大学入学机会 …………… 195
第四节　各省优质高中学生精英大学入学机会 …………… 197
第五节　高考难度对县域高中学生精英大学入学机会的影响 …………… 200
第六节　调整命题难度提升县域高中学生精英大学入学机会 …………… 204

第十一章　优化高考统分命题方式 …………… 207
第一节　高考命题统分政策及其演进 …………… 209
第二节　高考分省自主命题效应测算 …………… 212
第三节　不同统分命题背景下的精英大学入学机会考辨 ……… 213

第四节　不同命题方式影响县域高中学生精英大学入学机会……………………………………………………………………… 217
第五节　不同命题方式影响精英大学入学机会的集中度……… 220
第六节　优化统分命题方式，配套招生制度改革，保障精英大学入学机会公平………………………………………………… 222

第十二章　全面加强县域高中建设……………………………… 225
第一节　加强普通高中立法护航县域高中建设………………… 225
第二节　切实保障县域高中教育资源供给……………………… 228
第三节　多措并举提升县域高中教育质量……………………… 233

致　谢……………………………………………………………… 240

中国精英大学入学机会篇

导 言

近年来，随着全球高校招生规模的不断扩大，越来越多的人获得大学文凭，高等教育学历贬值现象渐趋凸显，“上大学不难、上好大学太难”日益成为社会共识。我国从 1999 年开始高校扩招，到 2019 年已进入高等教育普及化阶段，人们已不再仅仅满足于有机会接受高等教育，而是更多地希望能够进入精英大学学习，以便有更多的机会成为才能卓越、影响深远的社会精英，成为各行各业的领军人物。

国内外相关研究证实高等教育学历膨胀后，进入精英大学接受教育更有助于毕业生获得更高社会地位和更具竞争力的工作。2019 年有研究表明，智利入学难度最大的两所大学的三个专业所培养的学生以1.8%的人数占比，获得了智利上市公司 41%的董事和高管职位。① 英国学者蒙克斯(J. Monks)2000 年的研究基于美国全国青少年追踪调查数据的分析发现，在以录取人数占申请人数的比例等指标作为衡量高校质量的标准时，高竞争力或最有竞争力高校毕业生的收入显著高于竞争力较低高校的毕业生。② 英国学者布鲁克(S. Broecke) 2012 年对英国高校毕业生的研究也表明，若以全日制本科生的平均入学成绩作为高校选拔性的代理变量，则高校选拔性标准每提高一个标准差，其全日制本科生毕业三年半后的工资将显著增加约 7%。③

无独有偶，在 2020 年中国大学杰出校友排行榜中，北大、清华培养的

---

① ZIMMERMAN S D. Elite Colleges and Upward Mobility to Top Jobs and Top Incomes [J]. American Economic Review, 2019, 109(1) : 1—47.

② MONKS J. The Returns to Individual and College Characteristics: Evidence from the National Longitudinal Survey of Youth[J]. Economics of Education Review. 2000,19:279—289.

③ BROECKE S. University Selectivity and Earnings: Evidence from UK Data on Applications and Admissions to University[J]. Economics of Education Review. 2012,31:96—107.

政商学界杰出人才数量分别位列全国前两名，堪称“中国政商学界杰出人才摇篮”①。与其他大学毕业生相比，精英大学毕业生除了具有良好的职业发展前景之外，其获得的收入回报也更高。周扬和谢宇通过对比分析中国1999年大学扩招前后的高等教育收入回报后发现，扩招前中国重点大学和非重点大学的收入回报没有显著差别，扩招后重点大学的收入回报显著高于非重点大学。② 许玲丽和艾春荣利用中国综合社会调查(CGSS)2003年和2008年数据，将我国高校分成中央部属高校、省属高校和其他高校三类，并将其作为高校教育质量的替代变量，分析了对毕业生教育回报的影响，结果表明，大学教育质量与个体高等教育回报呈现显著正相关关系，中央部属高校以及省属高校的教育回报分别比其他高校显著高出16.3%、12.4%。③ 杨素红和杨钋基于麦可思研究院2010年中国大学生就业状况调查数据的研究结果亦表明，“211工程”院校和“985工程”院校毕业生的平均起薪分别比普通高职院校毕业生高148元和168元；④李宏彬等学者对清华大学中国数据中心于2010年采集的数据分析结果也发现，在控制了高考分数、个人与家庭特征、专业及大学地理位置等因素的影响后，“985工程”院校和“211工程”院校毕业生的起薪比其他院校毕业生高出10.7%。⑤

与优势社会阶层子女相比，弱势群体子女先赋性资源不足，进入精英大学有助于其获得更多后致性方面的资源，更好地实现代际流动和改变其人生境遇。“学校是使人从社会底层向社会上层流动的电梯，学校通过考试来进行选拔，从而决定人们的社会地位。”⑥在1967年出版的《美国

① 引用自艾瑞深校友会网官网的文章《2020中国大学杰出校友排名公布，北京大学连续16年获得冠军》。

② 周扬，谢宇．从大学到精英大学：高等教育扩张下的异质性收入回报与社会归类机制[J]．教育研究，2020，41(05)：86－98．

③ 许玲丽，艾春荣．高等教育回报的质量差异：对部属、省属与地方高校的比较研究[J]．经济理论与经济管理，2016(08)：102－112．

④ 杨素红，杨钋．应届本专科毕业生起薪的院校差异研究：基于分层线性模型的分析[J]．复旦教育论坛，2014，12(02)：67－75＋98．

⑤ LI H B et al. Does Attending Elite Colleges Pay in China? [J]. Journal of Comparative Economics, 2012, 40(1) : 78－88.

⑥ 潘懋元．多学科观点的高等教育研究[M]．上海：上海教育出版社，2001：260．

的职业结构》一书中,布劳和邓肯对美国阶级结构和职业地位获得进行研究,创造性地提出教育等后致性因素与个体社会流动关系的"地位获得模型"。该模型指出,随着工业化和技术发展,教育等后致性因素在个人社会地位获得的影响因素中日益占据主导地位。布劳和邓肯通过比较10个国家精英阶层的构成,指出高教育水平在减弱社会地位继承及促进职业结构开放方面具有重要影响。[①] 与优势社会阶层相比,出身社会地位相对较低的美国人更容易借助高教育水平机会实现长距离代际向上流动。对于中下社会阶层出身的人而言,获得英才教育地位是他们得以跨越阶层边界、跃升到更高阶层的资本。[②]

鉴于在高等教育扩招背景下,精英大学对社会成员,尤其是弱势群体子女代际向上流动的影响,许多研究者开始关注精英大学入学机会的分布问题,如高校规模扩张是否为弱势家庭背景子女提供更多的高等教育入学机会,进而降低社会不平等;抑或主要有利于优势阶层家庭的子女,从而进一步扩大社会不平等。国际经验表明,高等教育从精英教育向大众教育过渡往往伴随着精英研究型大学和其他二三流大学的日渐分化,而后者为越来越多的来自中下层家庭的子女所占据。一些研究也发现,1999年后的高校扩招虽然总体上缩小了大学入学机会的阶层差距,增加了弱势阶层进入地方院校和专科院校的机会,但在部属重点院校尤其是精英大学中,入学机会的阶层差异却在扩大。[③④⑤⑥]

当前国内外关于精英大学入学机会差异的研究主要从受教育者(精

---

① 李路路.制度转型与阶层化机制的变迁:从"间接再生产"到"间接与直接再生产"并存[J].社会学研究,2003,(5):47.

② 郭书剑,王建华.寒门贵子:高等教育中精英主义与平等主义的冲突[J].高等教育研究,2018,39(10):25－34＋40.

③ 刘精明.高等教育扩展与入学机会差异:1978～2003[J].社会,2006,(03):158－179＋209.

④ 丁小浩.规模扩大与高等教育入学机会均等化[J].北京大学教育评论,2006,(02):24－33＋189.

⑤ 杜瑞军.从高等教育入学机会的分配标准透视教育公平问题:对新中国50年普通高校招生政策的历史回顾[J].高等教育研究,2007,(04):29－35.

⑥ 叶晓阳,丁延庆.扩张的中国高等教育:教育质量与社会分层[J].社会,2015,35(03):193－220.

英大学生源)家庭背景的角度出发,而对精英大学入学机会的省际差异、同一省(自治区、直辖市)不同行政层次的城市(县域和地市级)之间、不同学校之间差异的关注则相对较少。事实上,我们不难发现中国精英大学入学机会存在较为明显的省际差异、省内差异以及校际差异。造成上述差异的原因或可归纳为如下三个方面。一是从宏观层面来看,我国幅员辽阔,各省(自治区、直辖市)经济社会发展的不平衡决定了教育发展的不平衡必将长期存在,建立在经济社会发展水平、教育发展水平和历史原因之上的各省(自治区、直辖市)名校录取比例的不同能够直观反映出精英大学入学机会的省际差异。二是从中观层面来看,普通高中学龄人口变动(入学人数特别是优质生源)与区域教育资源配置向大中城市的非平衡性聚集和流动,进一步拉大了同一省内县域与地市高中之间、不同地市高中之间在精英大学入学机会争夺战中表现的差异。三是从微观层面来看,中华人民共和国成立以来我国长期在基础教育阶段实行的重点学校制度,使各普通高中的教育质量存在客观的校际差异。为探索和验证上述问题,分析现阶段中国精英大学入学机会的区域分布差异,本篇将从宏观、中观、微观三个层面,探讨中国精英大学入学机会的省际差异、省内差异以及校际差异。

精英大学入学机会篇涉及精英大学、县域高中、地市级高中等概念。澄清上述概念有助于界定相关研究论域。关于精英大学概念的界定,学界至今仍未形成统一的认识,这不仅缘于精英大学自身的复杂性,也缘于不同学者在精英大学认识上的多元价值观。有研究从大学相对地位角度,将综合实力排名前10%左右的大学认为是某一个国家的精英大学。[①] 另有研究从大学接收学生家庭的社会地位出发,将精英大学界定为那些招收社会精英阶层子女的大学。[②] 国内学者不约而同将中国各历史时期的重点建设大学("C9"或者"985"、"211"高校,当前的"双一流"建设高

① 梁晨,张浩,李中清等.无声的革命:北京大学、苏州大学社会来源研究,1949—2002[M].北京:三联书店,2013:1.

② [法]布尔迪尔.国家精英:名牌大学与群体精神[M].北京:商务印书馆,2004:114.

校)视作精英大学[1][2][3],其依据是上述高校大多具备以下显性特征:探究高深的学问、培养卓越的人才以及拥有卓著的声誉。基于研究数据的可获得性,下文在多个章节中均将A大学和B大学作为中国精英大学的代表展开分析。之所以选取A大学和B大学,原因如下:一是这两所高校近五年在国际权威高校排名中居于前列;二是两所高校综合实力强,近年在学科建设、人才培养、师资队伍建设、教学科研等各方面都取得了优异成绩;三是在现行高考招生体制下,每所高中每年A大学和B大学的录取人数是衡量该高中是否是优质高中的重要指标;同样,每个县市每年被A大学和B大学录取的人数也是衡量该地区优质高中教育资源发展情况的重要依据。此外,本篇将位于县级区划(包括市辖县和县级市,不包括市辖区)内的高中定义为"县域高中",不考虑其所属管辖的行政层次、学生规模或往年高考成绩等;将位于市辖区的高中定义为"地市级高中"。

---

① 程猛,史薇,沈子仪.文化穿梭与感情定向:对进入精英大学的农家子弟情感体验的研究[J].中国青年研究,2019(07):30-37.

② 孙海涛.新时代建设世界一流大学的挑战[J].清华大学教育研究,2018,39(04):105-110.

③ 眭依凡,李芳莹."学科"还是"领域":"双一流"建设背景下"一流学科"概念的理性解读[J].高等教育研究,2018,39(04):23-33+41.

第一章　中国精英大学入学机会的省际差异

高等教育进入普及化阶段后，高考竞争的实质转化为对精英大学入学机会的争夺。我国精英大学入学机会在省份[①]间的分配主要由高校招生过程中的分省定额制度决定。我国分省定额制指高校依据相关政策、社会需求和高校自身需要，分省分专业编制招生计划，其流程主要包括以下四个步骤：一是高校遵照教育主管部门要求，向各二级学院征求并汇总招生计划；二是招生计划经学校汇总后上报教育行政主管部门审批；三是确定分省规模，提交相关省份审核确认；四是编制、核对并公布分省分专业招生计划。分省定额制的实质是高校招生名额的配额制，在这一制度安排下，不同省份得到了不同份额的招生指标。

相对于国外高等教育的配额主要针对的是种族、族裔、低收入群体，中国高等教育系统实行的招生配额主要针对各个省份，这种分省配额制度尽管在全世界范围内相对较为少见，但在中国自古有之。按地区分配教育名额的思想源自宋代司马光的科考“分路取人”之说。元代的科举开始按照蒙古人、色目人、汉人、南人四等给予不同配额。明代因朱元璋时期的“南北榜”之争，确立了南北分卷取士的会试制度。康熙五十一年(1712)，为进一步均衡进士名额在各省的分布，照顾边远和落后省份，清政府开始在会试中采用“分省录取制”，这一做法有助于维护科举考试在全国的广泛吸引力，有利于保证国家精英的全国性来源，使得清朝的官员来源地区分布能长期兼顾到各个省份，有益于维护国家的安全稳定，同时也奠定了中国现代高考分省录取制度的基础。

通常来说，现代教育系统中实行配额制的目的是保障弱势群体得到教育机会，维护社会公平。中国的分省定额制同样起到了保障教育弱势

---

① 本书中出现的省、省份、如无特别说明，均指省(自治区、直辖市)。以下不再分别注明。

地区学生高等教育入学机会的作用，但很多研究也发现分省定额制在实际的实施过程中导致高等教育入学机会省际不平等，直辖市的考生进入高质量大学的机会较多，东部发达地区和西部民族地区考生的部属院校录取机会较高，而中部地区以及人口大省的高等教育录取机会较低。[①][②][③][④][⑤][⑥] 此外，院校分布不均、人口基数差异、高校的属地化招生、国家对于部分省份的教育扶持政策是造成省际入学机会差异的主要原因。[⑦]

以往对于省际精英大学入学机会的研究主要使用截面数据进行分析，而录取机会在省际的分布是动态变化的过程，截面数据无法有效刻画出入学机会的变化趋势。高校录取机会实际上是由招生计划数和考生基数两部分共同决定的，而以往研究普遍将录取机会差异简单归因于各省高校招生计划数的分配不公，而较少或没有对各省考生基数的情况进行分析。针对以往研究存在的不足，本章使用 A、B 两所大学的学生调查数据，在构建相关指标的基础上，对 2007—2013 年各省考生精英大学录取机会的变化趋势进行分析，并从招生指标和考生数量两方面入手，分析精英大学入学机会发生变化的原因。

第一节　中国精英大学每万人录取机会指数

为探究中国精英大学录取机会在地区间的差异，本章主要采用 A、B

---

① 汪梦姗，马莉萍．重点高校招生名额分配：基于 2009—2013 年 12 所“985”高校招生数据的实证研究[J]．清华大学教育研究，2016，37(02)：64－71．

② 罗楚亮，赵国昌，刘盼．我国城镇高等教育机会的省际差异与省内差异[J]．经济社会体制比较，2019(01)：156－167．

③ 郭丛斌，王家齐．我国精英大学的生源究竟在何方：以 A 大学和 B 大学 2013 级生源为例[J]．教育研究，2018，39(12)：99－108．

④ 张小萍，张良．中国高质量大学入学机会和招生偏好研究：以“211”高校为例[J]．高等教育研究，2015，36(07)：28－35．

⑤ 郭伯良，许志勇．对清华大学 2001—2006 年在各省招生名额的分析[J]．考试研究，2006(04)：108－114．

⑥ 马建雯．建国后我国重点大学招生地方化问题的研究[D]．厦门大学，2007．

⑦ 乔锦忠．优质高等教育入学机会分布的区域差异[J]．北京师范大学学报(社会科学版)，2007(01)：23－28．

两所大学 2007—2013 年的学生调查数据，提取学生来源省份这一变量，并以此计算出 i 省在 j 年 A、B 两所大学的总录取人数。此外，本章还收集了 2007—2013 年 31 个省份每年的高考报名人数数据，数据源自中国教育在线网站和各省的招生考试院网站。其中山东、上海等省份施行春、夏季高考制度，由于春季高考的科目设置和招生院校范围与夏季高考有区别，且报考人数相对夏季高考较少，因此本研究仅选取夏季高考的报名人数数据。此外，由于缺少 2008 年海南省的高考报名人数数据，我们采用 2007、2009 年海南省的数据对 2008 年的数据进行均值插补。各省份（不含港澳台，以下全书同此）具体的高考报名人数数据如表 1-1 所示。

表 1-1　2007—2013 年各省（自治区、直辖市）高考报名人数（万人）①

省份	2007 年	2008 年	2009 年	2010 年	2011 年	2012 年	2013 年
上海	11	10.8	8.3	6.7	6.1	5.5	5.3
北京	10.99	10.37	10.1	8.1	7.6	7.3	7.27
天津	8.85	8.85	7.65	7.1	6.46	6.4	6.3
山东	77	78.1	70.1	65.6	58.7	51	50
广东	55.3	61.4	64.4	61.5	65.5	69.2	72.7
江苏	53	50.8	54.6	52.7	50	47.4	45.1
河北	56.18	57.48	55.9	50.3	48.5	45.93	44.98
浙江	35.88	36.44	34.85	30.08	30	31.6	31.3
海南	4.23	5.005	5.78	5.47	5.4	5.5	5.6
福建	30.93	31.2	30.5	29.2	26.7	25	25.5
辽宁	29	30	28	24.35	24.5	25.6	25.4
吉林	20.1	20.8	19.7	16.9	16.5	16.2	15.9
安徽	56.4	61	57.2	56.2	54	50.6	51.1
山西	33.1	37	36	36.2	33.9	36.1	35.8
江西	38.43	38.44	35	31.2	28.86	26.9	27.43
河南	87.89	90.5	95.9	95.24	69.2	80.5	71.63
湖北	50.33	52.5	51.95	49.2	48.47	45.7	43.8
湖南	52	54	50.7	41.3	37.2	35.2	37.3
黑龙江	22.4	22.8	23	19.5	20.8	21	20.8
云南	20	26	22	22	23	21	23.6

① 不含港澳台。以下全书同此，不再另注。

（续表）

省份	2007 年	2008 年	2009 年	2010 年	2011 年	2012 年	2013 年
内蒙古	23.9	27	24.6	21.9	20.56	18.95	19.3
四川	49.88	51.76	50	51.15	51.4	53.8	54
宁夏	5.65	5.8	5.8	5.7	6.01	6.02	5.87
广西	30	30.4	30.2	29.9	29.2	28.5	29.8
新疆	15.4	17	16.45	16.42	14.77	15.47	15.87
甘肃	27.2	29	28.6	29.1	29.7	29.6	28.3
西藏	1.5	1.5	1.36	1.8	1.8	1.9	1.89
贵州	22.57	24	24	23.4	24.31	24.8	24.78
重庆	17.73	18.6	19.6	19.67	21.64	23	23.5
陕西	41.17	41.4	40.5	37.85	38.39	37.53	36.65
青海	3.8	4.1	3.9	3.8	4.06	3.8	4.06

为探究不同省份考生的精英大学入学机会差异，本研究构建了精英大学每万人录取机会指数，计算方法如公式 1-1 所示，C_i 为 i 省的每万人录取机会（以下简称录取机会），a_i 为 A、B 这两所大学在 i 省的录取人数，M_i 为 i 省当年的高考报名人数。这一指数反映了各省份考生获得精英大学录取机会的相对大小，若录取机会 C_i 越大，则该省份考生的精英大学录取机会相比其他省份就越多；反之，则越少。

$$C_i = \frac{a_i}{M_i} * 10000 \qquad \text{（公式 1-1）}$$

第二节　不同省份的精英大学录取机会差异

本研究将每万人录取机会指数高于 9.0 的省份归入高录取机会组，将每万人录取机会指数在 6.0—9.0 的省份归入中等录取机会组，将每万人录取机会指数低于 6.0 的省份归入低录取机会组。在全国各个省份中，北京、吉林等 7 个省份属于高录取机会组；重庆、江苏等 12 个省份属于中等录取机会组；河南、四川等 12 个省份属于低录取机会组。总体来看，31 个省份的精英大学录取机会差异较为明显，呈现以下四个特点。第一，直辖市的 A、B 大学录取机会相对较高，其中北京、上海、天津三个直辖市录取机会占据前三位，其高考报考人数相对较少，名额分配较多，录取机会远高于其他省份。第二，宁夏、青海、西藏、新疆等少数民族人口占比较大的省份，其每万人录取机会指数在全国范围内处于中上游水平，反映出A、B大学在边远地区、少数民族地区的招生中存在一定的政策倾斜。第三，广东、四川、河南等人口基数大的省份每年高考报名人数相对较多，但这些省份考生的A、B大学录取机会普遍处于较低水平。第四，与其他地区相比，东北地区省份的考生有更多的机会进入A、B大学，而华北地区各省份A、B大学的录取机会则位于中下游水平。

图 1-1　2007—2013 年 A、B 大学录取机会的基尼系数

2007、2010、2013年A、B两所大学的录取总机会分别为5.97、6.26、6.72，增幅约12.65%，说明这七年来全国考生总体上更容易获得精英大学入学机会。此外，为反映精英大学录取机会省际分配的均衡程度，我们根据不同年份各省份的A、B大学录取人数和各省份高考考生人数建立基尼系数①（如图1所示），基尼系数从2007—2011年有逐年小幅上升的趋势，而在2011—2012年有较大幅度的下降，并在2013年趋于平稳。这一变化趋势反映了七年间A、B大学招生指标分配的均衡程度先有所恶化，而后有所好转，并最终趋于更加公平。综上，在2007—2013年间，全

① j 年份的基尼系数的计算公式为：$GINI_j = 1 - \sum_{j}^{n}(x_{i,j} - x_{i,j-1})(y_{i,j} + y_{i,j-1})$，$(x_{i,0} = 0, y_{i,0} = 0, x_{i,n} = 1, y_{i,n} = 1)$，其中 $x_{i,j}$ 为 i 省 j 年的考生数累计百分比，$y_{i,j}$ 为 i 省 j 年的A、B大学的录取人数累积百分比。基尼系数越大说明招生名额分配越不均衡。

国考生的精英大学录取机会总体上有所上升，同时录取机会在各省份的分配也更加均衡。

2007 年东部地区省份考生的精英大学每万人录取机会指数为 8.26，而中部、西部地区省份考生的录取机会指数分别为 4.63、4.54；2013 年东部地区省份考生的录取机会指数为 9.22，而中部、西部地区省份考生的精英大学录取机会指数分别为 5.30、5.37[①]。可以看出，中部、西部地区省份考生的录取机会较为接近，而东部地区考生相比之下则有更大的机会进入精英大学。但从精英大学每万人录取机会指数的增幅来看，2007—2013 年间西部地区考生的录取机会指数增幅最大(18.18%)，中部地区的录取机会指数增幅次之(14.32%)，增幅最小的是东部地区考生(11.67%)。从每万人录取机会指数在东、中、西部地区的变化可以看出，地区间精英大学录取机会的均衡程度有所上升，这一结果与之前通过比较基尼系数变化而得出的招生指标省际分配均衡程度上升这一结论是基本一致的。

第三节　精英大学入学机会省际差异的成因

一、高考中各省录取名额分配的历史原因

1977 年恢复高考后，分省划线定额录取的高考录取制度就被正式确立，除 1977 年高考试卷为各省自主命题外，1978—1988 年各省高考均采用全国统一卷。1977—1981 年各省(自治区、直辖市)的普通高等学校招生分数线如表 1-2 所示。可以看出，华东地区的省(直辖市)，特别是上海、江苏、浙江、福建、江西在恢复高考之后的五年中表现优异：1978 年各省份文科分数线前三名为上海、江苏、福建，理科分数线前三名为福建、北京、上海和江苏(并列第三)；1981 年文科分数线前三名为江苏、浙江、湖

① 东部地区包括北京、天津、河北、辽宁、上海、江苏、浙江、福建、山东、广东、海南 11 个省(直辖市)，中部地区包括黑龙江、吉林、山西、安徽、江西、河南、湖北、湖南 8 个省，西部地区包括内蒙古、广西、重庆、四川、贵州、云南、西藏、陕西、甘肃、青海、宁夏、新疆 12 个省(自治区、直辖市)。

北，理科分数线前三名是江苏、浙江、江西，江浙地区及周边省份在这五年高考中表现突出。各高校本着择优录取的原则，加大这些省份的高考名额分配。制度往往存在黏性，一旦确立，则难以轻易改变，因此各省高考名额的分配格局或多或少被保留至今。1987 年，北京大学在上海、浙江、福建的招生人数分别为 16、53、40 人。由于缺乏 1987 年各省考生人数数据，本研究结合当年各省人口计算得出北京大学在这些省份每百万人口中录取 1.3、1.3、1.5 人。而 1987 年北京大学在河南、安徽两省分别招收 57、26 人，即北大在这些省份每百万人口中录取 0.7、0.5 人。所以早在 1987 年河南、安徽省学生的北京大学入学机会就低于上海、浙江、福建等省份。

表 1-2　1977—1981 年各省(自治区、直辖市)普通高等学校招生分数线①

省份	1977		1978		1979		1980		1981	
	文科	理科	文科	理科	文科	理科	文科	理科	文科	理科
北京			330	350	310	280	327	349	370	397
天津					284	245	303	360	358	384
河北	330	330	300	285	290	265	310	340	350	380
山西	260	260	300	305	305	262	320	335	335	380
辽宁			280	290	285	260	325	350	362	402
吉林										395
黑龙江	250	230	320	310	290	265	330	345	360	390
上海	270	220	350	340	274	258	302	363	358	386
江苏	279	259	350	340	350	330	353	373	395	425
浙江	200	200	280	310	300	295	365	374	393	422
安徽	250	210	300	320	280	265	340	360	373	399
福建	210	230	340	365	310	300	332	335	369	399

① 孟明义. 中国高考大全. 上[M]. 长春：吉林人民出版社，1988，表格中的空格表示数据暂缺。

（续表）

省份	1977		1978		1979		1980		1981	
	文科	理科	文科	理科	文科	理科	文科	理科	文科	理科
江西	290	290	320	300	305	295	320	355	363	415
山东	220	200	300	290	300	270	330	350	360	400
河南			296	250	286	246	325	340	360	390
湖北	210	165	300	280	300	285	357	357	383	408
湖南			305	305	300	290	340	363	287	412
海南			260	275	280	275	310	336	360	386
广西	240	275	255	255	270	240	312	317	337	358
四川	210	200	275	290	265	255	315	335	345	370
贵州			200	220	230	210	270	280	310	245
云南	200	160	240	230	250	240	255	265	305	315
西藏							196	230		
陕西	232	220	295	300	275	250	327	343	351	380
甘肃	250	250	275	255	235	215	260	300	300	240
青海	200	180	200	200	240	190	240	240	270	300
宁夏	265	235	240	245	235	210	250	270	295	310
新疆										

＊资料来源：孟明义. 中国高考大全. 上[M]. 吉林人民出版社，1988，表格中的空格表示数据暂缺

二、精英大学布局的省际差异

从高等教育资源的布局来看，中国精英大学资源的区域分布失衡问题较为明显，“985”大学主要分布在各直辖市、地区中心省份以及沿海发达省份，而“211”大学的布局同样也呈现出部分中西部省份分布偏少的情况。高校的发展和建设必然会占用本地的资源，作为资源的交换，各高校普遍在本省招收更多学生。根据梅国帅等人的研究，我国各“985”高校属地招生规模普遍维持在20%左右，其中有20所高校属地招生规模高

于20%，6所高校属地招生规模高于30%。[①] 高等教育资源布局不均衡加之高校普遍给予所在省(自治区、直辖市)更多招生名额，这就直接导致了直辖市和东部地区省份考生的精英大学录取机会更高。此外，潘昆峰、马莉萍的研究还发现高校会给予距离相近省份更多的招生名额，这可能也进一步加剧了精英大学名额分配在地区间不均等的情况。[②]

同时，各省为了维护本省考生的利益，还存在精英大学所在地的省份互相增加对方省份招生名额的现象。表1-3呈现出北京、上海、江苏、浙江这四个精英大学资源丰富的省(直辖市)的精英大学在这些省(直辖市)之间的招生情况，表中的数值为高校在 j 省招生数占比[③]和 j 省考生数占比[④]的比值，比值大于1说明高校在该省招生人数高于平均值，比值越高说明考生进入这所大学的概率相对其他省份考生越高。从表中可以看出，上海、江苏、浙江的考生进入A、B大学的概率普遍高于其他省份考生，相对应的是复旦大学、南京大学和浙江大学也给予了北京市更多的招生名额。并且除清华大学在江苏省招生的比例相对较少外，表中其他数值均大于1，说明这五所高校所在省(直辖市)相互给予了对方省(直辖市)更多的招生名额。而这种招生指标互换的行为在一定程度上放大了由于精英大学布局不均而导致的不同省份考生精英大学录取机会的差距。

表1-3　2013年各大学在其他省(直辖市)的招生比例与该省考生比例的比值[⑤]

学校＼省份	北京市	上海市	江苏省	浙江省
北京大学	—	8.83	1.25	1.90
清华大学	—	7.66	0.96	1.39

① 梅国帅，金梦，许长青. 国内重点高校招生名额指标分配研究：基于39所"985"高校招生计划[J]. 现代教育论丛，2017(06)：54－62.

② 潘昆峰，马莉萍. 央属高校跨省招生名额分配行为研究：引力模型假设及其验证[J]. 高等工程教育研究，2013(06)：114－121.

③ 招生数占比＝i 省精英大学在 j 省招生人数占除 i 省外其他省份的总招人数的比例。

④ 考生数占比＝j 省考生人数占除 i 省外其他省份的总考生数的比例。

⑤ 数据来源：中国教育在线网(https://gkcx.eol.cn/index.htm)。

（续表）

学校＼省份	北京市	上海市	江苏省	浙江省
复旦大学	4.86	—	1.17	1.68
南京大学	4.01	5.85	—	1.31
浙江大学	2.38	4.70	1.05	—

近年来，中央对西部地区、少数民族地区和偏远贫困地区的教育扶持力度日益增加。2008 年国家启动了“支援中西部地区普通高校招生协作计划”①以减少各省高考录取率的差距，给予部分高考录取率较低的中西部省份更多的招生名额；2012 年，国家又实施了面向贫困地区的定向招生专项计划工程②。在这些中央政策的影响下，精英大学将更多的招生名额投入了中西部省份、少数民族地区省份和贫困地区较多的省份，使得这些省份考生的精英大学入学机会处于全国中上游水平。而河南、河北、安徽等中部地区省份在国家的高等教育布局体系之中没有获得充足的资源，加上这些省份人口众多，高考竞争激烈，使得其考生在精英大学入学机会分配中处于明显劣势。

第四节　研究结论及讨论

本章基于 A、B 两所精英大学 2007—2013 年学生调查数据和各省高考报考人数数据，构建了不同省份精英大学每万人录取机会指数，探究中国精英大学录取机会的省际差异，并对其结果进行原因分析。研究发现，各省精英大学录取机会差异明显，直辖市、东北地区省份和少数民族人口

---

① “支援中西部地区普通高校招生协作计划”是全国普通高校招生计划中的专项计划，是从全国普通高校年度招生计划增量中，专门拿出一部分名额，安排给高等教育资源相对丰富、录取率较高的省份，用于招收高等教育资源不足、录取率较低的中西部省份考生。

② 贫困地区专项招生计划是指由教育部、国家发改委、财政部、人力资源和社会保障部、国务院扶贫办等共同制定的一项专项计划。主要内容为普通高校招生计划中专门安排适量招生计划，面向集中连片特殊困难地区（贫困地区）生源，实行定向招生。

占比较大的省(自治区)录取机会相对较高,而人口基数大的省份、华北地区各省份考生的精英大学录取机会普遍处于较低水平。2007—2013年,全国考生的精英大学录取机会总体上有所上升,与此同时,招生指标在各省份之间和东中西部地区之间的分配都更加均衡。

产生省际差异的原因可能如下。一是精英大学各年度招生计划总数相对有限且变化幅度相对稳定,而人口基数大的省份其高考报名人数也较多,容易摊薄各省原本极为稀缺的精英大学入学机会。如广东省、四川省、河南省等人口大省精英大学入学机会均处于低录取机会组。二是精英大学录取机会容易受地区经济发展水平和高等教育资源分布影响,国家经济发展和科教文化资源中心区域的精英大学录取机会往往相对较高。北京、上海、天津等直辖市,由于经济发展水平普遍较高,且高水平大学云集,因此北京、上海、天津等地的精英大学录取机会处于高录取机会组。三是尽管精英大学入学机会在东中西部各省份存在客观差异,但在国家有关教育政策的强力引导下,中国精英大学相继推出诸如国家贫困地区专项计划、筑梦计划和自强计划等高校专项招生计划,在一定程度上缩小了东中西部省份的精英大学入学机会差距,使得招生指标的分配在东中西部省份间呈现出日益均衡的发展趋势。

鉴于以上分析结果,建议可从以下几方面缩小精英大学入学机会的省际差异。

第一,对现有精英大学招生计划进行相应调整是解决省际高等教育录取机会差异最为直接的方式。今后教育行政主管部门和高等院校在制定大学招生计划时,应该充分考虑到经济发展和人口变化因素,将经济因素、人口因素作为制定精英大学招生计划的重要依据,使其更具动态性和前瞻性。同时继续保障少数民族和西部地区省份考生的精英大学录取机会,以维护地区间的教育公平。

第二,调整精英大学布局,扶持中西部地区高校发展。高校的生存和发展离不开所在地的资源,属地化招生的问题无法完全避免,因此具有丰富优质高等教育资源的省份自然拥有更多的精英大学招生指标。目前我国优质高等教育的布局在省际呈现不均衡态势,具体表现为直辖市、东部沿海地区多,中西部中心地区,如武汉、成都也较多,但在西部和中部地区较少。为此，国家对于精英大学的布局应该更加均衡，在人口大省、西部地区省份布局更多的精英院校。此外，对于缺乏精英大学的省份，可以根据当地产业和社会发展需要，挑选有潜力的院校，给予相应的资金和政策支持其优先发展。

第三，加强国家基础教育财政转移支付力度，扶持落后地区的经济发展。近年来国家给予中西部地区、少数民族地区的教育政策倾斜，本质上是让这些地区的学子获得更好的教育，以期他们毕业后能够投身家乡建设，带动落后地区经济发展。但现实情况是，很多中西部地区的学子毕业后选择留在大城市、东部沿海地区工作，这一结果无异于落后地区为发达地区培养人才，违背了扶持政策的初衷。因此，中央政府应加强基础教育财政转移支付力度，经济发达省份有必要对经济发展落后省份进行帮扶。同时，中西部地区应该加强产业建设，为当地提供更多的工作机会，并制定更为优惠的人才政策，以达到吸引人才、建设当地经济的目的。

第二章　中国精英大学入学机会的省内差异

第一章分析了中国精英大学入学机会的省际差异，然而同一省内县域与地市、不同地市之间高中毕业生被精英大学录取的可能性也有所不同。我国幅员辽阔，各省（自治区、直辖市）之间差异明显，各省份内不同地区也由于地理位置、历史文化、政策规划等原因，在经济发展、人口结构、教育发展水平等维度亦存在较大差异。因此，即使身处同一省份内，不同地区的考生由于当地高中教育发展水平不同，其享受优质高中教育、获得优质高等教育的入学机会可能也存在明显差异。

相关研究对精英大学入学机会的省内差异进行了佐证。近二十年来，在我国高等教育规模扩张的政策背景下，社会结构因素（如城乡、地区、阶层等）对高等教育入学机会公平的影响作用成为研究重点，若干研究集中在扩招以来社会阶层、城乡对高等教育入学机会影响的演变趋势等方面。李春玲、孟凡强研究了扩招对城乡高等教育入学机会的影响，结论是扩招之后城乡重点高等教育入学机会差异反而有所上升。[①][②] 由于我国实行“分省定额，划线录取”的高校招录制度，在讨论家庭背景对高等教育入学机会的影响时，如果未将省内地区差异因素纳入模型，有可能放大或缩小家庭背景和其他社会结构因素的效应。[③] 因此，本章对中国精英大学入学机会的省内差异分析是对第一章省际差异分析的进一步完善和必要补充，共同构成了扩招之后我国高等教育入学机会地区差异分析

---

① 孟凡强，初帅，李庆海．高等教育规模扩张是否缓解了城乡教育机会不平等[J]．教育与经济，2017(4)：9－16．

② 李春玲．高等教育扩张与教育机会不平等：高校扩招的平等化效应考查[J]．社会学研究，2010(3)：82－113．

③ 路晓峰，邓峰，郭建如．高等教育扩招对入学机会均等化的影响[J]．北京大学教育评论，2016(3)：131－143．

总体框架的主要内容。

我国现行省、地、县、乡四级行政体制中，地级市属于第二级地方行政单位，包含一般地级市、省会城市、副省级城市（含计划单列市）。由于地级市多属于中等或发达城市，而县一级行政区在工商业基础、城市功能完备性等方面普遍落后于地级市[①]，这必然导致县域和地市在教育发展水平方面存在差距，由于弱势群体在县域接受教育的比例更大，而县域和地级市在集聚教育资源能力方面的差异，反过来会进一步放大弱势县域家庭子女本身由于家庭背景等先赋性因素方面存在的劣势，使得省内不同行政层次区域——县域和地级市的学生在竞争精英大学入学机会方面存在差异。县域高中和地市级高中学生有关家庭背景等先赋性因素带来的或然性后果可能进一步支持“最大化维持不平等假设”（MMI）和“有效维持不平等假设”（EMI）。前者认为教育规模扩张并不必然导致教育机会的均等，优势阶层的教育需求在得到满足之后才有可能惠及劣势群体。[②]后者在考量教育质量的基础上对前者进行了修正，认为即使在总体入学机会饱和的情况下，优势阶层获取更高层次或更优质教育的机会仍然多于弱势阶层。[③] 显然，发展区域更加公平更高质量的普通高中教育，让更多弱势阶层的子女通过教育更好地实现向上流动。因此，有必要进一步审视精英大学入学机会在同一省内县域和地级市之间、不同地级市之间精英大学入学机会的分布问题。

那么，中国各省份内部县级区域与地市级区域之间、不同地级市之间精英大学入学机会究竟是否存在差异？如确系存在，差异有多大？造成如此差异的原因何在？为解答这些问题，本章将构建县域高中占比、优质高中教育基尼系数等指标，揭示县、市高中和中国精英大学入学机会差异的表征和影响因素，并在此基础上探讨可能的改进之策。

---

① 李春玲．高等教育扩张与教育机会不平等：高校扩招的平等化效应考查[J]．社会学研究，2010(3)：82－113．

② RAFTERY A E，HOUT M．Maximally Maintained Inequality：Educational Stratification in Ireland[J]．Sociology of Education，1993，65：41－62．

③ LUCAS S R．Effectively Maintained Inequality：Education Transitions，Track Mobility，and Social Background Effects[J]．American Journal of Sociology，2001，106(6)：1642－1690．

第一节 研究数据及方法

一、研究数据

基于数据的可获得性，本章采用 A、B 两所大学 2013 级学生调查数据，提取的指标主要有学生的来源省份和毕业高中学校名称。基于变量“高中学校名称”，本章依据其所在地创建了“高中所在省份”“高中所在地级市/地区”“高中所在县/县级市”这三个变量，进而构造出高中“是否为地市级学校(含省级学校和地级市/地区学校)”“是否为县域高中(含乡镇学校)”这两个变量。删除异常值后，样本共包含 6005 个观测值，其中，来自 A 大学的学生 2706 名，来自 B 大学的学生 3299 名。样本中的学生来自全国 1289 所高中。

二、研究方法

(一) 县域高中学生占比

为探索优质高中教育资源在地市级和县级地区之间可能存在的发展不平衡问题，本章通过构建指标“县域高中学生占比”(计算方法见公式 2-1)来考察优质高中教育资源在不同层级地区的分布状况。n_i 为 2013 年 i 省所有县域高中考取 A 大学和 B 大学的学生数，N_i 为 2013 年 i 省考取 A 大学和 B 大学的学生总数，县域高中占比 P_i 代表 i 省 A、B 两所大学学生来源于县域高中的比例。

$$P_i = \frac{n_i}{N_i} \qquad \text{(公式 2-1)}$$

(二) 优质高中教育基尼系数

基于“高中所在省份”“高中所在地级市/地区”“高中所在县/县级市”这三个变量，本章运用教育基尼系数[①]，按照不同地级行政区对某一省份

① 叶平，张传萍. 基础教育生均预算内公用经费基尼系数的再考查：兼与杨颖秀教授商榷[J]. 教育研究，2007(02)：48－55.

进行划分，基于不同地级行政区间的人均教育资源占有量计算该省优质教育资源的教育基尼系数，以反映该省不同地区优质高中教育资源的聚集情况和公平发展问题。

本章使用A大学和B大学录取人数代替优质高中的学生数，对优质高中教育基尼系数进行计算。计算方法如公式2-2所示，$EGINI_i$ 为 i 省的优质高中教育基尼系数，$x_{i,j}$ 为 i 省 j 地级地区人口的累计百分比，$y_{i,j}$ 为 i 省 j 地级地区A大学和B大学录取人数的累计百分比，基尼系数 $EGINI_i$ 的值越大，表明优质高中教育在 i 省的各地区分布越不平衡。

$$EGINI_i = 1 - \sum_{j=1}^{n} (x_{i,j} - x_{i,j-1})(y_{i,j} + y_{i,j-1}) \quad \text{（公式 2-2）}$$

令 $x_{i,0}$、$y_{i,0}$ 取值均为0，$x_{i,n}$、$y_{i,n}$ 取值均为1。需要注意的有两点。一是A大学和B大学在西藏、青海的录取人数较少，因此这两个省（自治区）的基尼系数可靠程度低于其他省份，仅在一定程度上反映出资源聚集的情况。二是各直辖市并没有地市级行政区这一级别的行政区划，因此基尼系数是基于各市辖区（重庆市为各市辖区和市辖县）进行划分和计算的。除基尼系数外，本章还统计出各省（自治区、直辖市）考取A大学和B大学学生最多的地区，并将该地区的A大学和B大学学生数占全省A大学和B大学学生总录取数的比重定义为地区首位比，从资源占比最具优势地区的角度出发，反映优质高中教育资源的聚集状况。

第二节　精英大学生源在不同行政层级区域中学的分布

一、样本来源高中总体分布情况

由于我国直辖市的行政建制与其他省份有所区别，因此在考虑不同层级地区教育发展情况时，剔除来自北京、天津、上海和重庆四个直辖市的数据。样本剩余4729个观测值，其中3695名学生来自地市级高中，地市级高中生源占比为78.1%；1034名学生来自县域高中，占总样本的21.9%。在A大学和B大学3695名来自地市级高中的学生中，有1884名学生（占51.0%）的高中位于省会城市或计划单列市，有1811名学生

（占 49.0%）的高中位于非省会城市、非计划单列市的地级市。与 A 大学相比，B 大学来自县域高中和非省会或计划单列市的地市级高中的生源比例更大：A 大学县域高中生源占比为 20.5%，B 大学为 22.9%。

样本中共有 1289 所高中产生 A 大学和 B 大学学生，其中 146 所位于直辖市，1143 所位于各省（自治区）。在 1143 所非直辖市高中之中，有 183 所（占 16%）位于省会城市，45 所（占 3.9%）位于计划单列市，427 所（占 37.4%）位于非省会城市、非计划单列市的地级市，488 所（占42.7%）位于县级地区。结合学生数据可以看出，与地市级高中相比，样本中的县域高中虽然也能培养出 A 大学和 B 大学学生，但校均被录取的 A 大学和 B 大学学生数则相对较低。具体来说，样本中占比 42.7%培养出 A 大学和 B 大学学生的县域高中产生了样本中 21.9%的 A 大学和 B 大学学生，这些县域高中平均每所学校培养出 2.12 名 A 大学和 B 大学学生；而占比 57.3%培养出 A 大学和 B 大学学生的地市级高中产生了样本中 78.1%的 A 大学和 B 大学学生，平均每所学校培养出 5.64 名 A 大学和 B 大学学生，可见县域高中校均产出的 A 大学和 B 大学学生数显著低于地市级高中。此外，2013 年中国共有地市级及以上城市 290 个，其中 271 个城市产生了 A 大学和 B 大学学生（占 93.4%）；而 2013 年全国共有 2853 个县级行政区，只有 488 个县级行政区产生了 A 大学和 B 大学学生（占17.1%）。

二、各省（自治区）不同层级地区间优质高中资源分布情况

（一）不同层级地区优质高中之间的不平衡

总体来看，优质高中教育资源主要集中于省会城市、地级城市，而县级地区的优质高中教育资源占有量处于劣势。所有省（自治区）生源为县域高中的占比都低于 45%，有的省（自治区）甚至没有考生来自县域高中。从各大地区情况来看，华东地区优质高中教育资源在不同层次的地区布局最为平衡，县域高中占比为 35.2%。华中地区的 A 大学和 B 大学学生有 27.7%来自县域高中，比例也相对较高。相形之下，西南地区和华北地区仅有 16.7%和 14.1%的 A 大学和 B 大学考生来自县域高中，而东北地区、西北地区和华南地区的省（自治区）则只有约一成的 A 大学和 B 大学学生来自县域高中。

从各省(自治区)情况来看,人口数量较大省(自治区)的A大学和B大学学生来自县域高中的比例更高。皮尔逊相关系数分析显示,县域高中比例和各省(自治区)人口数呈显著正相关,表明人口数量更大的省(自治区),优质高中在省(自治区)内不同层级地区间的分布更为均衡。其中,山东省不同层级间优质高中教育资源分布最为均衡,42.1%的A大学和B大学学生来自县域高中,2013年县级城市滕州市、寿光市和广饶县分别培养出23、12、12名A大学和B大学学生。河南省不同层级地区的优质高中资源均衡程度仅次于山东省,县域高中占比为41.2%。相比之下,西藏、陕西、宁夏、广东等省(自治区)的优质高中教育资源大多集中于发展状况良好的省会城市或地级城市,A大学和B大学录取的学生中仅有不到5%来自县域高中。以广东省为例,在样本中的262名广东省A大学和B大学学生中,只有11名来自县域高中,其中8名来自发展相对较好的县级市的高中。各计划单列市高中教育发展情况普遍良好,厦门、大连和深圳均为所在省份内产出A大学和B大学学生数最多的城市(见表2-1)。

表2-1　A大学和B大学总体生源的高中学校所在地的类型分布

序号	省份	省会城市	计划单列市	地级市 (非省会、单列市)	县级地区
1	山东	20.40%	5.50%	32.00%	42.10%
2	河南	23.40%	0.00%	35.40%	41.20%
3	江西	15.90%	0.00%	46.90%	37.20%
4	江苏	15.70%	0.00%	49.10%	35.20%
5	安徽	20.30%	0.00%	44.80%	34.90%
6	浙江	29.10%	13.60%	22.50%	34.80%
7	甘肃	42.10%	0.00%	27.20%	30.70%
8	青海	57.70%	0.00%	15.40%	26.90%
9	湖南	58.50%	0.00%	14.70%	26.80%
10	山西	30.50%	0.00%	43.20%	26.30%
11	云南	34.00%	0.00%	42.30%	23.70%

（续表）

序号	省份	省会城市	计划单列市	地级市（非省会、单列市）	县级地区
12	福建	10.70%	32.60%	33.70%	23.00%
13	四川	40.10%	0.00%	43.30%	16.60%
14	吉林	54.40%	0.00%	30.80%	14.80%
15	海南	81.40%	0.00%	4.70%	14.00%
16	贵州	44.30%	0.00%	42.60%	13.10%
17	湖北	41.40%	0.00%	46.20%	12.50%
18	河北	26.80%	0.00%	61.50%	11.70%
19	黑龙江	34.00%	0.00%	54.70%	11.30%
20	辽宁	20.60%	26.60%	41.90%	10.90%
21	广西	27.50%	0.00%	62.60%	9.90%
22	新疆	59.20%	0.00%	35.70%	5.10%
23	内蒙古	18.10%	0.00%	77.70%	4.30%
24	广东	21.40%	24.40%	50.00%	4.20%
25	宁夏	76.80%	0.00%	19.60%	3.60%
26	陕西	93.50%	0.00%	3.50%	3.00%
27	西藏	66.70%	0.00%	33.30%	0.00%

（二）县域高中之间的发展不平衡

优质高中教育资源分布不仅在地市级城市和县级地区之间存在一定差距，县级地区的优质教育资源也呈现出集中的趋势。2013 年全国共有 431 个县级地区产生了 A 大学和 B 大学学生，其中 87.5%的县级地区所有 A 大学和 B 大学学生均来自县域内的同一所高中。在基础教育“分级管理”和“九年免费义务教育”的背景下，部分县级政府将主要教育经费用于保障小学和初中教育发展，县域高中往往出现投入不足的问题。在县政府教育财政资金有限的情况下，举全县之力发展一所高中成为常态。而师资力量相对薄弱的其他县域高中则由于教学质量和资金投入处于弱势，导致学校生源和教师不断流失，进一步加剧了县域内高中教育发展的不平衡。

总体来看，A 大学和 B 大学生源在不同行政层级地区中学的分布呈现出以下特点。第一，A 大学和 B 大学的生源主要来自地市级高中，其中省会城市的优质高中教育资源通常最为丰富，而县级地区在优质高中教育资源的占有量上处于劣势。第二，东北三省以及内蒙古、新疆等边疆地区的优质高中在不同行政层级地区之间分布失衡，县域高中难以培养出 A 大学和 B 大学学生，而沿海地区省份以及山东、河南等一些人口大省的优质高中资源在县级地区内较为丰富，县域高中也能培养出 A 大学和 B 大学的学生。第三，县级地区的优质高中教育资源呈现集聚的趋势，县域内往往有一所高中独占鳌头。

第三节　各省份 A 大学和 B 大学生源在不同地市的分布

一、各省份优质高中教育发展平衡情况分析

表 2-2 统计了各省(自治区、直辖市)的优质高中教育基尼系数、地区首位比和学校首位比。本研究将基尼系数值低于 0.45 的省份归入高平衡组，该组各地市间优质高中教育发展平衡程度较好；将数值在 0.45～0.55 之间的省份归入中等平衡组，该组各地市间优质高中教育发展平衡程度一般；将数值高于 0.55 的省份归入低平衡组，该组各地市间优质高中教育发展不平衡程度较为严重。

表 2-2　各省(自治区、直辖市)优质高中教育基尼系数和首位比

序号	省份	基尼系数	首位地区(地区首位比)
高均衡度组			
1	江苏	0.303	南通市(18.1%)
2	福建	0.346	厦门市(32.6%)
3	浙江	0.348	杭州市(29.5%)
4	吉林	0.382	长春市(57.4%)
5	山西	0.396	太原市(30.5%)

（续表）

序号	省份	基尼系数	首位地区(地区首位比)
6	安徽	0.407	合肥市(21.5%)
7	辽宁	0.419	大连市(29.4%)
8	云南	0.441	昆明市(34.0%)
中等均衡度组			
9	江西	0.450	抚州市(31.7%)
10	河南	0.465	郑州市(27.7%)
11	内蒙古	0.476	赤峰市(30.9%)
12	广东	0.493	深圳市(24.4%)
13	黑龙江	0.507	哈尔滨市(34.0%)
14	青海	0.512	西宁市(80.8%)
15	甘肃	0.527	兰州市(42.1%)
16	山东	0.528	济南市(20.7%)
17	宁夏	0.531	银川市(76.8%)
18	湖北	0.539	武汉市(41.4%)
低均衡度组			
19	贵州	0.559	贵阳市(46.7%)
20	广西	0.566	南宁市(28.2%)
21	西藏	0.603	拉萨市(66.7%)
22	湖南	0.605	长沙市(59.6%)
23	四川	0.613	成都市(40.4%)
24	河北	0.690	衡水市(48.8%)
25	新疆	0.721	乌鲁木齐市(59.2%)
26	陕西	0.759	西安市(93.5%)
27	海南	0.762	海口市(81.4%)
直辖市			
28	天津市	0.515	和平区(33.1%)
29	上海市	0.581	徐汇区(30.1%)
30	北京市	0.694	海淀区(55.3%)
31	重庆市	0.823	沙坪坝区(34.1%)

按东中西部地区来划分，东部地区各省(直辖市)的优质高中资源整体上平衡程度良好，教育平衡程度呈现出从东部到中部再到西部逐渐递减的趋势。从大的地理区域来看，华东地区各省(直辖市)的优质高中教育资源分布最为平衡，仅江西省和山东省的基尼系数属于中等平衡组，其他省(直辖市)均属于高平衡组。东北地区各省内部的资源分布平衡情况仅次于华东地区省份，吉林、辽宁二省属于高平衡组，黑龙江省位于中等平衡组。而西南、西北和华南地区的优质高中教育平衡程度较低，这些地区省份的教育基尼系数普遍高于0.5，首位地区的占比普遍高于40%。华中、华北地区各省份的优质高中教育平衡程度处于中游水平。但河北省和湖南省的平衡情况较差，河北衡水市地区首位比为48.8%，湖南长沙市地区首位比高达59.6%。

在各省份中，江苏省2013年教育基尼系数为0.303，优质高中教育资源在各地区间的分布最为平衡，资源最为丰富的南通地区2013年的A大学和B大学考生仅占全省名额的18.1%，并且13个地级地区均有成功考入A大学和B大学的学生。此外，福建、浙江等省的优质高中教育基尼系数也处于较低水平，资源占比居首位的地区占有率相对较低，其中福建厦门地区首位比为32.6%，浙江杭州地区首位比为29.5%；两省省内各地市高中均有学生被A大学和B大学录取，优质高中教育在省内分布较为平衡。相较之下，陕西省2013年的优质高中教育基尼系数高达0.759，样本中的230名陕西省A大学和B大学学生中，有215名来自西安市，占比高达93.5%。不仅如此，在西安市的215名学生中，83.3%来自西安市高新第一中学、西北工业大学附属中学和西安市铁路第一中学这三所学校，反映出西安市区内优质高中资源呈现出严重的集聚现象。类似的情况也发生在海南、新疆、西藏等省(自治区)，这些省份的优质高中教育资源主要集中在省会城市，部分地市已经多年没有产生A大学和B大学学生，优质高中教育资源在各地区间分布极为失衡。而在这些省会城市中，为数不多的几所高中往往占据了大部分的优质资源。

优质高中教育的地区首位度最高的三个城市分别为陕西省西安市(93.5%)、海南省海口市(81.4%)、青海省西宁市(80.8%)，这些省份80%以上的A大学和B大学学生来自位于省会城市的高中。地区首位度最低的城市为江苏省南通市(18.1%)、山东省济南市(20.7%)、安徽省合肥市(21.5%)。其中,山东省首位地区的首位占比虽较低,但人口较多的菏泽、临沂等地区考取A大学和B大学的人数较少,导致其教育基尼系数相对偏高。与此相对的是,吉林省首位地区长春市的首位度高达57.4%,但由于长春地区的人口占全省人口的比重较高(28.1%),因此教育基尼系数数值相对较低。

将教育基尼系数与县域高中占比相比较,可以发现华东地区各省(直辖市)的教育发展的公平程度最好,优质高中教育在省内不同层级地区和不同地市分布都相对较为平衡;华南地区、西南地区、西北地区省份的不平衡情况最为严重,优质高中教育在各省内部不同层级地区和不同地市分布都较不平衡。东北地区省份的优质教育资源在各地级市间分布较平衡,但优质高中主要集中于地级市,县级地区的教育资源相对匮乏。而山东、河南两省份情况相反,县域高中的比重较大,但教育基尼系数较高,说明优质高中在这两个省份的地市级及以上城市和县级地区之间的分布较为平衡,但教育资源在各地市间平衡状况有待改善。

二、各直辖市优质高中教育发展平衡情况分析

改革开放以来,北京、上海作为国内最具代表性的发达城市,在全国政治、经济、文化发展等方面领先全国其他城市。目前,北京市有"985工程"大学8所、"211工程"大学26所,上海市拥有"985工程"大学4所、"211工程"大学9所,两市在高等教育资源占有率和高等教育入学机会方面占据得天独厚的优势。然而,北京市和上海市在优质高中教育平衡发展方面也存在较大的问题,各市辖区高中教育发展水平存在较大差异。

首先,体现在城区与城区之间的差异。北京市83.3%的A大学和B大学学生出自海淀区和西城区的高中,各区之间优质高中教育基尼系数高达0.694。上海市69.87%的A大学和B大学学生出自徐汇区、浦东新区和杨浦区的高中,各区之间优质高中教育基尼系数为0.581,其各市辖区间的平衡程度略优于北京市。

其次,体现在市辖区内部的学校与学校之间的差异。北京市海淀区共有54所高中,其中示范性高中11所,而A大学和B大学的学生主要

来自其中的人大附中、十一学校、清华附中、北大附中等七所学校。上海市71.2%的A大学和B大学学生来源于上海中学、华师大二附中、复旦大学附中和七宝中学。

相比北京和上海，重庆市各区县间优质高中教育基尼系数为0.823，优质高中教育资源分布的不公平现象更为严重。重庆市的主城区是全市的政治、经济、文化、金融中心，81%的A大学和B大学学生来自主城区的高中。主城区中的沙坪坝区、渝中区有巴蜀中学、南开中学、重庆一中等优质中学，享有全市最优质的高中教育资源。而天津市基尼系数值为0.515，在四个直辖市中优质教育资源在各市区内的分布最为平衡。

总体上看，省(自治区、直辖市)内各地区间优质高中教育资源分布总体呈现出以下特点。第一，各省产生A大学和B大学学生最多的地区往往是省会城市，说明各省省会城市的教育事业发展建设水平普遍优于该省份其他地区。第二，华东地区和东北地区各省份的教育基尼系数和首位度都处于相对较低的水平，说明这些省份的优质高中教育资源在各地级行政区之间分布最为平衡。第三，西北地区、西南地区和华南地区的省份教育基尼系数和首位度普遍处于较高的水平，反映出这些省份的教育不平衡发展情况较为严重，最优质的高中教育资源主要分布在省会城市。第四，各直辖市的教育基尼系数数值普遍较高，优质高中主要分布在少数几个市辖区内。

第四节　不同类别优质高中教育发展不平衡的原因分析

一、各省经济发展水平及各地市间经济发展差异对优质高中教育平衡发展的影响

人力资本理论认为，教育为经济发展提供了智力支持和人才支撑，而经济发展为教育事业的建设提供了物质基础。[①] 教育和经济发展之间既

① 赵国春，梁勇. 少数民族地区高等教育与经济发展的协同性研究[J]. 中国高教研究，2014(05):58—64.

相互制约又相互促进，两者间具有一定的协同性。进一步来说，各省经济发展状况对该省教育平衡水平的影响可能体现在整体经济发展水平和经济发展的平衡程度两个方面。

首先，本章以某省人均 GDP 作为衡量该省整体经济发展水平的指标，构建各省人均 GDP 和优质高中教育基尼系数的散点图。如图 2-1 中 A 所示，随着人均 GDP 的增加，教育基尼系数呈逐步下降趋势。与此同时，皮尔逊相关系数的分析结果也发现优质高中教育基尼系数和各省人均 GDP 呈显著负相关，系数为－0.45。这表明经济越发达的省份，A 大学和 B 大学生源和优质高中在各地市的分布也更加平衡。这可能是因为在经济发展领先的省份，各地市政府财政相对富裕，对高中教育的资金投入水平也更高。在经费投入充足、预算约束较小的情况下，省内教育发展总体上出现短板的可能性随之降低。

其次，本章以某省的人均 GDP 基尼系数作为衡量该省经济发展平衡程度的指标，分析经济发展平衡程度对教育平衡程度的影响。二者的散点图显示随着人均 GDP 基尼系数的减小，优质高中教育基尼系数也会不断降低(见图 2-1B)。二者的皮尔相关系数为 0.46 也证实了这一趋势。这意味着地市经济发展更为平衡的省份，A 大学和 B 大学生源和优质高中在各地市的分布就会更为平衡；而省内地市间的经济发展水平如果差异过大，A 大学和 B 大学生源和优质高中的分布也会更不平衡。在同一省份内部，经济发展相对落后的地市，用于高中教育阶段的基础建设、师资队伍建设、高考教研队伍建设等经费投入可能也会相对较低，这都会使得本市优质高中教育水平相对落后。与此同时，经济发达地区的人均收入水平更高，家庭对于子女教育的投入也会随着增加，家长通过给子女聘请优秀教师或大学生作为家教，从而进一步提高子女成绩。经济发达地市在公共和私人教育投入方面的相对优势，使得这些地市的高中毕业生有更多的机会进入 A 大学和 B 大学等精英大学。

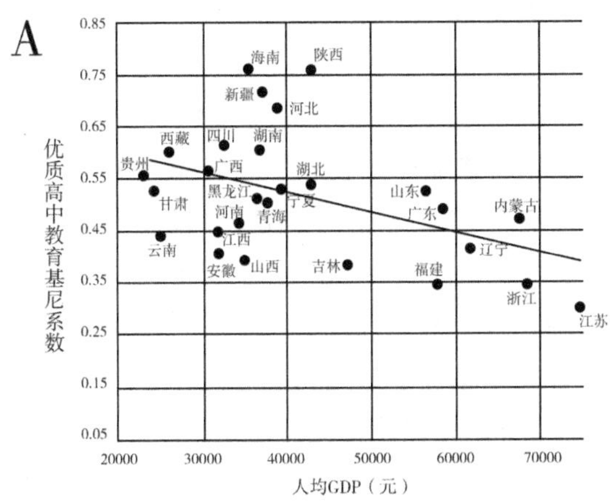

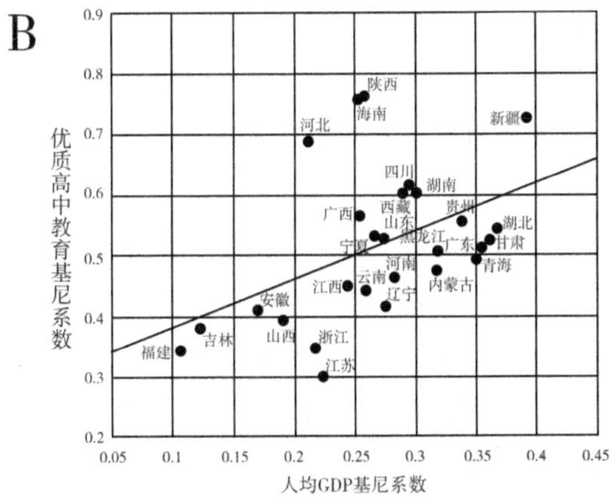

图 2-1　各省份优质高中教育基尼系数和经济指标的散点图

以广东和江苏为例，两省是位居我国经济发展水平前列的省份，2013年两省的人均 GDP 分别为 12031.87 美元和 9430.15 美元，在全国排名第四和第八。与之相对应的，两省的优质高中基尼系数较低，分别为 0.493和 0.303，对应隶属于优质高中教育高平衡组和中等偏上平衡组。另一方面，广东省虽然人均 GDP 高于江苏省，但其优质高中平衡程度却不如江苏的一个重要原因可能是其各地市人均 GDP 平衡程度不如江苏。《2014 年江苏省统计年鉴》显示，江苏省苏北地区虽然在 GDP、基础设施等方面落后于苏南地区，但经济发展最好的无锡、苏州地区，其人均 GDP 是经济发展最为薄弱的宿迁、连云港等地的 3～3.5 倍，全省以人均 GDP 计算的基尼系数为 0.224，各地区间的发展水平较其他省份来说相对较为平衡。《2014 年广东省统计年鉴》显示，广东省的广州、深圳等地经济发展良好，北部山区及粤东、粤西等地经济发展则相对缓慢，最发达的深圳市 2013 年人均 GDP 为 136948 元，是经济发展相对落后的清远、揭阳、汕头等 8 个地区的 4.74～6.10 倍，是经济发展较为落后的梅州市的 7.3 倍，以人均 GDP 计算的基尼系数为 0.350。广东省内各地市的发展与江苏省相比不太平衡，与此相对应的是，2013 年广东省优质高中教育基尼系数为 0.493，培养出 A 大学和 B 大学学生的高中学校也主要集中于广州、深圳；而 2013 年江苏省教育基尼系数为 0.303，各地市的高中都有毕业生被 A 大学和 B 大学录取。

二、县域人口向地市级区域的流动对不同行政层级优质高中教育发展失衡的影响

一个区域的人口数量对该区域高中毕业生被 A 大学和 B 大学等精英大学录取的人数也会产生影响。各省人口数量和该省县域高中被 A 大学和 B 大学录取人数的皮尔逊系数为 0.42，P 值为 0.03，但各省人口数量和优质高中教育基尼系数却无相关性，二者皮尔逊相关系数的 P 值为 0.33。这表明，人口数量越多的省份，其县级区域的人口可能也会更多，如人口大省山东省、河南省的县级地区人口占比分别为 69.8%、81.2%，相比之下，人口总数较少的海南省其县级地区人口占比仅为 56.8%。因为县级区域人口较多，其适龄高中生人数可能也会相对更多，因而在该区域高中毕业后进入 A 大学和 B 大学的人数也会相对较多。

20 世纪 80 年代后，随着城市化进程的日益推进，越来越多的县乡级地区人口不断迁出并流入经济发展相对较好的地级市。当地级市聚集越来越多的人口时，其学龄人口基数呈现大规模的增长，地市级高中可供选择的优秀生源也不断增加。与县域高中相比，地市级高中毕业生进入 A 大学和 B 大学等精英大学学习的人数也占相对多数。以湖北省为例，图 2-2 显示了 2004—2013 年湖北省地级市、县级地区常住人口的变化情况。

可以看出，地级市常住人口上升了 16.0%，呈现逐年增加的趋势，而县级地区常住人口下降了 12.1%，呈现不断降低趋势。2013 年，湖北省高考 A 大学和 B 大学录取的 273 名新生中，来自地级及以上城市的学生有 239 名，占 87.5%；来自县级区域的仅有 34 人，只占 12.5%。

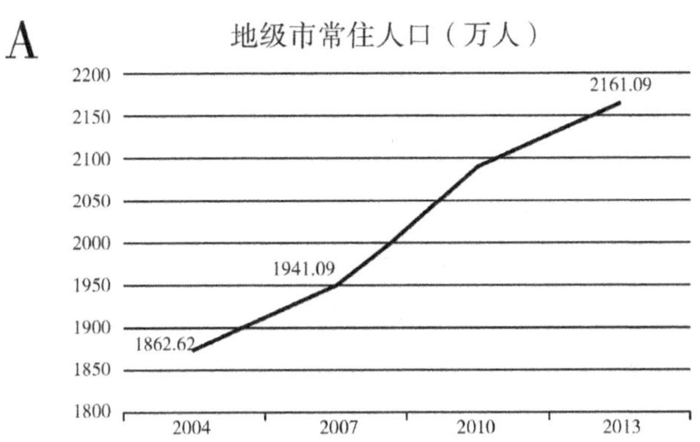

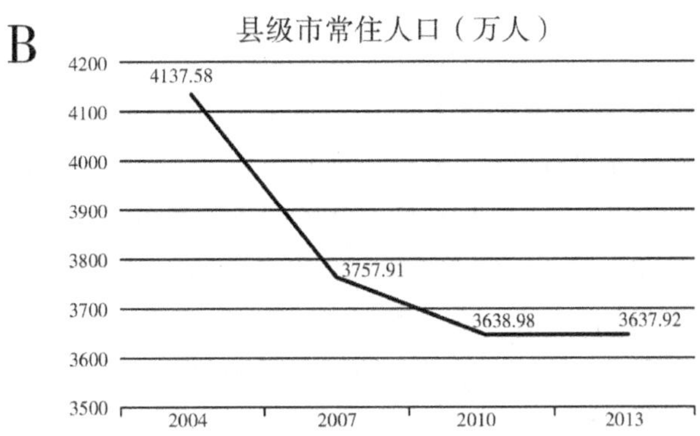

图 2-2　2004—2013 年湖北省地级市、县级市常住人口变化情况

三、示范高中和超级中学对县域高中及各地市优质高中教育平衡发展的影响

自 2001 年《国务院关于基础教育改革与发展的决定》中提出了“各地要建设一批实施素质教育的示范性普通高中”的要求以来，各地方部门都在积极发展和推动示范性学校的建设和评估。地方教育行政部门往往将工作重心放在确保示范性高中的高升学率和 A 大学和 B 大学录取人数

方面，而忽视其他高中学校的建设和发展。示范性高中在各方利益代表的支持下，获得最多的教育投入，吸纳周边地区最优质的生源，极易造成当地高中教育的发展失衡。

近年来，随着优质教育资源集聚发展，一些示范高中逐步演变成超级中学，进一步加剧了各地优质高中发展的失衡。超级中学有以下三个特点。一是师资力量雄厚，生源质量优秀，办学条件优越。二是拥有最优质的生源，高考成绩往往拔尖，占有大量优质高等教育入学机会。三是体量庞大，师生人数和校园规模都远高于普通高中。这些超级中学考取 A 大学和 B 大学人数之多，占比之大，无不令人咋舌。2013 年衡水中学有 84 名学生考上 A 大学和 B 大学，占河北省总数的 39.4%；西北工业大学附属中学有 97 名学生考上 A 大学和 B 大学，占全省总数的 42.8%。超级中学急速发展的本质是对优质高中教育资源的垄断，这些学校高考成绩越好，生源就越好，资金也更加充裕，学校的实力也就更加强大。超级中学的急剧扩张，形成了对优质教育资源和高中教育市场的控制。超级中学虽然名义上整合了中学教育资源，提高了校内学生的升学率，但却是以吸收周边优质资源、挤压其他学校的生存空间为代价的。它只是将全省原本应该分散在各地市、各层次高中的 A 大学和 B 大学等精英大学的生源集中在一所学校而已，对于本省是否能够多获得 A 大学和 B 大学等精英大学的招生指标，并无多大帮助。可以说“超级中学”的出现很大程度上打破了学校之间的良性竞争和高中教育的平衡，极大地阻碍了高中教育的平衡发展，不利于其他高中，尤其不利于县域高中的发展。

第五节　促进优质高中资源均衡分布的政策建议

当前，县级与地市级区域(含省会、计划单列市)所面临的优质高中资源分布不平衡问题实际上是高中教育所面临的“市县发展问题”，究其根源在于改革开放后大中型城市发展建设迅猛，而县、乡镇地区社会经济发展相对缓慢，部分县级地区在政治、经济、文化等方面被逐步边缘化，越来越多的功能为地市所取代。市县优质高中教育的发展失衡将对基础教育体系的建设和完善产生十分不利的影响，将使高中教育系统产生“头重脚轻”的问题。县域高中作为现行高中教育系统的基本单位,其发展相对缓慢将会动摇高中教育发展框架的整体稳定性和根基。

目前,相当部分省份的省级、计划单列市和地市级高中,尤其是一些超级中学,除了招收对应行政区域的高中生源之外,还可以面向所有县级区域招生,使得原本属于县域高中、毕业后能上 A 大学和 B 大学等精英大学的优秀生源流入地市级以上高中。长此以往,县域高中教育质量将会被不断削弱。为解决优质高中资源分布不平衡问题,提出如下政策建议。

第一,在高中教育的资金投入、师资队伍建设等方面,省级政府应对落后地市和县级区域给予重点倾斜,限制示范性高中、重点高中对高中教育资源的垄断,原则上不允许经济发达区域随意引进经济欠发达地区的优秀教师。另外,在高中教学研究方面,省级政府也应鼓励优质高中教育集中的地市帮扶和支持落后地市和县级区域。

第二,在高中招生政策方面,各省市教育行政部门应该禁止跨地市和跨县招生,杜绝高中学校之间恶性争抢生源,维护普通高中的招生秩序。当前,大部分省份对民办学校跨地市和跨县招生没有限制,部分重点中学和超级中学利用这一政策,引入社会资源成立民办学校后在全省范围内招收优秀初中毕业生。所招优秀生源学籍虽在民办学校,但高中三年却都在该重点中学或超级中学学习。这种严重扰乱招生秩序的行为,各级教育行政部门应予及时制止。

第三,对于精英大学来说,在招生政策方面应加大向县域高中的倾斜力度。近年来,A 大学和 B 大学等精英大学推出面向连片贫困地区招生的专项计划和针对县域高中农村户籍考生的专项计划,为来自农村地区和贫困地区的学子提供更多圆梦 A 大学和 B 大学的机会,取得了一定的效果,但招生规模相对较小。今后,以 A 大学和 B 大学为代表的精英大学应继续加大对县域高中的支持力度。

第三章　中国精英大学入学机会的校际差异

在深入剖析中国精英大学入学机会的省际差异和省内差异后，我们初步在省际和市县行政区（省内）层面勾勒出精英大学入学机会地区差异的轮廓。然而，除去中国精英大学入学机会的区域差异外，我们还需聚焦到微观层面普通高中自身的校际差异。在中国现行教育体制下，高中毕业生是高校生源的主要来源。高中阶段教育质量的校际差异，会影响到高等教育入学机会在不同高中之间的分布差异。[①] 因此探讨精英大学入学机会的区域差异，离不开对基础教育阶段高中学校校际差异的分析。林俊莹通过对中国台湾教育长期追踪调查资料库样本资料的分析，发现台湾高中学校优良校风会通过影响学生教育期望，进而对学生学业成就带来正向影响，从而导致学生学业成绩的校际差异。[②] 习勇生认为，在政府行政干预、市场机制调节以及相关主体选择等综合因素影响下形成的"超级中学"，加剧了普通高中学校间在教育资源禀赋与获取能力、教育信息与一流大学入学机会、办学声誉与社会支持度等方面的差距。[③] 黄晓婷等将毕业生考入某精英大学人数超过所在省份平均值两个标准差以上的高中定义为"超级中学"，其研究发现各省"超级中学"平均占有该精英大学在本省录取计划的14.4%，是省内各生源高中平均占比的9.4倍，其中占比最高的"超级中学"竟达本省平均占比的22.8倍。[④] 与之形成鲜

---

① 牛新春. 迎头赶上：来自不同地域学生的大学学业表现的实证案例研究[J]. 清华大学教育研究，2018(1):91－101,124.

② 林俊莹. 到底是学生好？还是学校行？校际间学生学业成就差异表现之影响机制[J]. 台东大学教育学报，2009，20(2):1－30.

③ 习勇生. "超级中学"：普通高中校际差距的催化剂[J]. 中国教育学刊，2014(06):15－18.

④ 黄晓婷，关可心，熊光辉等. "超级中学"公平与效率的实证研究：以K大学学生学业表现为例[J]. 教育学术月刊，2016(5):32－37.

明对比的是，不少县域高中高考一本率居然为零，甚至没有一个毕业生的高考分数达到所在省份的一本线[①]。中国现阶段普通高中教育质量的校际差异之显著由此可见一斑。

造成上述校际差异的原因既有历史的因素，也有当前政策的影响。重点学校制度是其中一个重要影响因素。中华人民共和国成立后，受经济社会发展亟需人才及教育资源匮乏的影响，出现严重的人才短缺问题。对此，政府对基础教育实施了重点学校制度，集中资源迅速培养人才。根据行政级别不同，重点校包括国家级重点、省级重点、市级重点和县级重点[②]，鼓励各级政府集中资源重点支持少数学校，这些重点学校因此获得了教育优先发展权[③]，比非重点学校享有更多生均经费投入、专项经费名额及更优越的校舍与设备[④]。由于不同层级重点中学在招生范围、教师待遇、硬件投入等方面存在差异，重点中学内部也出现分化，这种差异在城乡之间最为明显，即使县中进入重点中学行列，也很难像城市的重点中学那样，向精英大学输送生源。[⑤] 重点校制度在当时的历史背景下确实促进了高中教育改革与发展，也对工农子弟上大学产生了积极作用。[⑥] 但教育资源聚集于少数学校是以牺牲区域内教育均衡发展为代价，加之一些地区政府允许部分高中跨区、县招生[⑦]，省级和部分地市级重点高中凭借资源及招生优势迅速提升教育质量，其毕业生获得更多精英大学录取机会。而一般地级市重点高中、县级重点高中和非重点高中在各方力量的挤压下，教育质量逐年下降，向精英大学输送的毕业生数量越来越少。

---

① 广西凤山去年“零一本”：教师待不住 生源被抽走[EB/OL]. http://www.china.com.cn/shehui/2017－09/13/content_41577526.htm

② 李莉琴，李欣茹.“重点校”与“名校”辨析[J]. 教育科学研究，2008(02)：6－9.

③ 王善迈.“重点校”政策影响了教育的公平[N]. 中国教育报，2007－03－08(06).

④ 刘晓凤. 校际教育投入分析：以广州市为例[J]. 晋中学院学报，2011，28(02)：53－56.

⑤ 应星，刘云杉.“无声的革命”：被夸大的修辞：与梁晨、李中清等的商榷[J]. 社会，2015，35(02)：81－93.

⑥ 梁晨，李中清，张浩，李兰，阮丹青，康文林，杨善华. 无声的革命：北京大学与苏州大学学生社会来源研究(1952—2002)[J]. 中国社会科学，2012(01)：98－118＋208.

⑦ 郭丛斌，王家齐. 我国精英大学的生源究竟在何方：以A大学和B大学2013级生源为例[J]. 教育研究，2018(12)：99－108.

一部分重点高中在精英大学入学机会方面的明显优势，给学校带来了良好的品牌效应。具有品牌优势的重点高中得到地方政府越来越多的支持，办学条件越来越好，师资力量越来越雄厚，受到越来越多学生与家长的青睐和追捧[①]，因此吸引了更多的优秀生源，顺利进入良性循环。而一般地级市重点高中、县级重点高中和非重点高中却因优秀生源和骨干名师的双双流失，教育质量越来越差，引发越来越多的学生和教师流失，从而陷入恶性循环的怪圈，发展举步维艰，日趋没落。普通高中“强者越强，弱者越弱”的马太效应日益凸显。

那么，我国高中现阶段精英大学入学机会的校际差异情况究竟如何？这种差异随着时间推移呈现怎样的变化趋势？校际差异的马太效应如何？哪些因素显著影响精英大学录取机会的校际差异？为分析这些问题，本章将构建帕尔马指数来衡量精英大学录取机会的校际差异，通过马尔科夫链模型探究校际差异的马太效应，运用双向固定效应模型探究造成这种差异的原因，并在此基础上提出相关政策建议。

第一节　衡量精英大学入学机会校际差异的方法

本章采用的研究数据为A、B两所精英大学2007～2013级学生调查数据、各省统计年鉴和教育经费统计年鉴数据。根据学生毕业高中的学校名称识别出学生来源的省份、地级市、县(区)和学校，并依此构建“每年各高中产生精英大学生源数量”“是否为高校附属中学”等主要变量；从各省统计年鉴和教育经费统计年鉴中获得人均GDP、高中毕业生数、普通高中数量等变量。由于西藏、海南、青海、宁夏的精英大学生源高中数量太少，所以下文具体研究部分并未将其包含在内。

一、帕尔马比值

帕尔马比值(Palma ratio)是指10%的最高收入人口的总收入与

---

① 张巧灵，冯建军. 江苏省普通高中教育公平现状考察与问题分析[J]. 基础教育，2010，7(07)：8－15.

40%的低收入人口的总收入之间的比值;该比值越高,则说明贫富分化越严重。本章借鉴该指标的核心思想,构建反映普通高中学生精英大学入学机会校际差异的帕尔马比值。具体来说,我们首先依据每所学校每年输送的精英大学学生数量,将普通高中分成以下三类[①]:(1)当年精英大学生源数量排名前10%的高中定义为第一类高中,其精英大学生源数量是帕尔马比值的分子;(2)当年精英大学生源数量排名中间50%的高中定义为第二类高中;(3)当年精英大学生源数量排名后40%的高中定义为第三类高中,其精英大学生源数量是帕尔马比值的分母。

$$Palma_{i,t} = \frac{Top_{i,t}}{Bottom_{i,t}} \qquad \text{(公式 3-1)}$$

帕尔马比值如公式3-1所示,$Palma_{i,t}$ 表示 t 年 i 省的Palma比值,是第一类高中与第三类高中精英大学生源数量的比值;$Top_{i,t}$ 表示 t 年 i 省第一类高中的精英大学生源数量;$Bottom_{i,t}$ 表示 t 年 i 省第三类高中精英大学生源数量。该比值越高,说明普通高中精英大学生源数量校际差异的两极分化越严重。另外,没有下标 i 则代表 i 年将所有高中不分省份在全国范围内排序后计算得出的帕尔马比值及其分子和分母。

二、马尔可夫链模型

马尔可夫链模型一般用于研究区域经济学中的经济趋同问题。具体而言,如果某一区域在初始年份为某种经济水平,经过一定周期这个地区可能维持原有状态、向上转移或向下转移成另一种状态,这三种状态的转移概率,可以通过马尔可夫链模型来计算[②]。本章借鉴此方法来测算我国精英大学生源高中2007到2013年间在不同类型高中之间的转移概率。

本章将各省的精英大学生源高中分为3组:第一类高中为第1组,第

---

① 我们将2007—2013这七年内某年产生过精英大学生源的高中称作该年的精英大学生源高中。由于数据限制,这七年内一次都没有产生过精英大学生源的高中不作为本文讨论的对象。因为较之第三类高中与第一、第二类高中的差距,这类高中与第一和第二类高中的校际差距更大,分化更明显。

② 周迪,李倩. 我国R&D资源配置的“马太效应”实证检验及空间解释[J]. 科技进步与对策,2018,35(19):44-51.

二类高中为第 2 组，其余的精英大学生源高中为第 3 组。[①] 不同类型高中之间的转移概率计算公式如公式 3-2 所示。

$$p_{ij}^{d} = \sum_{t=t_0}^{t_n-d} n_{ij}^{i,t+d} / \sum_{t=t_0}^{t_n-d} n_i^t \qquad (公式 3\text{-}2)$$

其中，p_{ij}^{d} 为转移概率，，n_i^t 表示第 t 年中属于 i 组的学校总数，$n_{ij}^{i,t+d}$ 为期间所有在 t 年属于 i 组的学校在 $t+d$ 年转移为 j 组学校数量之和。通过对不同类型高中的转移概率进行估计，可以得到 d 年时长的马尔可夫转移概率矩阵（见公式 3-3），左上到右下对角线上的概率表示该校维持处于某类高中的概率，其余则为某类高中转化为其他类型高中的概率。通过分析维持和转移的概率可以探讨精英大学生源高中之间是否存在马太效应。

$$\begin{bmatrix} p_{11}^{d} & \cdots & p_{13}^{d} \\ \vdots & \ddots & \vdots \\ p_{31}^{d} & \cdots & p_{33}^{d} \end{bmatrix} \qquad (公式 3\text{-}3)$$

三、双向固定效应模型

为了研究精英大学入学机会校际差异的影响因素，本章构造了2007—2013 以省为单位的面板数据，采用双向固定效应模型，以有效控制一些不可观测且不同时随时间与地区变化的因素（见公式 3-4）。

$$Y_{it} = \alpha + \beta_1 Absorb_{it} + \vec{\gamma} X_{it} + Province_i + Year_t + \varepsilon_{it}$$

（公式 3-4）

其中，Y_{it} 为因变量，代表精英大学生源分布校际差异的指标，如帕尔马比值、第一类高中生源占比和第三类高中生源占比；$Absorb_{it}$ $Matthew_i$ 代表是否可以全省招生，X_{it} 为一系列控制变量，如精英大学录取总人数、产生精英大学生源高中的数量、经济发展水平、经济集中程度等；$Province_i$ 为省份固定效应，$Year_t$ 为年份固定效应。详细说明如表 3-1 所示。

---

① 第 3 组里面除了第三类高中外，还有部分年份产生的精英大学生源为 0，但在这七年内有产生过精英大学生源的高中。

表 3-1　精英大学入学机会校际差异研究的主要变量说明

指标	说明	来源
因变量		
帕尔马比值	各省第一类高中与第三类高中精英大学生源数量的比值	A、B 两所精英大学 2007—2013 年学生数据
第一类高中生源占比	各省第一类高中精英大学生源数量占该省精英大学生源总数的比值	
第三类高中生源占比	各省第三类高中精英大学生源数量占该省精英大学生源总数的比值	
自变量		
是否可以全省招生	是为 1,否为 0	A、B 两所精英大学 2007—2013 年学生数据
精英大学录取总人数	各省各年精英大学 A 和 B 的录取总人数	
人均 GDP 的对数	各省各年人均 GDP 的对数	2007—2013 各省统计年鉴
高中生均教育经费的对数	各省各年普通高中生均教育经费的对数	2007—2013 各省教育经费统计年鉴
经济集中程度	精英大学生源数量最多高中所在地市的 GDP 占全省 GDP 的比例	2007—2013 各省统计年鉴以及城市统计年鉴

第二节　中国精英大学入学机会的校际差异

一、全国精英大学入学机会的校际差异

第一类高中主要来自直辖市的市辖区与省会、副省级城市，二者合计占比 70%以上，2011 年高达 84.7%；而来自一般地市级与县/县级市的占比合计不到 30%，2011 年仅为 15.3%；县域高中占比尤其低，七年间

从未超过5%。第二类高中主要由一般地市级高中与县域高中构成，其中，地市级高中的占比远高于县域高中，前者为40%－50%，后者仅为20%－30%。第三类高中则主要以县域高中为主，2007到2013年的占比均超过40%。这意味着，在全国范围内，直辖市、省会及副省级城市高中学生在精英大学入学机会上占有绝对优势；一般地市级高中次之，县域高中学生精英大学入学机会最小。值得注意的是，高校附属中学作为一类特殊的高中类型，在精英大学入学机会方面优势明显，每年第一类高中有25%左右是高校附属中学(见表3-2)。

表3-2　2007—2013年全国三类高中各自占总体比重(%)①

	年份	直辖市	省会、副省级城市	一般地市级	县、县级市	其中，高校附属中学
第一类	2007	30.0	48.9	20.0	1.1	24.4
	2008	27.9	54.7	14.0	3.5	24.4
	2009	28.7	53.8	15.0	2.5	23.7
	2010	29.1	53.2	13.9	3.8	25.3
	2011	27.8	56.9	11.1	4.2	26.4
	2012	22.8	51.9	21.5	3.8	24.1
	2013	28.6	50.6	16.9	3.9	23.4
第二类	2007	11.5	15.9	44.1	28.5	3.3
	2008	11.6	14.8	46.8	26.7	4.9
	2009	13.4	17.0	45.4	24.2	5.6
	2010	12.0	14.6	44.0	29.4	5.2
	2011	12.1	15.6	46.7	25.5	5.3
	2012	12.3	14.8	43.4	29.6	4.1
	2013	10.3	14.0	46.6	29.1	6.3

① 表格中的直辖市、省会及副省级城市、一般地市级高中指市辖区高中，不含下属的县域高中。

（续表）

	年份	直辖市	省会、副省级城市	一般地市级	县、县级市	其中，高校附属中学
第三类	2007	7.0	10.9	32.4	49.6	2.9
	2008	9.4	15.0	32.0	43.6	2.6
	2009	11.8	12.5	30.9	44.9	3.4
	2010	12.5	16.4	27.9	43.2	4.5
	2011	10.6	13.6	29.1	46.7	3.0
	2012	11.1	10.5	22.4	56.0	4.0
	2013	10.0	14.7	27.6	47.6	2.2

历年全国三类高中精英大学的生源分布情况如表 3-3 所示，全国精英大学入学机会的校际差异非常明显，数量仅占精英大学生源高中 10%略多一些的第一类高中学生，却占据了一半以上精英大学入学机会；而剩余将近 90%的精英大学生源高中，仅输送不到一半的精英大学生源；如果将未产生过精英大学生源的高中也计算在内的话，现阶段中国普通高中的校际差异还要大出许多。具体来说，2007—2013 年，第一类高中学校数量全国年均 80 所，占总生源学校数量年均 778 所的 10.28%；但其精英大学生源数量年均高达 2471 人，占所有精英大学生源年均数量 4914 人的 50.28%；每所第一类高中年均输送精英大学生源为 30.9 人。第二类高中年均学校数和学生数为 335 所和 1943 人，分别占年均总数的 43.06%和 39.54%；每所第二类高中年均输送精英大学生源为 5.8 人。与前两类高中相比，第三类高中差距较大，其学校数量年均为 362 所，占比 46.53%；但其年均学生数量仅为 500 人，占比只有 10.18%；每所第三类高中年均输送精英大学生源只有 1.4 人。

从变化趋势上看，全国精英大学入学机会的校际差异正逐年扩大，精英大学的生源越来越集中于第一类高中。2007 年至 2013 年，全国精英大学生源学校数量从 2007 年的 868 所，逐渐减少至 2011 年的 695 所；2012 年因贫困地区专项的实施增加至 749 所；2013 年基本保持不变，为 746 所。其中，第一类和第二类高中各自从 2007 年的 90 所和 365 所递减至2013年的77所和350所，分别下降4.3%和16.9%；第三类高中则从413所迅速下降至319所①，下降率为29.5%。而三类高中输出的精英大学生源数量却呈现出完全不同的变化趋势，七年间第一类高中生源数略有增加，第二类高中明显增加，二者比2007年分别增长1.3%和16%；而第三类高中生源数却急剧下降，从2007年的575人下降到448人，下降率达28.3%。也就是说，第一类和第二类高中的学校数量有所减少，但其输送精英大学的生源数量反而有所增加；第三类高中学校数量和生源数量都明显下降。这在一定程度上也说明，精英大学生源越来越集中于少数第一类和第二类高中当中，第三类高中输入精英大学生源数量越来越少，我国普通高中精英大学入学机会的校际差异正逐步拉大。

表3-3　2007年至2013年全国精英大学生源的基本情况

	2007年	2008年	2009年	2010年	2011年	2012年	2013年	年平均数
高中数	868	811	794	781	695	749	746	778
第一类	90	86	80	79	72	79	77	80
第二类	365	344	306	343	321	318	350	335
第三类	413	381	408	359	302	352	319	362
生源总数	4924	4913	4772	4945	4866	4853	5128	4914
第一类	2477	2483	2458	2503	2421	2449	2509	2471
第二类	1872	1901	1766	1941	2015	1932	2171	1943
第三类	575	529	548	501	430	472	448	500
平均数	5.67	6.06	6.01	6.33	7.00	6.48	6.87	6.35
标准差	9.77	10.93	11.28	11.43	11.78	11.19	11.13	11
最大值	134	170	170	164	160	152	116	152
最小值	1	1	1	1	1	1	1	1
中位数	3	3	2	3	3	3	3	2.86

① 2012年，因贫困地区专项实施，第三类学校增加至352所，2013年又下降到319所。

为更形象地展现我国普通高中精英大学入学机会的校际差异及其变化趋势，我们将全国历年第一类、第二类和第三类高中所产生的精英大学生源各自占精英大学生源总数的比例画出三个曲线。如图 3-1 所示，全国第一类高中与第二类高中的差距除了 2009 年有所增大以外，总体上略有缩小，但第三类高中产生的精英大学生源数量与第一类和第二类高中都相去甚远，而且差距在急剧扩大。

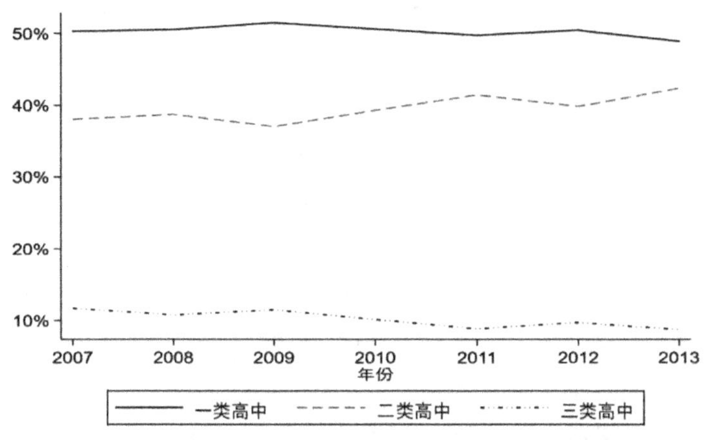

图 3-1　全国历年三类高中精英大学生源情况

二、各省精英大学入学机会的校际差异

前文将各精英大学生源高中在全国范围进行统一排序，没有考虑到各省内部普通高中数量及其精英大学生源的校际差异，这可能使得有些省份精英大学生源数量靠前的普通高中无法在全国意义上成为第一类高中。因此，本部分将分省统计三类高中学校数量及其生源数量。由于直辖市下没有能与省会城市对标的单位，所以表 3-4 的省（自治区）不包括四个直辖市。

如表 3-4 所示，陕西、湖南、山西、甘肃、新疆的第一类高中都集中在西安、长沙、太原、兰州以及乌鲁木齐等省会城市。安徽、河北、内蒙古、黑龙江的第一类高中主要集中在地市级，但单个地市级第一类高中数量超过省会城市第一类高中的只有黑龙江的大庆与江西的抚州；安徽除了合肥之外，第一类高中集中在马鞍山与六安等地；河北和内蒙古则集中在衡水和包头这两个地级市。在江苏省的第一类高中里，省会、一般地市级还有县域高中平分秋色，其中县级的第一类高中主要集中在海门、启东、海安等县。山东的县级第一类高中占比最高，达到了45%，这些县级第一类高中主要集中在寿光、滕州、莱州等县。第二类高中主要集中在地市级，占比超过70%的有广西、内蒙古和黑龙江。其中，广西的第二类高中集中在桂林市与柳州市，内蒙古的第二类高中集中在赤峰市与呼伦贝尔市；河南与湖南两省第二类高中中县域高中占比均在50%以上，河南省县级第二类高中主要来自周口市下辖的项城和郸城县、信阳市下辖的光山与罗山县，湖南省县级第二类高中主要来自常德市下辖的石门县与桃源县、湘潭市下辖的湘潭县。值得注意的是，在陕西省第二类高中里，来自省会城市的高中占比也高达66%，说明该省绝大多数精英大学录取机会都集中在西安。

各省的第三类高中与第一类高中的情况有着很大不同。大多数省份第三类高中县域高中占比都高于50%，河南、江西、安徽、山东四省的占比都超过60%。而广东的县级第三类高中占比只有15%，结合其第一类与第二类高中的构成可以发现，该省精英大学的录取机会主要集中在广州市与深圳市。总体上看，陕西、新疆、山西和广东的省会城市、地市级和县域高中精英大学入会机会差异较大；江西、江苏、山东和河南的差异较小，这些省份的第一类高中中，省会及副省级城市高中、地市级高中和县域高中所占比例差距较小，其地市级高中占比要高于省会及副省级城市高中，甚至有些省份的县级第一类高中占比也要高于省会及副省级城市高中，如山东和江苏。

表3-4　各省(自治区)精英大学生源三类高中构成百分比情况(%)①

省份	第一类高中构成			第二类高中构成			第三类高中构成		
陕西	100	0	0	66	16	18	25	40	35
湖南	97	0	3	12	31	57	5	38	56

① 表中各类高中从左到右的占比分别为省会、副省级城市高中占比，一般地市级高中占比，县、县级市高中占比。

（续表）

省份	第一类高中构成			第二类高中构成			第三类高中构成		
山西	91	9	0	14	61	25	12	48	41
甘肃	88	6	6	3	59	38	13	29	58
新疆	88	5	7	29	48	23	19	45	37
福建	79	21	0	24	45	31	21	24	55
浙江	76	19	5	19	39	42	29	15	56
辽宁	75	25	0	28	60	11	30	36	34
广东	70	30	0	29	66	5	36	49	15
湖北	69	31	0	22	64	13	21	32	47
广西	61	39	0	17	83	0	7	51	42
四川	56	44	0	25	47	29	20	32	47
云南	52	40	8	35	34	32	17	24	59
贵州	51	35	14	30	29	41	16	28	56
吉林	50	29	21	20	48	32	19	29	52
黑龙江	48	52	0	15	75	10	21	23	56
内蒙古	47	53	0	16	79	5	2	68	29
河南	41	42	16	2	49	50	6	22	72
河北	37	63	0	24	56	20	1	49	50
安徽	32	68	0	9	55	36	7	28	65
江苏	31	32	37	3	60	36	6	42	53
山东	25	30	45	11	49	41	9	29	62
江西	23	63	15	20	47	33	10	23	67

第三节　中国精英大学入学机会校际差异的马太效应

一、各省（自治区、直辖市）精英大学入学机会校际差异的两极分化

根据2007—2013年各省帕尔马比值的均值（见表3-5），我们将27个省分成四个组：极度两极分化组（均值＞6）、重度两极分化组（4＜均值≤

6)、中度两极分化组(2＜均值≤4)和轻度两极分化组(均值≤2)。从两极分化的严重程度看,我国绝大多数省份的精英大学入学机会校际差异都在中度以上,其中,中度分化的有12个省份,重度分化的有8个省份,极度分化的有6个省份;而轻度分化的只有山东省。换句话说,除山东省以外的其他省(自治区、直辖市)第一类高中所产出的精英大学生源数量至少是第三类高中的2倍以上,精英大学生源分布非常不均衡、两极分化程度非常高。

表3-5　2007—2013各省(自治区、直辖市)精英大学入学机会校际差异的帕尔马比值

省份	2007年	2008年	2009年	2010年	2011年	2012年	2013年	各年平均
极度								
陕西	8.20	7.42	13.38	10.64	4.63	14.75	21.57	11.51
北京	8.85	13.32	10.28	11.05	10.52	10.92	8.58	10.50
重庆	7.00	15.33	5.14	11.80	7.22	8.00	5.20	8.53
上海	5.10	4.39	5.48	5.64	11.00	8.08	10.08	7.11
黑龙江	5.00	6.65	10.44	6.79	7.36	6.10	6.82	7.02
河北	2.53	7.82	4.18	7.43	9.17	10.36	4.69	6.60
重度								
天津	8.60	4.50	9.18	7.13	3.75	4.40	2.71	5.75
新疆	5.29	2.87	5.25	6.50	8.00	5.33	3.40	5.23
湖南	3.08	3.09	5.88	4.12	8.50	4.83	6.55	5.15
吉林	3.78	4.86	5.56	3.92	5.20	4.94	4.81	4.72
甘肃	2.62	4.50	3.78	6.00	5.71	6.43	3.82	4.69
云南	3.11	6.29	2.18	5.86	6.60	4.38	4.00	4.63
四川	2.23	2.38	6.29	3.84	4.70	5.07	5.44	4.28
辽宁	2.63	4.47	4.81	5.67	2.76	4.32	4.04	4.10
中度								
贵州	1.20	2.78	6.33	2.91	4.38	5.63	3.86	3.87
广西	3.00	3.11	3.71	7.80	1.86	4.86	2.18	3.79

（续表）

省份	2007年	2008年	2009年	2010年	2011年	2012年	2013年	各年平均
浙江	4.48	2.89	3.57	3.19	4.21	3.69	3.83	3.69
福建	4.00	3.40	4.92	3.18	3.17	3.23	3.56	3.64
山西	3.11	5.80	4.10	3.35	4.00	2.00	2.64	3.57
湖北	2.94	2.63	3.17	2.77	3.79	5.06	3.46	3.40
江苏	4.46	2.59	3.72	2.45	3.02	3.71	3.00	3.28
广东	2.47	3.94	3.43	3.35	2.64	3.26	3.56	3.23
江西	3.08	1.79	4.20	4.27	2.00	1.79	1.62	2.68
内蒙古	2.63	2.21	2.44	3.14	2.67	3.38	2.15	2.66
河南	1.68	2.35	2.09	2.92	2.94	3.54	2.38	2.56
安徽	2.00	2.20	2.88	1.35	2.21	2.07	2.16	2.12
轻度								
山东	1.83	1.45	1.82	1.90	2.03	1.68	3.06	1.97

在众多省（自治区、直辖市）中，(1)四个直辖市的两极分化最为严重，北京、重庆、上海和天津，帕尔马指数均值从高到低，分别为10.50、8.53、7.11、5.75，位居全国第二、三、四、七位，其中前三个直辖市是极度两极分化，天津市为重度两极分化。直辖市精英大学生源高中校际两极分化严重，可能是因为其高中教育资源主要集中在部分城区，例如北京市的精英大学生源主要集中在海淀区、西城区和东城区的第一类高中，海淀区的人大附中学生每年能够进入精英大学的人数都超过100人，而毕业生中有被精英大学录取的郊区高中全都是第三类高中，每年被录取人数只有1—3名。(2)除了四个直辖市以外，陕西、黑龙江、河北和新疆等省也是两极分化较为严重的省份，陕西最为严重，帕尔马指数为11.51，意味着陕西省第一类高中拥有的精英大学录取机会平均每年是第三类高中的11.51倍。(3)山东、安徽、河南、内蒙古、江西等省份两极分化程度最低，其中山东省只有1.97，第一类高中精英大学生源数量年均仅是第三类高中的不到2倍。

从各省精英大学生源两极分化的变化趋势来看，27个省份中，只有新疆、福建、江苏、浙江、天津的两极分化程度有所减弱，其余22个省份两极分化程度日益严重。此外，校际差异越两极分化的组别，其分化程度日趋严重的趋势也越明显。在极度两极分化组别中，大部分省份的帕尔马比值都呈逐年上升趋势。尤其值得关注的是，陕西省的帕尔马比值从2007年的8.20，一路飙升至2013年的21.57，这意味着2013年陕西省第一类高中精英大学生源数量是第三类高中的21.57倍。另外，中度两极分化组中江苏、江西与内蒙古的分化趋势有所减弱，分别从2007年的4.46、3.08和2.63，下降至2013年的3.00、1.62和2.15；河南、安徽以及山东的两极分化趋势虽然有所加重，但总体上增加幅度很小，只有河南和山东分别在2012年和2013年突破了3。

二、精英大学生源高中校际差异马太效应的验证

表3-6呈现的是2007年第三类高中在六年后的转移概率(各省按P_{11}值大小排序)；此外，我们将P_{11}值和表3-5中年均帕尔马比值相结合，画出反映各省精英大学生源高中两极分化马太效应情况的散点图(见图3-2)。

总体而言，我国精英大学入学机会的校际差异存在明显的马太效应，大部分初期处于优势地位的高中在后续年份会始终保持优势，而大部分初期处于劣势的高中会一直陷入困境，难以成为优势学校，呈现出“强者越强、弱者越弱”的特点。具体来说，27个省份中有25个的P_{11}都在0.5以上；只有山东和江西的P_{11}低于0.5，分别为0.48和0.46；其中，上海的P_{11}值最大(0.94)，江西的P_{11}值最小(0.46)，这说明总体上全国第一类高中维持原有优势的概率非常大。从P_{22}值来看，全国第二类高中仍保持相对优势的概率大多在0.4～0.6之间，最大值与最小值分别为北京的0.75和甘肃的0.08；再结合P_{21}的情况可以看出，2007年以来第二类高中向上流动进入第一类高中的概率比较低，它们要么维持在原有相对优势地位，要么跌出原有位置向下流入第三类高中。此外，各省P_{33}值都在0.9以上，河北省最高，为0.96，说明河北省第三类高中要想改变现状，脱离困境的难度最大。散点图的右上方表示两极分化的马太效应最强，左下方表示两极分化的马太效应最弱。位于右上方的北京、上海、重庆、天津这四个直辖市的帕尔马比值和P_{11}值分别都在5.75和0.80以上，位于左下方的山东、江西、福建和广西这四个省份的帕尔马比值和P_{11}值分别都在

3 和 0.5 以下；与此同时，这四个省份的 P_{21} 值均在 0.1 以上，位居全国最前列，这意味着与其他省份相比，这四个省份的第一类高中与第二类高中之间还存在竞争，第二类高中还有一定希望能够成为第一类高中。

表 3-6　各省(自治区、直辖市)精英大学生源高中地位转移矩阵

省份	P_{11}	P_{12}	P_{13}	P_{21}	P_{22}	P_{23}	P_{31}	P_{32}	P_{33}
上海	0.94	0.06	0.00	0.00	0.58	0.42	0.00	0.09	0.91
北京	0.93	0.07	0.00	0.01	0.75	0.24	0.00	0.07	0.93
湖南	0.92	0.00	0.08	0.00	0.44	0.56	0.00	0.08	0.92
山西	0.88	0.12	0.00	0.02	0.49	0.49	0.00	0.08	0.91
天津	0.87	0.13	0.00	0.04	0.65	0.31	0.00	0.08	0.92
甘肃	0.86	0.00	0.14	0.00	0.08	0.92	0.00	0.06	0.94
内蒙古	0.83	0.17	0.00	0.03	0.55	0.42	0.01	0.07	0.92
湖北	0.83	0.17	0.00	0.04	0.64	0.32	0.00	0.07	0.93
浙江	0.81	0.19	0.00	0.06	0.64	0.31	0.00	0.08	0.92
重庆	0.80	0.20	0.00	0.12	0.51	0.37	0.00	0.06	0.94
黑龙江	0.79	0.21	0.00	0.06	0.67	0.27	0.00	0.05	0.95
新疆	0.77	0.23	0.00	0.08	0.42	0.50	0.00	0.06	0.94
吉林	0.76	0.18	0.06	0.06	0.44	0.50	0.00	0.06	0.93
河北	0.75	0.25	0.00	0.08	0.61	0.31	0.00	0.04	0.96
四川	0.70	0.30	0.00	0.04	0.47	0.49	0.00	0.06	0.94
辽宁	0.70	0.30	0.00	0.10	0.63	0.27	0.00	0.07	0.93
江苏	0.69	0.31	0.00	0.07	0.64	0.29	0.00	0.07	0.92
云南	0.69	0.23	0.08	0.04	0.59	0.37	0.02	0.05	0.93
安徽	0.63	0.33	0.04	0.09	0.47	0.44	0.00	0.08	0.91
广东	0.63	0.38	0.00	0.08	0.48	0.45	0.01	0.09	0.90
河南	0.60	0.35	0.05	0.11	0.41	0.49	0.00	0.06	0.93
广东	0.63	0.38	0.00	0.08	0.48	0.45	0.01	0.09	0.90
河南	0.60	0.35	0.05	0.11	0.41	0.49	0.00	0.06	0.93
贵州	0.58	0.33	0.08	0.03	0.49	0.49	0.01	0.07	0.92
陕西	0.54	0.46	0.00	0.11	0.43	0.46	0.00	0.06	0.94
广西	0.50	0.42	0.08	0.17	0.53	0.30	0.01	0.05	0.95

（续表）

省份	P_{11}	P_{12}	P_{13}	P_{21}	P_{22}	P_{23}	P_{31}	P_{32}	P_{33}
福建	0.50	0.50	0.00	0.12	0.42	0.46	0.00	0.08	0.91
山东	0.48	0.42	0.10	0.10	0.45	0.45	0.01	0.07	0.91
江西	0.46	0.23	0.31	0.10	0.37	0.53	0.01	0.07	0.92

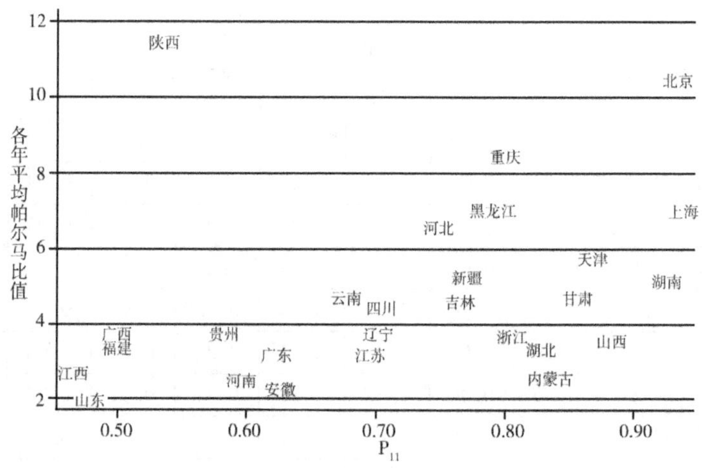

图 3-2　各省(自治区、直辖市)第一类高中固化程度与校际差异两极分化程度的散点图

初期处于优势或劣势地位且后期一直保持原有位置的精英大学生源高中构成如表 3-7 所示①,一直处于优势高中行列的学校大多来自省会或者是副省级城市,连一般的地市级高中都比较少,县或县级市无法产生一直保持优势的高中。值得注意的是,在一直保持优势的高中里,高校附属中学占 30%,与全国范围内第一类高中的高校附属中学占比(25%左右)基本一致。而一直处于劣势的高中,大多来自县或县级市,一般地市级次之,而来自省会或副省级城市的比例较小。

① 即各省 2007—2013 年一直是第一类和第三类的高中。

表 3-7　第一类高中与第三类的构成

	省会或是副省级城市	一般地市级	县、县级市	高校附属高中
一直优势	87%	13%	0%	30%
一直劣势	13%	30%	57%	2%

三、影响精英大学入学机会校际差异两极分化程度的因素

如表 3-8 所示，模型(1)—(3)的因变量分别为两极分化程度(帕尔马比值)、第一类高中的生源占比和第三类高中的生源占比；四个模型的自变量与控制变量相同，且都控制了省份与年份的固定效应。

在模型(1)中，可以进行全省招生省份的帕尔马比值比禁止全省招生的省份高出将近 6 倍，说明全省招生严重加剧了精英大学生源的两极分化程度；此外，模型(2)的回归结果表明，如果存在全省招生的情况，则该省第一类高中的精英大学录取机会占比将显著增加 15.7%，模型(3)中是否全省招生这一自变量的回归系数虽然不显著，但系数为负，这些都意味着允许全省招生对于优势高中有利，而不利于弱势高中，第一类高中更容易“强者越强”，而第三类高中则更容易进入“弱者越弱”的状态。模型(1)精英大学录取总人数的增加在一定程度上会加剧精英大学入学机会校际差异的两极分化程度，但系数较小，只有 0.021，这可能是因为精英大学录取总人数的增加主要是因为自主招生规模的扩大，而这可能更有利于第一类高中。各省人均 GDP 的对数在模型(1)中的回归系数为 1.126，在模型(3)中的回归系数为−0.028，这说明各省人均 GDP 的对数越高，各省第三类高中精英大学录取机会就越少，该省精英大学入学机会校际差异的两极分化程度就越严重。也就是说，单纯的经济发达可能会带来精英大学录取机会校际差异的扩大，这可能是因为经济发达的地方未必重视高中教育资源的均衡分布；优秀生源和师资等教育资源从弱势高中流出，减少了第三类高中学生的精英大学录取机会。

表 3-8 精英大学入学机会校际差异影响因素的回归结果[①]

变量	(1) 帕尔马比值	(2) 第一类高中生源占比	(3) 第三类高中生源占比
是否全省招生	5.965*** (1.966)	0.157** (0.071)	−0.051 (0.046)
精英大学录取总人数	0.021** (0.009)	0.000 (0.000)	−0.000 (0.000)
人均 GDP 对数	1.126* (0.573)	−0.004 (0.021)	−0.028** (0.013)
高中教育生均经费对数	1.787 (1.677)	0.035 (0.060)	0.025 (0.039)
经济集中度	−8.550 (5.836)	−0.035 (0.210)	0.217 (0.135)
省份	YES	YES	YES
年份	YES	YES	YES
常数项	−27.344* (15.390)	0.079 (0.553)	0.221 (0.356)
观测数	161	161	161
R-squared	0.661	0.718	0.528

第四节 研究结论及讨论

本章利用我国 A、B 两所精英大学 2007—2013 年本科学生调查数据，使用帕尔马比值、马尔可夫链模型以及双向固定效应模型，分析了精英大学入学机会的校际差异现状、校际差异所产生的马太效应以及哪些因素会影响精英大学入学机会的校际差异。实证研究结果表明：(1) 占据

① 括号内为稳健标准误。显著性水平：*** 表示 $p<0.01$，** 表示 $p<0.05$，* 表示 $p<0.1$。

了大部分精英大学入学机会的第一类高中主要来自省会或是副省级城市，而一般地级市以及县域高中的精英大学入学机会处于相对劣势；(2)第一类高中与第三类高中的精英大学入学机会呈现两极分化，且有逐年扩大的趋势；(3)初期是第一类高中的学校“强者恒强”，而初期是第三类高中的学校“弱者恒弱”，验证了精英大学生源高中之间存在着明显的马太效应；(4)跨市县招生使得各省第一类高中输出精英大学生源的数量越来越多，减少了一般地级市高中以及县域高中学生的精英大学录取机会，进而加剧了各省精英大学录取机会校际差异的两极分化。

正是由于国家基于“效率优先”的理念发展高中教育，在教育资源分配方面向重点高中倾斜，造成了重点高中与普通高中的差距。① 重点高中在生源、师资等人力资源投入、经费等财力资源投入以及教学仪器、图书校舍等物力资源投入方面获得了各级政府的大力扶持，这在当时历史背景下确实促进了我国高中教育的改革与发展。但长期来看，重点高中并未能如政策预期那样发挥对普通高中的示范和帮扶作用，相反，其迅猛发展挤占了本应分配给普通高中的各类资源，使得普通高中在资源获取方面长期处于弱势地位，教育教学质量难以得到保障，并逐渐被边缘化。我国高中教育质量的校际差异越来越大，“强者越强、弱者越弱”的马太效应日趋严重。在现行教育体制下，政府、高校、高中以及学生和家长都以直接或间接的方式被卷入其中。

地方政府对高考政绩的追求，是形成高中学生精英大学入学机会校际差异马太效应的主要原因之一。所辖行政区域内高考录取率，尤其是精英大学录取率是地方政府考察其直接所属教育行政主管部门的重要业绩指标。为维持教育行政主管部门直接管辖的重点高中的优势地位，迎合地方政府的政绩导向，各级教育行政主管部门倾向于将教育资源向其直接管理的高中尤其是第一类高中倾斜；各省教育厅重点支持省级高中，各市(或地区)教育局支持地市级高中，这为重点高中跨市县招生提供政策便利，对县域高中形成巨大的虹吸效应，精英大学入学机会的校际差异也因此日趋扩大。

---

① 王善迈.“重点校”政策影响了教育的公平[N].中国教育报，2007－03－08(06).

精英大学对自主招生报名对象的人为限制使得第一类高中的优势更加明显。精英大学在分配自主招生名额时，会根据往年的考试成绩，将选拔对象主要限定在重点高中。有些精英大学甚至只招收特定省、市示范性中学的应届毕业生，将普通高中的学生拒之门外。[①] 本章中的第一类高中是大部分精英大学自主招生的重要生源学校，而绝大多数第三类高中根本无法获得自主招生考试资格。这在一定程度上也进一步加剧了精英大学入学机会校际差异的马太效应。

第一类高中借助多年来在投入、生源、师资等方面的累积优势，逐步拉大与弱势高中在精英大学录取机会上的差距，其品牌效应令广大学生与家长趋之若鹜，而政府的招生倾斜政策则为其在更大范围内吸引选拔省内优秀生源打开方便之门。与此同时，第一类高中凭借高额的薪资、出色的教研团队及频繁的培训交流机会，对优秀教师同样具有巨大吸引力。此外，地方政府在经费投入上对第一类高中的倾斜为其奠定了充足的资金基础。换句话说，第一类高中对各项资源的垄断直接导致高中教育质量呈现明显的两极分化及马太效应；与第二类和三类高中相比，第一类高中在精英大学录取机会上具有不可撼动的绝对优势。

学生与家长的择校行为进一步加剧了高中教育发展的两极分化。由于区域内高中教育发展不均衡，优质高中教育资源紧缺，广大考生与家长"用脚投票"，希望能够让孩子进入其能力范围内最为优质的高中，这使得同一层次学校的学生与家长的同质性不断增强。而学生所在班级或所在学校其他学生的平均成绩与家庭社会经济地位均会对个人成绩产生显著影响，因此，不同学校学生成绩与家庭背景的分层也进一步加剧了高中教育质量的两极分化。

鉴于以上分析，为缩小我国高中学生精英大学入学机会的校际差异，促进优质高中教育均衡发展，抑制精英大学入学机会差异所产生的马太效应，地方政府、各类高中和精英大学应该着重从以下几方面付诸努力，采取相应措施。

---

① 朱雅琴.公平与效率在自主招生考试中如何得到平衡[J].教书育人(高教论坛)，2018(24)：4－6

第一，禁止第一类高中无限制地跨市县招生，缓解省内精英大学生源高中校际差异的两极分化。当前，相当部分第一类高中都可以跨市县招收优秀生源生，甚至有些第一类高中通过举办初中，从小学开始就对弱势地区进行“掐尖”，此类行为严重破坏了高中教育发展生态，损害了弱势高中的办学积极性。有鉴于此，地方政府应该严令禁止“掐尖”或者其他变相破坏高中招生秩序的行为，限制第一类高中的跨市县招生权限，保障第二类和第三类高中以及第三类以下高中(未输出精英大学生源的高中)的生源质量，以缩小各类高中过大的生源质量差距。

第二，发挥第一类高中的示范效应，切实帮扶第二类和第三类高中。在地方政府协调下，第一类高中也应承担起促进地方教育公平的责任，形成“校对校”帮扶关系，用自己过硬的教学实力，通过教育信息化或其他手段，输出自己的优质教育资源，帮助第三类及以下高中提高教育质量，促进高中之间的良性竞争，缓解精英大学生源在某几所高中的过度聚集，使得第三类高中有机会向上流动，改变“强者越强、弱者越弱”的状态。

第三，稳定弱势高中教师队伍，提升其教学能力与水平。如果说学校之间的“硬件”差距终会通过投入的持续增加得以弥补，那么缩小教学水平及教育质量的差距还是重在“软件”提升上，而解决此问题的关键则是通过教育资源供给侧加强教学水平欠佳学校的师资配置，促进其教育质量的渐趋提高。[①] 大部分第一和第二类高中的薪资待遇和教师职业发展前景都要优于第三类及以下高中，因而对高中教师更具吸引力。为此，地方政府应该出台相关政策，让弱势高中招得来优秀年轻教师，也留得住经验丰富的骨干老师。具体来说，一方面，应当禁止第一和第二类高中无限制地挖第三类及以下高中的优秀师资。优秀师资的形成是其所在高中多年培养的结果，如果放任某些第一类高中无限制地引进第三类高中的优秀师资，则会严重破坏第三类高中教师队伍的稳定性，进一步拉大校际差异，使其陷入“留不住人又招不到人”的恶性循环。另一方面，地方政府应该加大对第三类高中的教育财政投入，制定相应的教师薪资待遇激励机制，进一步提高第三类及以下高中的教师工资待遇；在职称评定、教师编

① 王处辉.警惕教育发展中的“马太效应”[J].人民论坛，2020(Z1)：126－129.

制方面，重点向第三类及以下高中教师倾斜；给予第三类及以下高中教师更多外出参加培训与交流的机会，进一步提升其教学能力和教学水平。

最后，继续推行精英大学的各类专项计划，重点支持第三类及以下高中。由于第三类高中大部分都是县域高中，所以北大、清华等精英大学从招生政策上，可以进一步加大贫困地区专项计划、筑梦计划和自强计划等高校专项计划的倾斜力度，进一步扶持县域高中等第三类及以下高中，从而缩小精英大学入学机会的校际差异。

县域高中篇

导 言

县域高中是县域适龄受教育人口完成普通高中教育的主要场所。截至2021年3月31日，我国普通高中共1.42万所，其中县域高中0.72万所，县域高中占据全国普通高中的半壁江山，且县域高中在校生规模超过了一半，达到了1468.4万人。《中国人口和就业统计年鉴(2020)》数据显示，2019年全国县人口数为6.696亿，占当年全国总人口的47.43%。由此观之，县域高中发展在很大程度上直接关系到全国相当部分人群子女高中教育的国之大计问题。

中国大部分农村户籍人口都在县级层次，县里大部分农村人口和弱势群体的孩子主要都是通过县域高中接受高中教育，实现代际流动。有调查结果显示，县域高中学生中弱势群体子女的比例较高，其中农村户籍学生、家庭年收入在5万以下的学生，以及父亲受教育程度为初中及以下的学生占比分别高达74.0%，65.0%和73.7%。发展县域高中、提高县域高中的教育质量，对促进中国弱势群体子女的代际流动，维护社会公平，加强社会的和谐稳定，具有非常重要的作用。

郡县治，则天下安。县自古以来一直是中国最基本、最重要的行政区域单位，而县域经济历来是国民经济的基础单位，对国家经济发展起着重要支撑作用。中国政府一直非常重视县级区域的发展。近年来，国家陆续出台《关于县域创新驱动发展的若干意见》(国办发[2017] 43号)、《关于完善县级脱贫攻坚项目库建设的指导意见》(国开办发[2018] 10号)等文件支持县域经济发展，四川省、湖北省、河北省等省级政府也在中央的指导下纷纷出台县域经济改革的方案和政策。振兴县域经济，关键在于为县域培养和吸引人才，县域高中在其中扮演着重要角色。一方面，现阶段我国县一级发展高等教育的条件并不成熟，县域高中便成了县域智力资源的主要聚集地，为农村、县域地区人口提供了受教育机会，提高了他们的知识和技术水平，为县域的经济发展提供了动力。另一方面，县域高中教育质量的好坏关系到县级区域能否吸引人才、留住人才。人们在选择工作和生活地点时除了考虑自身的福利水平和生活质量外，还会考虑下一代的受教育情况。一个县只有其高中教育质量提高，精英大学入学机会增加，才能吸引并留住人才。反之，县域高中教育质量较差，有意向到该县工作的人才，也会望而却步；即使是那些已经被该县吸引过来的人才，在其子女即将上高中前考虑到子女教育问题，也会流动到其他高中教育质量更好的地方去，造成该县人才的流失。而人力资本的劣势积累到一定程度会造成县域经济的衰退，将进一步降低县域高中对于优质师资和学校管理人才的吸引力，从而加剧县域高中的衰落，由此形成"穷"和"愚"互为因果的恶性循环。可见，提高县域高中办学质量，对加快县域经济的发展具有极其重要的现实意义。

2018 年 9 月，中共中央、国务院印发了《乡村振兴战略规划(2018—2022)》。落实党的十九大对乡村振兴战略的重要战略部署，要高度重视县一级在统筹城乡发展中的平台和纽带作用。振兴乡村的第一资源是人才，而县域高中在其中将发挥着不可替代的重要作用。具体来说，县一级作为城市和农村的连接点，处在承上启下的关键环节，是助推乡村振兴战略的重要突破口。与振兴县域经济相似，振兴乡村也要靠人才，县域高中在其中将扮演重要角色。2018 年，我国义务教育巩固率已达94.2%[①]，高中阶段教育普及的攻坚计划正在实施。随着农村地区基础教育普及和巩固程度的不断提高，农村地区适龄青少年的高中教育需求越来越大，然而农村地区普通高中数量很少，这意味着他们中的大部分需要进入县域高中接受教育。所以，建好县域高中，提高县域高中教育质量，一方面有利于提升农村人口考入精英大学获得优质高等教育的机会，使其能在更高层次和更多领域反哺农村的发展；另一方面，有利于为当地培养和吸引更多有利于经济社会发展的有用人才，为农村经济社会转型发展、教育扶贫和乡村振兴战略的实施提供智力支持和人才保障。

---

① 教育部. 2018 年全国教育事业发展统计公报[R/OL]. (2019-07-24)[2022-07-22]. http://www.moe.gov.cn/jyb_sjzl/sjzl_fztjgb/201907/t20190724_392041.htm/.

数量众多的县域高中作为中国高中教育体系的最基本单元，对上至整个社会的代际流动及国家的和谐稳定，下至乡村和县域经济发展都起着举足轻重的作用。但现阶段与地市级高中相比，很多县域高中处境艰难。尤其是近些年来，在我国城镇化进程加速的同时，县域高中的发展却差强人意。县域高中在各种力量的挤压下，生源流失严重，教育质量明显滑坡，正逐步走向没落。2016 年，作为广西凤山县最好的高中，凤山高级中学居然没有一名考生达到一本大学投档线，创造了“零一本”的历史。2017 年，该中学略有进步，一千多名考生一本上线率不足 0.2%；该县当年的状元分数仅高于广西一本线 14 分。县域高中教育质量类似凤山的县，在广西有二十几个，在全国其他省份也不少。与此同时，从全国范围的录取数据来看，县域高中同样处境堪忧。2013 年，A、B 两所大学非直辖市生源中，来自地市级高中的占 78.1%，来自县域高中的仅占 21.9%。[①]这些数据为县域高中教育的发展敲响了警钟，引起了社会各界对县域高中和地市级高中教育质量差异的关注。

造成县域高中陷入如此困境的原因来自多方面，如县域高中内部的管理和师资水平、当地招生政策和生源质量、县级政府财政支持力度、“超级中学”和地市级中学的挤占效应、高考命题方式等。除这些来自教育系统内部的因素外，地方人口结构及适龄人口数量、经济发展水平、人口流动、城市规模与经济发展水平差异等教育系统外部的因素，同样会通过直接或间接的方式影响县域高中的教育质量。

那么，县域高中对县域经济增长的贡献究竟如何？现阶段县域高中对人口的流动作用怎样？县域高中对农村学生精英大学入学机会的影响如何？为解决这些问题，本篇第四、五、六章将分别从县域高中对县域经济增长、人口流动以及农村子女精英大学入学机会的影响展开探讨，以期借助县域高中对县域经济社会发展、人口流动和教育发展的系统刻画，为探寻高中教育校际差距的缩小、县域普通高中的振兴、县域教育高地的重塑及县域教育的进一步发展，提供理论依据和行动指南。

---

① 郭丛斌，王家齐. 我国精英大学的生源究竟在何方：以 A 大学和 B 大学 2013 级生源为例[J]. 教育研究，2018，39(12)：99－108.

第四章　县域高中对县域经济增长的贡献

自秦代设立郡县制的行政管理制度以来,“万事胚胎,皆由州县”[①]的治国思想便成为我国维护国家安定统一的重要准则。时至今日,在我国现行的省、市(地)、县、乡四级行政区划体制下,县级政府行政体系仍是国家治理体系的基础,发挥着承上启下的功能。因此,县级行政区的发展情况关系到民生福祉和社会稳定,对于国家的长治久安至关重要。县级行政区具体包括市辖区、县级市、县、自治县、旗等,其中市辖区与其他县级行政区相比,一般是城市主体的核心组成部分和区域经济发展的中心,居民以城镇人口为主,城市化、工业化水平较高;除市辖区外的其他县级行政区则属于县域,县域的农村人口占比相对较高,城市化、工业化水平相对较低,社会事业发展基础较为薄弱。

虽然县域与市辖区同属县级行政区,但县域与市辖区的社会经济发展水平却有很大差距。从“一五”至改革开放初期,我国实施重工业优先发展的战略,农业部门通过工农业剪刀差的方式补贴工业部门。改革开放后,我国经济发展逐渐从计划经济向市场经济转变,生产要素从县域地区流向地市和省级区域。同时,随着政府层级的增加和财政分权制的实行,县域经济不仅远离中央计划,还面临不同层级辖区政府的竞争和博弈。[②] 这使得县域经济发展不得不面对发展模式单一粗放、产业结构不合理、基础设施建设滞后、地区间发展失衡、县乡基层政府普遍财力匮乏

---

① 唐乾元元年(758),改郡为州,州县制取代了郡县制。

② 郑炎成,陈文科.县域经济在国民经济中的现实地位变迁:理论与实证[J].财经研究,2006,032(003):5—20.

等诸多问题。[①②] 2000—2016 年，县域 GDP 占我国 GDP 总量的比重不断下滑，从 53.7%跌至 44.1%(见图 4-1)。县域和市辖区经济发展不均衡问题日益突出，如何切实有效地推动县域经济增长、缩小县市之间的差距，成为困扰各级政府的一大难题。

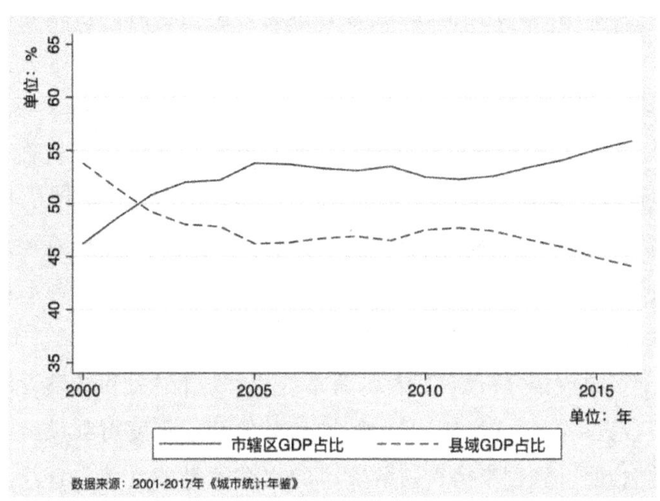

图 4-1　2000—2016 年市辖区、县域 GDP 占全国总 GDP 比重的变化趋势图

县域经济衰落已经引起了中央政府的高度重视，《2021 年国务院政府工作报告》在谈及县域社会经济建设的问题时，一方面强调"加强县域高中建设"，另一方面指出要"壮大县域经济"。政府工作报告作为我国各级政府下一阶段工作的重点，指明了当前我国县域发展的两大痛点——县域高中教育和县域经济。根据人力资本理论，发展正规教育可以提升劳动者的受教育年限，增加社会的人力资本总量，进而推动经济增长。但这一结论隐含的前提条件是经济体是相对封闭的，劳动者仅在经济体内部的劳动力市场中工作。显然县域不是一个封闭的经济体，改革开放后，

① 谭向勇，张正河. 发展县域经济是实现全面现代化的抓手[J]. 瞭望，2016，000(036)：28－30.

② 李维，高远东. 县域经济影响因素的动态作用分析：以重庆市各区县为例基于通径分析方法的解释[J]. 理论学刊，2013(04)：61－64.

县域劳动力逐渐向非县域地区流动，尤其是农村青壮年大量流向城市地区，县域人口空心化的问题愈发明显。①

那么现阶段发展县域教育是否依然有助于推动县域经济增长呢？部分研究从职业教育的角度探究了县域教育和县域经济的关系。刘国斌和王轩认为县域人口素质偏低、基础教育薄弱是制约县域经济增长的重要因素。② 杨一以北川羌族自治县为样本，基于相关系数、散点图等方法分析发现，发展县域职业教育对县域经济结构、就业率、消费总量、县域经济总量有积极的影响。③ 王利华指出县域职业教育提升县域经济的渠道在于：第一，提升县域居民的职业技能、生产和经营水平；第二，提供服务型人才，促进县域产业结构调整；第三、提升农村居民的人力资本水平，实现农村剩余劳动力的有效转移。④ 与此同时，也有部分研究探讨了县域人力资本存量与县域经济增长的关系，李维和高远东基于通径分析法对重庆 38 个区县 2007 年和 2011 年的数据分析结果表明，资本投入、政府财力和基础设施投入对县域经济有直接的正向影响，产业结构和对外开放程度对县域经济有间接的正向影响，但以教育支出占财政支出的比重衡量的县域教育投入对县域经济的影响不显著。⑤ 而刘儒等基于加入人力资本投入的 Cobb—Douglas 生产函数的研究发现，县域人力资本对陕西省 44 个贫困县的经济增长具有显著贡献，且基础教育的贡献率高于高等教育的贡献率。⑥

综合来看，已有文献主要从职业教育和人力资本存量的角度探讨县域教育与县域经济的关系，且理论思辨类的研究较多，而探讨县域基础教育对县域经济增长影响的实证研究还相对较少。在中国现有教育体系

---

① 陈坤秋，王良健，李宁慧．中国县域农村人口空心化：内涵、格局与机理[J]．人口与经济，2018(01)：28－37．

② 刘国斌，王轩．吉林省县域教育与县域经济的互动发展研究[J]．人口学刊，2012(006)：90－95．

③ 杨一．北川羌族自治县中等职业教育促进县域经济发展问题研究[D]．西南大学，2008．

④ 王利华．职业教育与县域经济发展的良性互动研究[J]．职业技术教育，2014(02)：16－18．

⑤ 李维，高远东．县域经济影响因素的动态作用分析：以重庆市各区县为例基于通径分析方法的解释[J]．理论学刊，2013(04)：61－64．

⑥ 刘儒，孟书敏，姜军．贫困县域人力资本与经济增长相关性的实证分析：基于陕西省 44 个县统计数据分析[J]．当代经济科学，2014(02)：21－25．

下，县域普通高中是县域基础教育的最高层级，也是县域居民子女上高中考大学的主要渠道。县域高中作为县域教育的重要组成部分，其毕业生质量在很大程度上能够反映出一个县域基础教育的整体质量。目前学术界关于县域普通高中教育质量和县域经济发展的关系还缺乏严谨客观的实证分析。鉴于此，本章以地区人均 GDP 作为县域经济发展水平的衡量，以县域被 A、B 两所精英大学录取的人数作为衡量县域高中教育质量的指标，基于马氏匹配的方法，力求探究县域普通高中教育质量对县域经济增长的影响。

第一节　数据来源和研究方法

一、数据来源

本章以县为分析单位，对 2010 年 31 个省份 1654 个县域的截面数据进行分析①。县域人均 GDP、户籍人口、城镇化率等县域基本情况数据来源于 2010 年第六次全国人口普查数据、“中国县域统计年鉴”和各省份统计年鉴。县域普通高中（以下简称县中）教育质量是核心自变量，本章基于 A 大学和 B 大学的本科生调查数据，使用 2007—2010 年②各县考上 A 大学和 B 大学的学生人数（以下简称生源人数）作为县中教育质量的衡量指标③。2007—2010 年间 1654 个样本县域中，有 798 个县域（占比 48.25%）至少有一名学生考上 A 大学或 B 大学，856 个县域（占比 51.75%）没有学生考上 A 大学或 B 大学。按照该县域是否有学生考上 A 大学或 B 大学，本章进一步将样本划分为普高教育质量较高组和普高

---

① 由于 2011 年《中国县域统计年鉴》中汇报的各县户籍人口数据单位精度仅达到万人，同时本研究将基于户籍人口数据计算人均 GDP，考虑到人均 GDP 数据计算的准确度问题，因此在样本中剔除户籍人口少于 10 万的县。

② A、B 大学分别于 2012 年和 2011 年开始施行面向贫困地区的专项招生计划，本章所选取的 2007—2010 年数据不受上述政策的影响。

③ A 大学和 B 大学是我国精英大学的代表，在现行高考招生体制下，每所高中每年考入 A、B 大学的学生数是衡量该高中教育质量的重要指标；同理，每个县域考入 A、B 大学的学生数也是衡量该县普高教育质量的重要依据。

教育质量较低组。

表 4-1　县域高中对经济增长影响研究的各变量的描述性统计

	变量名	单位	均值	方差
因变量	人均 GDP	元	21022.96	21064.68
核心自变量	生源人数	人	2.43	5.59
	组别	—	0.48	0.5
控制变量	行政区域面积	平方公里	3161.06	5768.51
	户籍人口	万人	51.76	34.33
	国家级贫困县	—	0.32	0.47
	平均受教育年限	年	8.26	0.81
	城镇化率	%	18.21	11.51
	一产比重	%	22.61	11.47
	二产比重	%	44.69	15.02

二、基础模型

研究的基础模型见公式 4-1，其中，因变量 Y_i 是 i 县的经济发展水平，用人均 GDP 表示。HS_i 是该模型的核心自变量——i 县普通高中教育质量。在数据可得的前提下，模型尽可能对其他影响县域经济和县中教育质量的因素进行了控制，X_{ij} 代表 i 县的第 j 个控制变量，包括：行政区域面积、人口规模（用户籍人口衡量）、人力资本水平（用平均受教育年限衡量）、城镇化率（用非农业人口比重衡量）、产业结构（分别用第一产业比重、第二产业比重衡量）。此外，还控制了 2010 年该县是否属于国家贫困县这一地区特征，以及省份的固定效应 μ_k 。

$$lnY_i = \alpha_0 + \alpha_1 HS_i + \sum_{j=1}^{n} \beta_j X_{ij} + \mu_k \qquad \text{（公式 4-1）}$$

三、研究方法

（一）内生性问题

本章首先使用 OLS 回归探究县中教育质量对县域经济增长的影响。

传统的 OLS 回归在探讨教育对经济增长的影响作用时，难以避免教育与经济之间存在的互为因果问题。本章也存在类似问题，具体来说，县域经济的增长会提高县域财政收入，财政性教育投入也将随之上升，同时随着居民收入上升和消费升级，家庭也将加大子女教育投入。以上因素将导致县域高中教育在推动县域经济增长的同时，县域经济发展水平也会影响到县域高中的教育质量，两者存在相互影响、互为因果的关系。如果模型存在互为因果的内生性问题，那么无论研究样本容量多大，OLS 估计量都不能收敛到真实的总体参数，我们也就无法得到县域普通高中对县域经济增长影响效应的准确值。因此，如何解决县域普通高中与县域经济之间的内生性问题成为本章的关键。

（二）马氏匹配法

匹配法（Matching Method）是基于实验思想，在实验研究或准实验研究中构建平衡样本来推断变量之间因果联系的统计方法。匹配法的基本思路是在非随机分配的实验或准实验中，为每一个处理组样本找到一个（或多个）具有相似可观测特征的控制组样本进行配对，并通过比较匹配后的处理组和控制组样本的结果计算出实验的平均处理效应（Average Treatment Effect）。使用匹配法需要满足可忽略性假设，即给定匹配变量的情况下，实验的结果独立于样本进入实验组还是控制组这一事件。

本章按照 2007—2000 年县域是否有学生考上 A 大学或 B 大学对县域进行了分组，由于县域经济与分组依据（普通高中教育质量）互为因果，如果直接按照分组计算县域经济的处理效应则不满足可忽略性假设这一前提。但是，如果在匹配变量中控制了县域当期的经济发展水平以及其他同时影响县中教育质量和县域经济的因素，并将县域经济增速作为计算平均处理效应的指标，则可以满足“均值可忽略”假设。换言之，本研究将借用匹配法的思路，对每一个普高教育质量较高的县（实验组），在同一省份内为其寻找当前经济发展水平相当且人口规模大致相同、自然资源禀赋类似、地理位置相近的另一个普高教育质量相对较低的县（控制组）。那么，我们就可以通过比较两个县此后的经济增速，以此克服反向因果的内生性问题，并在此基础上探究普通高中对县域经济增长影响的准确效应。

根据以上分析，本章将在同一省份内基于经济发展水平（县域人均GDP）、县域人口规模（户籍人口）、县域地理位置（经度、纬度）这四个变量对样本中实验组、控制组县域进行匹配。处于同一省份保证了县域样本在省份层面的政策环境是相同的，控制人均GDP和县域人口规模相似确保了县域样本间当期经济发展水平和经济总量是相似的，控制地理位置可以保证县域间的气候环境和自然资源禀赋相似。本章将使用基于卡尺内最近邻匹配（Nearest-Neighbor Matching within Caliper）的马氏距离匹配法（Mahalanobis Matching）对实验组和控制组样本进行匹配。马氏距离的具体计算公式如式4-2所示，其中 x_i 、x_j 是包含样本 i 、j 匹配变量信息的 K 维向量。二次型矩阵 $\widehat{\sum}_X^{-1}$ 为 x 的样本协方差矩阵的逆矩阵。

$$d(i,j) = (x_i - x_j)' \widehat{\sum}_X^{-1} (x_i - x_j) \qquad \text{（公式 4-2）}$$

第二节　实证研究结果

一、基于 OLS 回归的结果

OLS回归结果如表4-2所示，模型1－6均采用2010年县域人均GDP作为因变量，其中模型1、2采用2007—2010年各县A、B精英大学入学人数作为县中教育质量的代理变量。回归结果显示，在不加入控制变量的情况下，县域的A、B大学入学人数每增加1人，县域人均GDP将提升466元。在控制了人口、地区面积等变量的情况下，县域的A、B大学入学人数每增加1人，县域人均GDP将提升308元。模型3、4将组别作为核心自变量[①]，研究发现，在不加入控制变量的情况下，相比于普高教育质量较弱县（没有A、B大学学生），普高教育质量较强县（有A、B大学学生）的人均GDP将显著提升2732元。在加入控制变量后，相比于普

① 对于组别变量，普高教育质量较强县组赋值为1，普高教育质量较弱县组赋值为0。

高教育质量较弱县，普高教育质量较强县的人均 GDP 将显著提升 1609 元。

考虑到每年各县考入 A、B 大学的学生数量可能存在一定波动性和随机性，模型 5、6 删去了 2007—2010 年仅有一名学生考入 A、B 大学的县。结果表明，相比于普高教育质量较弱县，普高教育质量较强县的人均 GDP 将提升 3166 元，且这一效果在 1%的显著性水平上显著。同时，县域行政区域面积的自然对数与县域经济有显著的正相关，县域行政区域面积每增加 1%，县域人均 GDP 将提升 0.6 元；县域人力资本水平对县域经济有显著的正向影响，县域平均受教育年限每上升 1 年，县域人均 GDP 将增加 6226 元。回归结果还显示县域的第一产业比重每增加 1%，县域人均 GDP 将降低 420 元，县域第二产业比重每增加 1%，县域人均 GDP 将提升 317 元，说明产业结构的升级有助于推动县域经济的增长。

表 4-2 县域高中对地区经济增长影响的 OLS 回归结果①②

自变量	因变量:2010 年县域人均 GDP					
	模型 1	模型 2	模型 3	模型 4	模型 5	模型 6
生源总数	466.16*** (89.45)	308.39*** (77.37)				
组别			2731.96*** (1018.26)	1609.10* (896.11)	4257.0*** (1234.3)	3165.79*** (1117.20)
ln 行政区域面积		0.54*** (0.08)		0.54*** (0.08)		0.60*** (0.09)
户籍人口		−54.65*** (14.26)		−47.89*** (14.48)		−53.51*** (16.62)
平均受教育年限		6010.38*** (825.26)		6209.06*** (828.76)		6226.27*** (933.06)

① *、**、*** 分别表示在 10%、5%、1%的水平上显著。

② 括号中报告的是标准误。

(续表)

自变量	因变量:2010 年县域人均 GDP					
	模型 1	模型 2	模型 3	模型 4	模型 5	模型 6
国家级贫困县		83.86 (974.03)		179.38 (979.68)		349.05 (1123.94)
城镇化率		81.81 (52.25)		83.43 (52.52)		82.92 (58.71)
一产比重		−418.61*** (66.83)		−432.22*** (66.98)		−419.73*** (75.44)
二产比重		303.18*** (47.95)		297.99*** (48.11)		317.39*** (55.35)
省份固定效应	YES	YES	YES	YES	YES	YES
N	1,654	1,644	1,654	1,644	1,388	1,378
调整的 R^2	0.2126	0.4657	0.2030	0.4615	0.2087	0.4620

二、匹配后的回归结果

(一) 匹配结果检验

通过马氏距离匹配后样本剩余 241 个,其中实验组样本 133 个,控制组样本 108 个[①]。如表 4-3 所示,匹配后人均 GDP 这一变量的偏差下降了约 65%,户籍人口、经度的偏差均下降了约 81%,但纬度这一变量的偏差有所上升,这主要是由于实验组和控制组纬度均值在匹配前就较为接近导致。T 检验结果表明接受两组县域匹配变量均值相等的原假设,以上检验结果说明在经济发展水平、人口规模、县域地理位置方面,我们找到了与普高教育质量较高县相匹配的普高教育质量较低县。

① 由于有多个实验组样本匹配到了同一个控制组的样本,因此实验组样本数量多于控制组样本。

表 4-3　样本的匹配检验[①]

变量	均值				偏差下降(%)	T 检验	
	质量较强组(实验组)		质量较弱组(控制组)			t 统计量	p 值
	匹配前	匹配后	匹配前	匹配后			
人均 GDP	25919	16872	18631	15485	80.97%	1.24	0.22
户籍人口	72.26	60.02	38.84	55.00	84.98%	1.23	0.22
经度	114.81	112.93	109.76	112.17	84.95%	0.81	0.42
纬度	32.78	32.95	32.90	32.41	−350.00%	0.71	0.48

（二）匹配后的回归结果

如前文所述，为保证实验组和控制组样本的初始经济发展水平相近，我们在匹配的过程中使用了人均 GDP 作为匹配因子，因此我们转而探究县域高中对县域人均 GDP 增长率的影响。表 4-4 模型 1～4 呈现了使用 2010—2011 年县域人均 GDP 增长率作为因变量、以基于县域高中教育质量的分组为自变量的模型回归结果。模型 1 仅加入了组别这一变量，结果显示平均处理效应为 0.027，即相比于县中教育质量较低县，县中教育质量较高县的人均 GDP 年增长率将显著上升 2.7%，这一效应在控制省份固定效应后（模型 2）依然显著。模型 3 在模型 2 的基础加入了其他控制变量，回归结果同样表明相比于县中教育质量较低的县，县中教育质量较高的县的人均 GDP 年增长率将显著上升 2.6%。为探究普高教育质量对县域经济的影响在地区间的差异，模型 4 加入了组别和东部地区、组别和西部地区的交互项，结果表明，县域高中教育质量对三大地区的县域人均 GDP 均有正向的影响，其中对西部地区县域的影响最大，普高教育质量较高县的人均 GDP 年增长率将显著提升 6.6%；中部其次，人均 GDP 年增长率的提升数值为 1.4%；县域高中教育质量对东部地区县域的影响最小，人均 GDP 年增长率的提升数值仅为 0.2%。

① 表中 T 检验的原假设为“实验组和对照组的样本均值相等”。

表 4-4　样本匹配后的回归结果①②

自变量	因变量:2010—2011 年县域人均 GDP 增长率			
	模型 1	模型 2	模型 3	模型 4
组别	0.027* (0.016)	0.032** (0.015)	0.027* (0.014)	0.066*** (0.025)
ln 行政区域面积			−0.054*** (0.016)	−0.054*** (0.016)
平均受教育年限			0.047** (0.021)	0.047** (0.021)
国家级贫困县			0.021 (0.019)	0.021 (0.019)
城镇化率			0.001 (0.001)	0.001 (0.001)
一产比重			−0.002* (0.001)	−0.002* (0.001)
二产比重			−0.001 (0.001)	−0.001 (0.001)
组别_东部地区				−0.064* (0.036)
组别_中部地区				−0.052* (0.034)
省份固定效应	NO	YES	YES	YES
N	241	241	239	239
调整的 R^2	0.0072	0.2219	0.3031	0.3086

为探究县中教育质量对县域经济的长期影响，本章以 2010 年作为基期，分别计算出各县 1 至 8 年后的人均 GDP 增长率，并分别将它们作为因变量放入回归中，表 4-5 呈现了上述回归的结果，除 2010—2013 年、

① *、**、*** 分别表示在 10%、5%、1%的水平上显著。

② 括号中报告的是标准误。

2010—2017 年、2010—2018 年外，以其他时间段的县域经济增长率为因变量的模型均显示组别的回归系数显著为正①，这一结果表明县域高中对县域经济具有较为长期的正向影响，相比于县中教育质量较低的县，县中教育质量较高县的经济增长率在六年间将显著提升 8.5%。

表 4-5　模型回归结果

年份	2010—2011 年	2010—2012 年	2010—2013 年	2010—2014 年
组别	0.027* (0.014)	0.042** (0.020)	0.044 (0.028)	0.067** (0.032)
控制变量	YES	YES	YES	YES
省份固定效应	YES	YES	YES	YES
年份	10—15 年	10—16 年	10—17 年	10—18 年
组别	0.069* (0.036)	0.085* (0.044)	0.053 (0.045)	0.072 (0.049)
控制变量	YES	YES	YES	YES
省份固定效应	YES	YES	YES	YES

第三节　县域高中对地区经济增长影响的机制分析

依据《全日制普通高级中学课程计划》(教基〔2002〕7 号)，普通高中教育是与九年义务教育相衔接的高一层次基础教育，为高等学校和社会各行各业输送素质良好的普通高中毕业生。县域普通高中在维护社会公平和促进县域经济发展两方面都发挥着非常重要的功能。在维护社会公平方面，发展县域高中有助于推动基础教育优质均衡，能够促进弱势群体子女的代际流动；在促进县域经济发展方面的功能则主要体现在：第一，县域高中作为县域地区公共服务水平的重要体现，满足了县域居民子女接受普通高中教育的基本需求，是县域人口吸引力的重要决定因素；第

① 以 2010—2013 年县域经济增长率为因变量的模型虽然显示组别的回归系数在 10%的显著性水平下不显著，但其 p 值为 0.12，与 10%这一显著性水平差距较小。

二、普通高中是县域培养人才、积累人力资本、提升县域人力资源的重要渠道。本章将分别基于县域高中的两种功能，分析县域高中教育对县域经济的影响机制，以期对上述县域高中对地区经济增长影响的实证研究结果进行原因解释和机制分析。

一、县域普通高中作为县域地区人口吸引力的重要决定因素

（一）有助于县域吸引和留住高素质人才

美国学者伊沃里特·李(Everett S. Lee)提出的“推拉理论”认为人口流动取决于流出地和流入地的推力、拉力以及中间障碍因素的共同作用①，因此地区的就业机会、自然环境、基础设施、公共服务水平等因素都有可能影响地区人口的流入和流出。在中国，以家庭收益最大化和家庭风险最小化为基本假设的新迁移经济学理论较为符合当前中国的人口迁移特点，“为教育而流动”已经成为驱动中国地区间人口流动最关键的因素之一。② 张翼通过全国性调查的数据分析发现，“为了孩子的教育与升学”是农民工愿意转户的主要原因，高于就业机会和城市其他公共服务的影响。③ 同时，县域经济的发展需要高素质的人才作为智力支撑，而高素质人才往往对子女抱有更高的期待和要求。县域高中作为县域居民子女就学和进入高等教育的主要渠道，如果县域高中的教育质量较好，县域对于人口的吸引力就会大幅上升，有利于县域地区的聚智引才。与此同时，优质的县域高中教育质量也可以产生拉力，减缓县域人口的流出，避免高素质人口由于子女就学需要而离开县域地区。

（二）有助于提升县域城镇化水平

农村地区的闲置人口和农民偏低的知识水平是县域经济发展迟缓的重要原因④，如何提高农村人口受教育水平、吸引农村人口进入县域城镇

---

① LEE E A. A Theory of Migration[J]. Demography, 1966, 3(1):47—57.

② 李超，万海远，田志磊. 为教育而流动：随迁子女教育政策改革对农民工流动的影响[J]. 财贸经济，2018，39(01)：132—146.

③ 张翼. 农民工“进城落户”意愿与中国近期城镇化道路的选择[J]. 中国人口科学，2011(02)：14—26.

④ 王婧，李裕瑞. 中国县域城镇化发展格局及其影响因素：基于2000和2010年全国人口普查分县数据[J]. 地理学报，2016，071(004)：621—636.

地区就业就显得尤为关键。随着农村人口对教育的重视,农村家庭为了让孩子获得更好的教育,举家从农村搬进县域城镇地区的现象越发普遍。县域内的普通高中一般选址于县城关镇,提升县域普通高中教育质量能够增强县域城镇地区对农村家庭的吸引力,有利于县域人口的城镇化。进一步来说,县域地区的城镇化将拉动县域地区的消费需求,带动农村地区从事农业劳动的人口向城镇地区的制造业和服务业流动,使得县域产业结构逐步升级,有利于县域经济的高质量发展。

(三) 有助于吸引人口回流

改革开放后,大量农村剩余劳动力在城市务工,但受限于户籍制度、房价、消费水平等因素,只有较少数进城务工人员最终在城镇中定居下来。随着年龄的增长,他们中的多数会返回流出地区。[①] 这些外出返乡人口在城市就业期间积累了更高的劳动技术水平、更多的城市社会网络和财富,拥有更高的创业倾向和投资经营能力。[②] 近年来,随着沿海地区产业升级转型、经济增速放缓,劳动力密集型产业从沿海地区向中西部地区转移,劳动力回流的趋势越发明显,在这一过程中,县域承接了绝大部分回流劳动力。相比县域常年居住人口,回流人口对子女能否接受优质高中教育更加关注,对通过教育改变命运,让下一代最终能够定居于城市地区的意愿也更加强烈。因此,县域普通高中的教育发展水平是回流劳动力选择具体居住地的重要参考因素,而优质县域普通高中有助于县域吸收和承接返乡人口,对当地经济发展和产业结构改善起到积极作用。

二、县域普通高中作为提升县域人力资本的主要渠道

(一) 有益于提升县域地区劳动生产率

正规教育能够增加劳动者的知识和技能，是提升人力资本质量的主要渠道之一。具备更多知识和技能的劳动者能够更加高效地完成任务，更快适应新技术,因此具有更高的劳动生产力。张海峰等基于 1980—

---

① 蔡禾，王进."农民工"永久迁移意愿研究[J]. 社会学研究，2007(06):86－113.

② 任远，施闻. 农村外出劳动力回流迁移的影响因素和回流效应[J]. 人口研究，2017，41(02)：71－83.

2005年的省级面板数据研究发现，师生比每上升一个标准差有助于提高该省的劳动生产率约3.09%。[①] 与地市级劳动者相比，县域劳动者的知识文化水平相对较低。根据第六次人口普查结果，我国市辖区人均受教育年限为9.89年，县域地区的人均受教育年限为8.12年，两者相差1.77年，反映了县域人力资本还存在很大的开发潜力。在县域各级教育中，九年义务教育已经实现普及，而高中阶段教育的全面普及还有一定的空间。此外，有研究表明，超过40%的县域高中毕业生会留在县域地区工作，为县域经济发展服务。[②] 因此，作为提升县域人力资本存量的主要场所，高质量的县域高中能够培养有利于县域社会经济发展的有用人才，为当地企业输送高素质劳动力，促进县域劳动生产率的上升。

（二）有利于县域地区的产业结构升级

县域产业一般以资源型、劳动力密集型为主，产业结构普遍单一，附加值相对较低，因此壮大县域经济的关键之一在于县域经济的转型升级。而发展教育能够为实现产业升级提供必要的人力资源基础，在产业结构的优化升级过程中具有基础性和先导性的作用。[③] 张国强等使用1978—2008年省级数据研究发现，平均受教育年限对各省工业和服务业的人均产值均有显著的正向影响，而对农业的人均产值影响不显著，因此教育有助于促进各省产业结构的升级。[④] 以往研究更多关注职业教育对地区产业转型和升级的作用[⑤][⑥]，事实上，中等职业教育注重培养技能型、应用型人才，所教授知识的专用性程度更高，而普通高中教育教授的知识通用性

---

① 张海峰，姚先国，张俊森. 教育质量对地区劳动生产率的影响[J]. 经济研究，2010(07)：57－67.

② 刘儒，孟书敏，姜军. 贫困县域人力资本与经济增长相关性的实证分析：基于陕西省44个县统计数据分析[J]. 当代经济科学，2014(02)：21－25.

③ 闵维方. 教育促进经济增长的作用机制研究[J]. 北京大学教育评论，2017，(503)：123－136＋190－191.

④ 张国强，温军，汤向俊. 中国人力资本、人力资本结构与产业结构升级[J]. 中国人口资源与环境，2011，20(10)：138－146.

⑤ 苏丽锋. 职业教育发展对产业结构升级的支撑作用分析[J]. 高等工程教育研究，2017，000(003)：192－196.

⑥ 刘新钰，王世斌，郄海霞. 职业院校专业结构与产业结构对接度实证研究：以天津市为例[J]. 高等工程教育研究，2018，(03)：184－191.

程度和适用性范围更为广泛，两者相互补充，均有助于地区人力资本的积累和产业结构的升级。同时，人力资本的专用性通常被用于衡量人力资本的适用范围和可流动、可迁移性；人力资本的专用性越高，则其市场可流动程度就越低。仅发展职业教育可能造成地区的人力资本专用性程度过高，产生“锁定效应”，容易阻碍劳动力的再配置，遏制新企业的进入，不利于地区产业的升级转型。[①] 因此，在县域层面，发展县域普通高中有助于提升县域劳动者的通用型人力资本，增强劳动者对新知识的获取、吸收与应用能力，以此促进地方产业的创新和升级，进而推动县域经济增长。

（三）有助于培养出能够反哺家乡的县域高中优秀毕业生

美国经济学家乔治·阿克尔洛夫（George A. Akerlof）提出的身份经济学认为身份是一种社会规范，将影响到个体的行为和选择。在中国，家乡观念深入人心，“尊祖敬宗”“寻根问祖”是鲜明的文化现象，因此家乡身份认同感更加浓厚。[②] 家乡身份认同导致了个体对家乡怀有天然的情感，因此个体更有可能做出有利于家乡发展的选择行为。李书娟和徐现祥的研究发现，对于家乡身份的认同可能使得官员对家乡形成“偏爱”，这种偏爱通常有利于家乡的经济发展。[③] 此外，2008 年浙江省从省外引进资金 431.1 亿元，其中省外浙商回乡投资项目占省外引进项目总投资额的 1/4 以上。[④] 可见，个体即使不在家乡工作、生活，仍可以通过为家乡引进项目、引入资源、回乡投资等多种方式反哺家乡经济，带动当地产业转型升级和社会各项事业的全面发展。因此，培养出来的县域高中优秀毕业生虽然并不一定都会留在本县工作，但对于县域高中毕业在外读书的学生来说，即使毕业后暂时不在县域工作，将来在其有能力的时候也有可能通过捐赠、回乡投资等方式，在更高层次和更多领域反哺县域经济。

---

① 高春亮，李善同. 人力资本专用性锁定效应与城市衰退：老工业城市转型的症结[J]. 经济学家，2018(11)：69－74.

② 陈贵虎，邱菊. 大学生同乡会的社会学思考[J]. 新世纪论丛，2006(02)：22－24.

③ 李书娟，徐现祥. 身份认同与经济增长[J]. 经济学(季刊)，2016，15(03)：941－962.

④ 何晓春. 回看浙江反哺家乡：2008—2009 年浙商回乡投资情况分析[J]. 浙商，2009，000(012)：64－66.

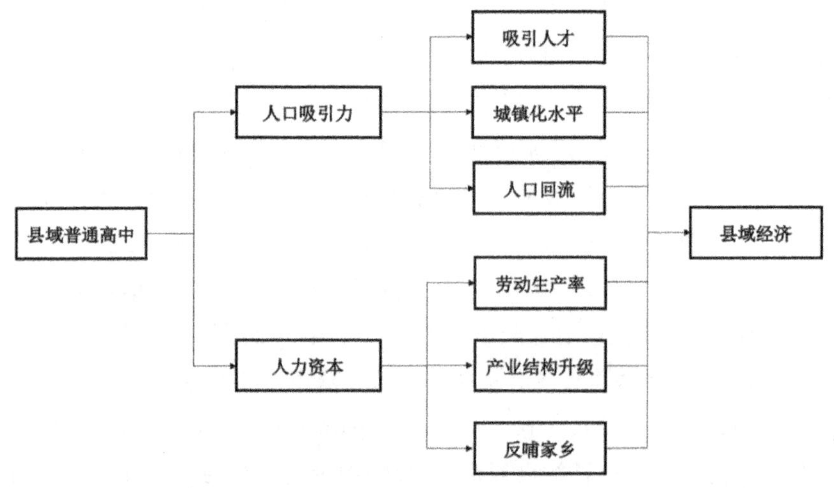

图 4-2　县域普通高中对县域经济的作用机制图

第四节　研究结论及讨论

本章以地区人均 GDP 作为县域经济发展水平的代理变量，依据 2007—2010 年县域是否有学生考上 A 大学或 B 大学将样本划分为普高教育质量较高组和普高教育质量较低组，通过以地区经济、县域人口规模、县域地理位置作为匹配变量的马氏匹配法对样本进行匹配后的回归结果发现：(1)县域普通高中质量对县域经济的增长具有显著的正向影响，相比于县域高中教育质量较低的县，县域高中教育质量较高县的人均 GDP 年增长率将显著提升 2.7%；(2)县域普通高中对县域经济的影响存在地区间异质性，对西部地区县域经济的影响效果最为明显，对中部地区次之，对东部地区县域经济的影响相对最小；(3)县域普通高中对县域经济增长的影响存在长期效应，相比于县中教育质量较低的县，县中教育质量较高县的经济增长率在六年间将显著提升 8.5%。

经过四年的高中阶段教育普及攻坚，我国县域高中阶段入学率有了一定的提升[①]，但由于生源流失、师资落后、超级中学挤占等多重因素，近年来县域普通高中教育质量下滑的问题日益显现。[②] 如前所述，县域高中作为衔接县域学子义务教育和高等教育的桥梁，其发展质量不仅关乎代际流动和社会公平，还决定了县域的人口吸引力、城镇化水平、劳动生产率和产业结构，并最终影响到县域经济的长期发展。在我国教育高质量均衡发展的政策背景下，提升县域高中教育质量，缩小县域和地市高中差距可以从县域财政体制、县中教学质量、人才激励政策这三方面着手。

一、推进县域财政体制改革，加大县域高中教育投入

教育的发展离不开经费的支持。改革开放后，我国地区间经济发展水平持续拉大，从而导致省份间、不同行政层级地区间教育经费投入的不平等和教育发展水平的不均衡。2019 年国家颁布了《教育领域中央与地方财政事权的支出责任划分改革方案》，规定中央与地方财政分档按比例分担义务教育经常性事项费用，为义务教育均衡发展奠定了财政基础。在高中阶段，普通高中教育经费投入实行"区县负责"制，县域高中的经费来源主要是县级财政。由于县级政府税源相对较少，却承担了较重的支出事务责任，导致县级政府财政缺口普遍较大，县级层面的高中教育投入普遍不足，对于县域高中教育质量的发展造成了非常不利的影响。针对上述情况，各省应加强省内统筹，进一步完善财政税收体制，合理划分财政收支责任，切实保障县域教育经费投入充足。同时，中央应加大对县域高中的财政投入和政策扶持力度，尤其是对财政困难县的支持力度，进一步完善县域贫困生补助体系，并逐步将高中阶段纳入中央、地方分档按比例分担经常性事项费用体系中，保证县域高中有充裕的办学经费。

二、提升县中教师教学质量，加强"软实力"建设

近年来，随着各级政府的不断重视，县域高中的硬件设施有了很大的

---

① 《高中阶段教育普及攻坚计划(2017—2020 年)》要求各省到 2020 年毛入学率都要达到 90%以上，其中要重点解决贫困地区教育资源不足和职业教育招生比例持续下降等问题。

② 郭丛斌，王家齐. 我国精英大学的生源究竟在何方：以 A 大学和 B 大学 2013 级生源为例[J]. 教育研究，2018，39(12)：99－108.

提升，校舍、实验室、科教仪器、多媒体设备等硬件设施与地市高中的差距逐步缩小，但县域高中和地市高中在教师素质、教研水平、学校管理等“软实力”方面的差距却依然很大。同时，2014 年开始我国各省份陆续实施新高考改革，改革不仅在科目选择、志愿填报等方面给予了学生更多的自主性，在考试内容上也越发注重考察学生对于知识理解、运用、拓展等方面的综合能力。县域高中的师资力量、学校管理水平相对薄弱，同时学生的家庭社会经济地位偏低，对县域高中的教学工作提出了更高的要求。为此，学校应注重培养教师的专业素质能力，教育主管部门应加强县域内、县际、县域和地市间学校的教研合作，组织教师更多参与有关新高考、新课改内容的培训，帮助县中教师尽快掌握课改新增的知识点，加强其对命题方向的把握，提升能力素养。同时，针对县中教师流失、招聘困难的问题，应提高县域高中教师工资待遇，在职称和荣誉评定上给予倾斜，并确保县中教师学习培训机会，从而从根本上调动县域高中教师的工作积极性。

三、推动相应保障政策，吸引人才流向县域地区

2019 年，我国进入高等教育普及化阶段，高等教育毛入学率达到 51.6%，大量县域高中毕业生有机会进入大学学习。马莉萍、潘昆峰研究发现“211”重点高校毕业生、研究生更倾向于离开生源地就业，且更倾向于留在院校地就业。[①] 由于高等教育在县域地区分布较少，如果这些县中学生在大学毕业后主要流向地市、省会地区工作，必然会造成县域人力资本的大量流失，阻碍县域高中发挥促进县域人力资源的重要功能。为此，各级政府应加强宣传引导，出台相应的激励政策和配套措施，提供引才薪酬补贴，并给予住房和子女就学等多方面生活保障，加强县级层面的人才引进，鼓励高素质人才下基层工作，支持县域高中毕业大学生回乡创业、就业，通过招才引智和引智回归增强县域经济的活力和竞争力，进而促进县域经济的长期增长。

---

① 马莉萍，潘昆峰．留还是流？：高校毕业生就业地选择与生源地、院校地关系的实证研究[J]．清华大学教育研究，2013，034(005)：118－124.

近年来，对于高中教育质量不唯分数、不唯升学率的评价导向越发明显。根据 2022 年教育部印发的《普通高中学校办学质量评价指南》，对于高中教育质量的评价主要包括办学方向、课程教学、教师发展、学校管理、学生发展等 5 个方面，除了传统的结果性评价外，增值评价、综合评价、特色评价等多种评价方式已被综合运用于衡量高中教育质量。虽然片面追求升学率的思想不可取，但不可否认的是，在现有教育体制下，升学率的高低在一定程度上能够体现学校教育质量的一个方面。同时，考虑到衡量县域高中教育质量的定量指标在获取上存在较大难度，在数据可得的情况下，本文使用了精英大学入学机会这一结果性评价指标用以衡量县域高中教育质量。在今后的研究中，我们将继续尝试收集和使用过程性指标、学生非认知能力等指标，从而更加综合、全面地对县域高中教育质量进行衡量。

第五章　县域高中学生精英大学入学机会对人口流动的影响

县级城市对国家经济和社会发展意义重大。一方面，县域经济是国民经济发展的重要增长点，也是我国财政收入的重要来源。目前，我国县域 GDP 约占全国 GDP 的 53%[①]。根据赛迪顾问县域经济研究中心发布的 2020 中国县域经济百强研究数据，全国百强县以占全国 7%的人口，创造了全国约十分之一的 GDP。此外，作为我国区域经济的基础组成单元，县是连接城乡市场、吸纳农业转移人口、承接城市产业转移的重要载体，也是构建完整内需体系、畅通国内循环的关键所在。另一方面，从我国行政区划体制来看，县域自古以来就是中国行政体系中基本的构成要素，发挥着承上启下的重要功能。截至 2020 年，我国共有县级行政区 2844 个，县域面积占全国总面积的 93%[②]。在我国现行的省、市（地）、县、乡四级行政区划体制下，县级政府行政体系是国家治理体系的基础，是城市与乡村的中间环节。作为中国城乡经济和社会交流的桥梁和纽带，县级行政区的发展情况关系到民生福祉和社会稳定，对于缓解大城市病、促进城乡融合发展、实现共同富裕和国家的长治久安至关重要。

然而，与大城市相比，部分县级城市受到区位条件、资源禀赋等先天客观因素，以及发展模式、发展目标定位等主观因素的制约，对资本、信息、技术、人才等要素的集聚能力较弱。因此，此类县级城市的产业竞争力较弱，经济发展较慢，对就业人口的吸纳能力也相对有限。与此同时，县级城市较低的经济发展水平直接削弱了当地政府的公共服务供给能

① 何晓斌. 以县域为基础的现代化和共同富裕[J]. 探索与争鸣，2021(11)：24－26＋177.

② 何晓斌. 以县域为基础的现代化和共同富裕[J]. 探索与争鸣，2021(11)：24－26＋177.

力，在基础设施建设，优质教育、医疗与养老等公共服务供给能力方面与大城市存在较大差距。另外，由于人口密度偏低，当地公共服务供给的规模效应难以发挥，所以城市运行成本较高，这可能会进一步拉大县级城市与大城市在公共服务供给方面的差距。这些情况都促使县级城市的人口不断向大城市集中，进而导致大部分县域城市陷入公共服务供给不足、经济发展乏力等“小城市病”困境当中，也使得人口流出成为目前县域发展过程中的一个突出问题。虽然当前我国大多数县域城镇人口呈增长态势，但是县级城市常住人口减少和人口流失却是普遍现象①②。第六次与第七次人口普查数据显示，十年中，我国县域常住人口占全国人口的比例从58.6%下降到53.0%；全国66%的县域出现了常住人口减少的情况③。我国城镇人口包括城区和县域城镇人口两大类，2010—2019年间，我国县域城镇人口占总城镇人口比重从41.07%下降至38.22%，而同一时期城区人口由58.93%上升至61.78%；两者的差距也由2010年的17.86个百分点提高到2019年的23.56个百分点④⑤。

县域人口的外流与县级城市的经济发展水平有着非常密切的关系。人口流失一方面会通过智力外流降低本地的人力资本⑥，另一方面还会通过影响传统生产要素及其组合，降低流出地的总产出和人均产出⑦，从而对经济增长产生长期的负面效应。此外，县域人口流失还会导致人口向大城市过度集中，使得大城市问题日益凸显。根据第七次全国人口普

---

① 王常君，曲阳阳，吴相利. 资源枯竭型城市的经济—人口收缩治理研究：基于黑龙江省资源枯竭型城市的现实分析[J]. 宏观经济研究，2019(08)：156—169.

② 张学良，刘玉博，吕存超. 中国城市收缩的背景、识别与特征分析[J]. 东南大学学报(哲学社会科学版)，2016，18(04)：132—139+148.

③ 叶欠，李翔宇，刘春雨，梁洪力. 我国县域常住人口发展趋势[J]. 宏观经济管理，2021(11)：33+48.

④ 这种全国范围内的城镇人口结构变化除了与流动人口大量向城区迁移有关，还与我国部分县改区、改市有关。但从总体的人口流动趋势来看，前者应该是主要影响因素。

⑤ 苏红键. 中国县域城镇化的基础、趋势与推进思路[J]. 经济学家，2021(05)：110—119.

⑥ GALOR O. Time Preference and International Labor Migration [J]. Journal of Economic Theory，1986，38(1)：1—20.

⑦ 胡鞍钢，刘生龙，马振国. 人口老龄化、人口增长与经济增长：来自中国省际面板数据的实证证据[J]. 人口研究，2012，36(3)：15—26.

查结果，截至 2020 年 11 月，全国共有超大城市 7 个、特大城市 14 个，比 2019 年底分别增加了 1 个与 4 个；其中，城区人口数量排名前三的分别为上海市、北京市和深圳市，其城区常住人口规模分别为 1987 万、1775 万和 1744 万，人口向大城市聚集的趋势非常明显。人口过度集中容易引发一系列大城市病，如交通拥堵、房价高、消费水平偏高、资源短缺和环境污染等。为了缓解大城市病，进一步加强县域建设以提升其人口吸引力，《中华人民共和国国民经济和社会发展第十四个五年规划和 2035 年远景目标纲要》提出，要推进以县城为重要载体的城镇化建设，统筹县域城镇和村庄规划建设，强化县城综合服务能力。中央政府有关部门连续两年印发的《2021 年新型城镇化和城乡融合发展重点任务》和《2022 年新型城镇化和城乡融合发展重点任务》也都提到，以县域为基本单元推进(动)城乡融合发展。

人口迁移的有关问题很早就引发了学者的关注。传统的新古典迁移理论将迁移决策视为劳动力的独立个体行为，从个人角度出发，以预期收入为主要分析框架，认为经济因素是影响流动人口迁移的主要原因[①②③]，而没有综合考虑基础设施与公共服务等因素的作用。与之不同，新迁移经济学理论认为流动人口做出迁移决策时不仅会考虑自身利益，还会考虑家庭成员的利益[④]，即劳动力迁移行为的发生受到家庭收益最大化和家庭风险最小化等一系列预期、偏好和约束条件的综合影响。也就是说，迁移的动机不仅包括两地之间的收入差距，还包括其他个人或家庭因素。近年来，受新迁移经济学理论的影响，越来越多的学者开始关注家庭因素对人口流动的影响。其中，教育作为影响流动人口家庭成员利益的重要因素之一，部分研究专门分析了其对流动人口迁移和居留决策的影响。首先，在教育影响流动人口的迁移意愿方面，王有兴和杨晓妹基于 2016

---

① LEWIS W A. Economic Development with Unlimited Supplies of Labor[J]. The Manchester School of Economic and Social Studies, 1954, 22(2): 139—191.

② EVERETT S L. A Theory of Migration[J]. Demography, 1966, 3(1): 47—57.

③ BOGUE D J. The Study of Population: An Inventory and Appraisal[C]. Chicago: University of Chicago Press, 1959: 64—72.

④ STARK O, BLOOM D E. The New Economics of Labor Migration[J]. The American Economic Review, 1985, 75(2): 173—178.

年中国家庭追踪调查数据与31个省份的区域特征数据的研究发现，在控制地区其他特征变量后，一个地区的教育水平越高，劳动者越有可能流向该地；异质性分析结果表明，家庭16岁以下子女数和家庭教育支出这两个家庭特征变量进一步强化了劳动力流向教育水平更高地区的概率①。夏怡然等利用2005年1%人口抽样调查中劳动力流动的微观数据与220个地级市的城市特征数据，研究了教育等城市特征对劳动力流向的影响，研究发现，一个城市的基础教育平均增加1个标准差，劳动者选择迁移到该城市的概率提高0.116倍②。其次，从教育是否影响流动人口的居留意愿来看，刘兵慧等人对2021年太原市六区调查数据的分析发现，教育公共服务供给水平显著提升了流动人口的居留意愿，且不同维度指标的影响效应存在差异。其中，班师资源配比、教师教学能力对流动人口居留意愿的正向作用更加明显③。李尧对国家卫健委全国流动人口动态监测调查2015—2016年数据和35个样本城市的特征数据的分析结果同样表明，大城市高质量的教育公共服务能够吸引流动人口长期居留，但这种影响主要发生在有学龄子女或有即将步入学龄阶段子女的流动人口。此外，由户籍歧视造成的子女留守会严重削弱这类群体的长期居留意愿④。可以发现，自新迁移经济学理论从理论层面提出家庭因素对人口流动具有重要影响后，当前已有实证研究发现进一步佐证了教育等影响家庭成员利益的因素对流动人口迁移和居留决策的影响。

上述这些研究大多以地市级等大中型城市为研究对象，相形之下，专门探讨县级城市的教育公共服务质量对流动人口吸引力的研究相对较少。在影响县域人口吸引力的诸多与公共服务质量有关的因素当中，县域高中教育质量，尤其是县域高中学生精英大学入学机会可能是非常重要的影响因素之一。第一，从县域发展现状与基础教育的特征来看，与地

---

① 王有兴，杨晓妹．公共服务与劳动力流动：基于个体及家庭异质性视角的分析[J]．广东财经大学学报，2018，33(04)：62—74.

② 夏怡然，陆铭．城市间的“孟母三迁”：公共服务影响劳动力流向的经验研究[J]．管理世界，2015(10)：78—90.

③ 刘兵慧，李薇，马慧强．教育公共服务对城市流动人口居留意愿的影响效应：以太原市为例[J]．经济问题，2022(04)：116—123.

④ 李尧．教育公共服务、户籍歧视与流动人口居留意愿[J]．财政研究，2020(06)：92—104.

级及以上城市相比，县级城市在金融、科技研发等高技术产业上普遍缺乏竞争力；而基础教育具有技术门槛低、人口黏附性高等特征，因此，县域的基础教育可能是提升其人口吸引力的关键因素[①]。第二，从各教育阶段的比较来看，相较于学前教育与义务阶段教育，高中教育是基础教育的最高阶段与最后环节。一个地区的高中教育质量既受到当地义务教育质量的影响，又是衡量该地区基础教育整体水平的重要指标，教育对县域流动人口的吸引力更多体现在高中教育质量上。第三，就评价指标而言，高中教育质量可以从投入端和产出端两个角度衡量，投入端使用的指标通常有校长、教师和学生等人力资源，校舍、教学设备、图书等物力资源，教育经费投入等财力资源；产出端的指标则包括考试成绩、录取分数线、升学率等。虽然我国现阶段提倡素质教育，反对唯分数论，反对将分数作为唯一评价标准，但不可否认，高考作为我国当前最系统和客观的标准化测试，可以较为客观地衡量各县教育产出及当地教育质量。第四，在所有衡量高考结果的指标中，县域高中学生精英大学入学机会可能在影响县域对流动人口的吸引力方面发挥着重要作用。其原因在于，近年来，随着高校招生规模的不断扩大，人们已经不再仅仅满足于有机会接受普通高等教育，在精英大学接受教育已经成为许多学子的追求，并潜移默化地影响着学生家长对于家庭居住地的选择。

那么，现阶段我国县域人口流动状况如何？流动意愿怎样？县域高中学生精英大学入学机会对县域人口流动的影响几何？不同人群、不同地域这种影响有何不同？为解答这些问题，本章将利用 2018 年中国流动人口动态监测调查数据和某精英大学（A 大学）的本科生调查数据，以各县精英大学入学人数作为县域高中教育质量的代理变量，使用马氏距离匹配法、Logistic 回归和有序 Logistic 回归模型，从迁移与居留意愿的视角，分析县域高中学生精英大学入学机会对县域人口流动的影响及其异质性，并在此基础上提出相关政策建议。

---

① 申明锐，蒋宇阳，张京祥．教育驱动的县域城镇化与规划政策反思[J]．城市发展研究，2021，28(11)：8—15＋30．

第一节 研究设计

一、研究方法

(一)马氏匹配

本章按照2015—2017年3年内至少有2年县域有学生考上某精英大学对县域进行了分组,在变量说明部分,本章对精英大学进行了具体界定。此外,由于县域经济是影响迁移和居留意愿的重要因素,而且与分组依据(普通县域高中学生精英大学入学机会)可能存在互为因果的问题,因此如果直接按照分组计算处理效应则不满足可忽略性假设这一前提。但是,如果在匹配变量中控制了县域当期的经济发展水平以及其他同时影响精英大学入学机会和迁移与居留意愿的因素,并将县域经济作为计算平均处理效应的指标,则可以满足"均值可忽略"假设。换言之,本研究将借用匹配法的思路,对每一个县域高中学生精英大学入学机会较高的县(实验组),寻找当前经济发展水平相当且地区规模大致相同、自然资源禀赋类似、地理位置相近的另一个县域高中学生精英大学入学机会较低的县(控制组)。那么,我们就可以通过比较两个县的人口流动情况,以此克服反向因果的内生性问题,并在此基础上探究精英大学入学机会对流动人口远距离迁移和居留意愿影响的准确效应。

根据以上分析,本研究将基于经济发展水平(县域GDP)、县域土地规模(土地面积)、县域地理位置(经度、纬度)这四个变量,对样本中实验组、控制组县域进行匹配。其中,控制人均GDP相似确保了县域样本间当期经济发展水平相似,控制土地面积和地理位置可以保证县域间的气候环境和自然资源禀赋相似。本研究将使用基于卡尺内最近邻匹配(Nearest-Neighbor Matching Within Caliper)的马氏距离匹配法(Mahalanobis Matching)对实验组和控制组样本进行匹配。马氏距离匹配法的具体计算如公式5-1所示,其中x_i、x_j是包含样本i、j匹配变量信息的K维向量。二次型矩阵$\hat{\sum}_X^{-1}$为x的样本协方差矩阵的逆矩阵。模型如下:

$$d(i,j)=(x_i-x_j)'\hat{\sum}_X^{-1}(x_i-x_j) \qquad \text{(公式 5-1)}$$

在进行匹配前，样本共包含 426 个县，通过马氏距离匹配后，县域剩余 148 个，其中属于实验组的县域 91 个，属于控制组的县域 57 个。如表 5-1 所示，匹配后人均 GDP 这一变量的偏差下降了约 21%，土地面积的偏差均下降了约 84%，经度、纬度的偏差均下降了约 42%。T 检验结果表明接受两组县域匹配变量均值相等的原假设，以上检验结果说明在经济发展水平、土地面积、县域地理位置方面，我们找到了与普高学生精英大学入学机会较高县匹配的普高学生精英大学入学机会较低县。

表 5-1　样本的匹配检验

变量	均值				偏差下降(%)	T 检验	
	实验组		控制组			t 统计量	p 值
	匹配前	匹配后	匹配前	匹配后			
人均 GDP	37876.45	36326.97	31318.03	31167.60	21.33%	−1.02	0.31
土地面积	2955.89	2369.86	5965.33	2850.14	84.04%	0.53	0.60
经度	114.39	116.94	109.67	114.20	41.95%	0.65	0.51
纬度	31.90	31.19	33.31	32.01	41.84%	−1.44	0.15

(二)Logistic 回归

为探究县域高中精英大学入学机会对流动人口居留意愿和远距离迁移意愿的影响，本研究首先选取居住于匹配成功县域的流动人口样本，使用流动人口调查中“您是否愿意留在本地”这一题项作为居留意愿的衡量。如果受访者回答愿意，则因变量为 1；如果回答不愿意或者没想好，则因变量为 0。此外，使用“您此次流动的范围”这一题项作为远距离迁移意愿的衡量。如果受访者选择市内跨县流动，则因变量为 1；如果选择省内跨市流动，则因变量为 2；如果选择跨省流动，则因变量为 3。由于衡量居留意愿的变量是二分类变量，衡量远距离迁移意愿的变量为有序的三分类变量，本研究分别使用 Logistic 回归模型和有序 Logistic 回归模型探究县域高中精英大学入学机会对流动人口居留意愿和远距离迁移意愿的影响。模型如下：

$$Y_i = \alpha + \beta_1 \cdot edu_i + \beta_2 \cdot X_i + \varepsilon_i \qquad \text{（公式 5-2）}$$

其中，Y_i 为因变量，分别使用居留意愿和远距离迁移意愿进行衡量。edu_i 为自变量，使用受访者所在县过去 3 年中是否至少 2 年都有学生考入 A 大学衡量，有则自变量为 1，反之为 0。X_i 为模型中各控制变量，包括个体特征（年龄、性别、受教育程度、健康状况）、家庭结构特征（户口类型、子女数量）和经济状况（个体月收入的对数和其所在家庭月开支的对数），ε_i 为随机扰动项。

二、变量说明

（一）县级城市对流动人口的吸引力

本研究重点关注县级城市对流动人口的吸引力，选取远距离迁移行为和居留意愿作为被解释变量。按照地理学第一定律和已有文献可知，要素间的相互作用通常符合距离衰减规律，即随着距离增加，劳动力的迁移概率会随之降低；流动人口会优先选择离家较近的地区务工。同等条件下，流动范围越大，迁移距离越远，流动概率越低，即跨省流动概率＜省内跨市流动概率＜市内跨县流动概率①。由此推断出，如果流动人口流动的范围更大、流动距离更远，则说明流入地对其吸引力越大。除了远距离迁移行为，外来人口在流入地的居留意愿也可以衡量流入地对流动人口的吸引力，如果流动人口更愿意留在当地，则说明该地区对于流动人口的吸引力更大。远距离迁移行为和在流入地的居留意愿可以较为全面地刻画县级城市对流动人口的吸引力。

国家卫健委 2018 年开展的“流动人口动态监测”，通过分层、PPS 以及多阶段抽样方法获取子样本，涉及全国 31 个省、直辖市和自治区。调查对象是年龄不低于 15 岁且在该居住地停留时间一个月以上的人口；调查信息包括家庭成员基本信息、收支状况、就业以及公共服务等方面。本研究选取其中居住地为县级城市（包括县、县级市）且所在县级城市成功进行匹配的流动人口样本用于测度县级城市对流动人口的吸引力，样本

① 李超，万海远，田志磊．为教育而流动：随迁子女教育政策改革对农民工流动的影响[J]．财贸经济，2018，39(01)：132－146．

总量为 11040 个。

其中，远距离迁移行为可以从流动人口的流动范围中反映出来，来自调查中的题项“您此次流动的范围”，1 为市内跨县流动，共 1153 个样本；2 为省内跨市流动，共 2391 个样本；3 为跨省流动的样本，共 7496 个样本。居留意愿来自问卷中“今后一段时间，您是否打算继续留在本地？”，1 为愿意，共 9183 个样本；0 为不愿意或者没想好，共 1857 个样本。

（二）县域高中学生精英大学入学机会

本研究将位于县级区划（包括市辖县和县级市，不包括市辖区）内的高中定义为“县域高中”（县中）。精英大学入学机会是本研究的核心自变量，A 大学作为我国精英大学的代表，学科齐全，是国内外公认的精英大学，在各种世界大学排行榜上均处于国内前列，因此本研究将借鉴之前研究思路①，基于 A 大学的本科生调查数据，使用流动人口所处县 2015—2017 年考入 A 大学的情况作为县域高中学生精英大学入学机会的衡量指标。选取该指标主要基于以下几方面考虑：1、高考作为当前最系统和客观的标准化测试，可以较为客观地衡量各县教育产出及当地教育质量；2、录取人数体现考试相对难度，不同年间变化较小，相对稳定；3、A 大学作为中国精英大学的代表，其在各省份的录取人数能够较好地反映该地区县域高中学生精英大学入学机会的水平。具体方法是，将 A 大学本科生调查数据中学生生源地与 2018 年“流动人口动态监测”中流动人口所在地进行匹配，计算流动人口目前所在的县 2015—2017 年间考入 A 大学的学生数量。通过描述性统计可知，这 3 年间，“流动人口动态监测调查”所覆盖的 426 个县中有 373 个县没有考入 A 大学的学生，53 个县有至少一名考入 A 大学的学生。考虑到每年各县考入 A 大学的学生数量可能存在一定波动性和随机性，因此本研究认为如果该县在 3 年内的 2 年都有学生考上 A 大学，则说明该县县域高中学生精英大学入学机会较高。

（三）控制变量

本研究还选取了一组控制变量，共分成两类。第一类是个人基本状

① 郭丛斌，徐柱柱，张首登. 超级中学：提高抑或降低各省普通高中的教育质量[J]. 教育研究，2021，42(04)：37—51.

况，包含性别（男性为1，女性为0）、年龄、受教育水平（文盲/半文盲＝1；小学＝2；初中＝3；高中/中专＝4；大专＝5；本科＝6；研究生＝7）、健康状况（健康为1，不健康为0）、子女个数、是否非农户口（农业户口为0，非农户口为1），以及主要职业类型。其中主要职业按照如下方式分类：白领人员赋值为4，包括国家机关、企事业工作人员、公务员、专业技术等有关人员；商业服务业人员赋值为3，包括经商、餐饮、家政、保安、快递、装修等商业与服务人员；生产运输设备操作人员赋值为2，包括生产运输、建筑及其与之相关人员；其他人员赋值为1，包括没有固定职业及农林牧渔等有关生产人员；没有就业者赋值为0，指的是目前没有工作的人员。第二类是收支状况，包含每月家庭总支出的对数、个人总收入的对数。

三、变量描述

如表5-2所示，在11040个样本中，男性5943人，女性5097人，平均年龄36.5岁，受教育程度以初高中为主；绝大多数人健康状况良好；大多数样本生育多个子女；农村户口7402人，非农户口3638人。样本中的流动人口个人平均月收入为4701元，家庭平均月支出为3450元，四分之三（75.1%）从事商业、服务业和生产运输行业。

表5-2　变量的描述性统计

	变量名称	观测值	均值	标准差
被解释变量	远距离迁移意愿	11040	2.57	0.67
	居留意愿	11040	0.83	0.37
核心解释变量	录取情况	11040	0.70	0.46
控制变量	性别	11040	0.54	0.50
	年龄	11040	36.50	10.98
	受教育水平	11040	3.16	1.07
	健康状况	11040	0.98	0.15
	子女个数	11040	1.65	0.79
	户口类型（城市户口＝1）	11040	0.33	0.47

（续表）

<table>
<tr><th></th><th colspan="2">变量名称</th><th>观测值</th><th>均值</th><th>标准差</th></tr>
<tr><td rowspan="8">控制变量</td><td colspan="2">平均个人月收入</td><td>11040</td><td>4701.24</td><td>5832.99</td></tr>
<tr><td colspan="2">平均家庭月支出</td><td>11040</td><td>3450.15</td><td>2282.89</td></tr>
<tr><td colspan="2">职业类型合计</td><td>11040</td><td>2.25</td><td>1.11</td></tr>
<tr><td rowspan="5">职业类型</td><td>白领人员（=4）</td><td>895</td><td rowspan="5" colspan="2"></td></tr>
<tr><td>商业服务业人员（=3）</td><td>4320</td></tr>
<tr><td>生产运输设备操作人员（=2）</td><td>3977</td></tr>
<tr><td>农林牧渔及其他人员（=1）</td><td>325</td></tr>
<tr><td>无业（=0）</td><td>1523</td></tr>
</table>

第二节　实证研究结果

一、县域高中精英大学入学机会差异

本研究的11040个样本来自全国26个省的426个县，其中东部地区的县为113个，中部地区94个，西部地区191个，东北地区28个。表5-3对2015—2017年连续三年各县县中学生考入A大学的情况进行了统计后发现，我国有考入A大学学生的县的数量占所有县的比重在2015—2017年间迅速减少，该比重从2015年的12.4%、2016年的8.0%，一直降为2017年的6.3%。

分地区来看，东部地区学生考入精英大学的机会较多，以2015年为例，该年27个县有学生考入A大学，86个县没有学生考入A大学，有考入A大学学生的县占比为23.9%(27/113)。中部地区县中学生精英大学入学机会相对来说较为稳定，超过十分之一的地区有考入A大学的学生。相对于东部地区和中部地区，西部地区和东北地区的精英大学入学机会则相对较低。西部地区县中学生考入A大学的可能性最小，考虑到大学在高考录取时往往向很多西部地区省份倾斜，也间接说明西部地区的县中质量存在提升的空间。当前我国东北地区的县级城市共147个，

抽样调查中的样本全部来自其中的 28 个县，可以看出东北地区的精英大学入学机会相比东部、中部地区较弱，但是好于西部地区。

从变化趋势来看，东部地区考上 A 大学的机会大幅度下降，从 2015 年的 23.9%，下降为 2016 年的 12.4%，到 2017 年时该比例只有 8%，2016 年和 2017 年东部地区县中学生精英大学入学机会已经弱于中部地区，在所有地区中下降最快。中部地区县中学生精英大学入学机会相对来说较为稳定，有考入精英大学学生的县占比一直在 11%－13%之间。西部地区县中学生精英大学入学机会存在波动，存在先下降后上升的趋势。

表 5-3　分地区各县精英大学入学机会统计

某县是否有考入A 大学的学生	2015		2016		2017		合计
	是	否	是	否	是	否	
东部	27(23.9%)	86	14(12.4%)	99	9(8.0%)	104	113
中部	12(12.8%)	82	13(13.8%)	81	11(11.7%)	83	94
西部	12(6.3%)	179	4(2.1%)	187	6(3.1%)	185	191
东北	2(7.1%)	26	3(10.7%)	25	1(3.6%)	27	28
合计	53(12.4%)	373	34(8.0%)	392	27(6.3%)	399	426

二、我国县域人口流动和居留意愿

表 5-4 的统计结果发现，三分之二的人口(67.6%)为跨省的远距离迁移，超过五分之一的人员(21.6%)为省内跨市迁移，只有 10.5%的流动人口仅在本市内的不同县间流动。如果假定迁移距离存在“跨省”＞“跨市”＞“跨县”的关系，那么可以推断出我国流动人口的远距离迁移的可能性更高。流动人口大多倾向于留在当地，居留占比[①]约合 82.8%(9138/11040)，即多数流动人口迁移后不会再回到原居住地。这两者可以说明，我国的流动人口远距离迁移的比例很高，而且更倾向于留在流入地。

① 居留占比＝愿意居留的人数/总人数，表示流动人口的居留意愿，居留占比越高，居留意愿越强。

本研究还按照其流入县域所在地区对流动人口进行了分类(见表5-4)。从迁移行为来看,各地区差异较大。大多数流动到东部地区的人都是远距离迁移,即跨省流动占比82.5%,而省内跨市流动人数和市内跨县流动人数占比均为四个地区中最低,分别为13.5%和4%,这意味着东部地区的流动人口大多数长距离迁移至此地。这可能是因为东部地区的省内各市发展水平、市内各县发展水平都相对均衡,人们在省内或者市内迁移的意愿并不强烈。中部地区流动人口跨省和跨市流动的比重更高,分别为36.1%和38.8%,但远距离迁移人口比重为四个地区中最低,说明中部地区县域对流动人口的吸引力弱于其他地区。西部地区跨省流入的人口占比为52.8%,该比例相对而言也比较高,这可能是因为西部地区43.7%的流动人口流入地为新疆,而新疆跨省流动人口占比为74.4%。新疆的农业发达、特色农产品附加值较高,尤其是农作物采收季节,可以吸引大量中部地区流动人口入疆。东北地区流动人口中,跨省流入的占比最高,为46.1%,其次为省内跨市迁移,占比34.8%,而市内跨县流动人口占比相对较低。

从居留意愿来看,各地区差异较小,居留占比均在80%以上,反映出流动人口一旦从原居住地迁移至流入地,大多倾向于留在当地。东部、中部和西部地区流动人口居留意愿基本持平,在82%—84%之间。相比之下,东北地区内流动人口的居留意愿在四个地区中最为强烈,为90%,考虑到东北地区人员省内跨市和市内跨县的流动方式占比较高,说明东北经济发达地区对于东北其他地区人口的虹吸作用较为明显,这也会对东北地区内流动人口的居留意愿产生了影响,即流动人口在迁移后更容易融入当地,也更倾向于居留。

表5-4 流动人口的迁移和居留意愿分地区统计

	迁移行为			居留意愿		居留占比	合计
	跨省迁移	省内跨市迁移	市内跨县迁移	愿意居留	不愿居留或没想好		
东部	5678 (82.5%)	927 (13.5%)	275 (4.0%)	5666	1214	82.4%	6880

（续表）

	迁移行为			居留意愿		居留占比	合计
	跨省迁移	省内跨市迁移	市内跨县迁移	愿意居留	不愿居留或没想好		
中部	737（36.1%）	792（38.8%）	511（25.1%）	1702	388	83.4%	2040
西部	823（52.8%）	477（30.6%）	260（16.6%）	1311	249	84%	1560
东北	258（46.1%）	195（34.8%）	107（19.1%）	504	56	90.0%	560
合计	7496（67.9%）	2391（21.6%）	1153（10.5%）	9138	1857	82.8%	11040

三、县中精英大学入学机会对人口远距离迁移意愿的影响

表 5-5 报告了县中精英大学入学机会对流动人口迁移意愿的影响。回归结果显示，县域高中学生精英大学入学机会的增加可以有效提高流动人口远距离迁移到该县域的意愿，如果该县近三年高考至少有两年存在考入精英大学的学生（在表 5-5 中简称为录取情况），流动人口远距离迁入该县的可能性将增加 49.6%①。其原因可能在于精英大学入学机会是当地教育质量的重要反映，当流动人口认为其子女在该县可以接受良好的高中教育，并有更多机会由此升入精英大学时，就会有更强的意愿举家迁移到该县。在众多人口特征中，年龄项系数为负，流动人口年龄每提升 1 岁，远距离迁移的可能性将下降 1.6%($e^{-0.0165}-1$)，说明年龄越大的群体越不倾向于远距离迁移。多养育一个孩子，流动人口远距离迁移的可能性会提高 7.6%($e^{0.0734}-1$)，这可能是由于多子女家庭更多来自农村，且农村人口的流动意愿更强导致的。户口类型也会对流动人口的远

① 此处计算方法为影响效应=$e^{(0.402)}-1$，下文中关于迁移意愿和居留意愿变化比例的计算方法与此相同。

距离迁移可能性产生影响，城市户口的流动人口远距离迁移的可能性比农村户口流动人口低 53.9%($e^{-0.775}-1$)，这可能是因为相对于城市户口的流动人口，样本中农村户口的流动人口更倾向于去远离家乡的地方务工，以获得更多的就业机会。从经济状况来看，流入地居民的平均月支出水平越高，流动人口远距离迁移至此地的可能性越大，这说明经济发展水平是决定地区对外来人口吸引力的重要因素。

流动人口的工资收入可能同时会影响其远距离迁移行为，以及对子女教育的重视程度。具体来说，收入较高的父母具有更强的人力资本投资能力，可以通过买房择校，让子女参加课外辅导与培训，送子女进入收费高、质量好的私立学校等方式让子女接受更优质的教育；而收入低的父母经济风险的承受能力较差，面临更大的失业可能与收入波动，子女的教育开支对家庭来说机会成本更大①。为此，本研究将流动人口的月收入三等分为高收入组、中等收入组和低收入组，表 5-5 的模型 2－4 分别汇报了高、中等、低收入组的分样本回归的结果。研究发现，相对于低收入组，高收入组和中等收入组对本地高中学生精英大学入学机会更为敏感，如果该县近三年高考至少有两年存在考入精英大学的学生，高收入组远距离迁入该县的可能性将增加 41.8%($e^{0.349}-1$)。这一效应在中等收入组的流动人口中甚至更为显著，为 87.4%($e^{0.628}-1$)，这可能是因为高收入组的流动人口子女会去比县中更高层级的高中就读，相比之下中等收入组则对务工当地的高中质量更为关注。

表 5-5 县中精英大学入学机会对人口流动范围的影响②

	模型 1	模型 2	模型 3	模型 4
	全样本	高收入组	中等收入组	低收入组
录取情况	0.402***	0.349***	0.628***	0.119
	(0.0533)	(0.0900)	(0.0907)	(0.101)
年龄	−0.0165***	−0.00682	−0.0222***	−0.0202***

① 汪鲸，罗楚亮. 父母教育、家庭收入与子女高中阶段教育选择[J]. 劳动经济研究，2019，7(04)：32－52.

② 括号内为标准误，显著水平：***表示 $p<0.01$，**表示 $p<0.05$，*表示 $p<0.1$。

（续表）

	模型 1	模型 2	模型 3	模型 4
	全样本	高收入组	中等收入组	低收入组
	(0.00297)	(0.00491)	(0.00518)	(0.00566)
性别	−0.0862	−0.115	−0.0181	0.0589
	(0.0538)	(0.0925)	(0.0953)	(0.0974)
受教育程度	−0.319***	−0.241***	−0.343***	−0.356***
	(0.0282)	(0.0508)	(0.0489)	(0.0484)
健康状况	0.351	0.274	0.377	0.723
	(0.223)	(0.311)	(0.361)	(0.533)
子女数量	0.0734**	−0.0700	0.0973	0.260***
	(0.0363)	(0.0572)	(0.0638)	(0.0682)
户口类型	−0.775***	−0.804***	−0.686***	−0.880***
	(0.0521)	(0.0923)	(0.0890)	(0.0926)
平均月收入	−0.00499	−0.102	−0.0434	−0.211**
	(0.0515)	(0.0929)	(0.103)	(0.0951)
平均月支出	0.272***	0.262***	0.0780	0.136
	(0.0501)	(0.0907)	(0.112)	(0.0914)
工作类型 1	−0.448*	−0.157	−0.602	−0.275
	(0.256)	(0.357)	(0.548)	(0.643)
工作类型 2	0.737***	0.626*	0.858*	0.276
	(0.234)	(0.344)	(0.516)	(0.431)
工作类型 3	−0.377	−0.115	−0.400	−0.824*
	(0.232)	(0.332)	(0.513)	(0.427)
工作类型 4	−0.266	−0.470	−0.250	−0.501
	(0.245)	(0.380)	(0.528)	(0.449)
R 方	0.0893	0.0548	0.1105	0.1047
样本数量	8,148	2,251	3,106	2,791

四、县中精英大学入学机会对人口居留意愿的影响

表 5-6 汇报了县中精英大学入学机会对流动人口居留意愿的影响。根据表 5-6 中模型 5 的全样本回归结果可以看出，县域高中的精英大学录取情况可以显著增加流动人口在该县长期居住的可能性，如果该县近

三年高考至少有两年存在考入精英大学的学生，流动人口在该县的居留意愿将提升 15.8%($e^{0.147}-1$)。在人口特征中，年龄对于流动人口的居留意愿有显著的负向影响，年龄每增加一岁，流动人口的居留意愿将降低 1.4%($e^{-0.0137}-1$)；受教育程度每提高一个等级，流动人口留在当地的意愿将增加 17.8%($e^{0.164}-1$)。相对于农村户口，非农户口居民的居留意愿更强，居留意愿高约 20.1%($e^{0.183}-1$)。此外，流动人口的平均月支出和平均月收入水平对其居留意愿产生了显著正向影响，这可能是因为流入地的经济发展水平往往比家乡更好，收入也更高，使得流入地对外来人口产生了更强的粘性。

本研究仍然根据受访者的收入高低将样本分为高、中、低收入组，3组回归的结果如表 5-6 模型 6—8 所示。对于中等收入组来说，如果该县近三年高考至少有两年存在考入精英大学的学生，其居留意愿将提升 24.4%($e^{0.218}-1$)，并且该数值不但高于高收入组(6.3%)和低收入组(12.3%)，也高于全样本水平(15.8%)，说明高收入和中等收入的流动人口更加重视教育，因此其居留意愿受到迁入地高中教育质量的影响相对更大。此外，受教育程度对不同组别群体的居留意愿都产生了显著的正向影响，其中中等收入组群体的教育程度提高 1 个等级，居留意愿将提高 21.2%($e^{0.192}-1$)，高收入和低收入组则低于中等收入组，分别为 13.3%和 16.6%，由此看出中等收入组流动人口的受教育程度提高对其居留意愿的增加效应最为明显。

表 5-6 县中精英大学入学机会对流动人口居留意愿的影响[①]

	模型 5	模型 6	模型 7	模型 8
	全样本	高收入组	中等收入组	低收入组
录取情况	0.147**	0.0601	0.218**	0.116
	(0.0662)	(0.111)	(0.105)	(0.134)
年龄	−0.0137***	−0.00632	−0.00811	−0.0331***
	(0.00378)	(0.00620)	(0.00622)	(0.00749)
性别	−0.0100	0.0352	0.0804	−0.0566

① 括号内为标准误，显著水平：***表示 $p<0.01$，**表示 $p<0.05$，*表示 $p<0.1$。

（续表）

	模型 5	模型 6	模型 7	模型 8
	全样本	高收入组	中等收入组	低收入组
	(0.0673)	(0.118)	(0.108)	(0.135)
受教育程度	0.164 * * *	0.125 *	0.192 * * *	0.154 * *
	(0.0393)	(0.0690)	(0.0616)	(0.0772)
健康状况	−0.132	−0.0884	−0.126	0.106
	(0.298)	(0.433)	(0.516)	(0.710)
子女数量	−0.00111	−0.000512	−0.00331	0.0119
	(0.0440)	(0.0710)	(0.0703)	(0.0907)
户口类型	0.183 * * *	0.433 * * *	0.115	0.0523
	(0.0687)	(0.127)	(0.107)	(0.130)
平均月收入	0.192 * * *	0.153	0.188 *	−0.0759
	(0.0628)	(0.110)	(0.112)	(0.134)
平均月支出	0.139 * *	−0.0461	0.0454	0.0857
	(0.0614)	(0.112)	(0.123)	(0.118)
工作类型 1	0.199	0.189	−0.149	1.204
	(0.326)	(0.443)	(0.621)	(0.938)
工作类型 2	−0.236	−0.336	−0.0846	−0.0674
	(0.285)	(0.406)	(0.553)	(0.556)
工作类型 3	−0.146	−0.350	0.0158	0.205
	(0.284)	(0.398)	(0.553)	(0.559)
工作类型 4	−0.159	−0.171	−0.212	0.336
	(0.312)	(0.485)	(0.581)	(0.608)
Constant	−0.852	0.694	−0.613	2.373
	(0.733)	(1.354)	(1.518)	(1.541)
R 方	0.0176	0.0142	0.0119	0.0287
样本数量	8,148	2,251	3,106	2,791

五、筛选目标人群的分样本回归

年龄在 55 岁及以下的人口是劳动人口的主力军，同时其子女更有可能尚在受教育阶段，因此本研究截取这部分数据进行分析回归，并以此进行稳健性检验。经过筛选共得到 7864 个样本，回归结果见表 5-7 模型 9、

10。考虑到县域高中学生精英大学入学机会主要对有孩子的家庭产生影响，本研究还将家中有子女的样本（共7795个）进行了单独的分析，其回归结果如模型11、12所示。

从回归系数和显著系数上来看，高中学生精英大学入学机会对于55岁以下的流动人口的居留和迁移意愿有显著影响。如果该县近三年高考至少有两年存在考入精英大学的学生，流动人口远距离迁移至此的可能性和长期居留意愿分别提升49.8%($e^{0.404}-1$)和18.5%($e^{0.17}-1$)。相对于全样本，55岁以下流动人口的远距离迁移与全样本结果较为接近，但居留意愿增加了2.7%，这说明55岁以下的流动人口在远距离迁移决策上与全样本没有较大差异，但是一旦产生了迁移行为，则更倾向于长期留在该地区。

依据是否有子女进行分样本回归后，可以发现县域高中学生精英大学入学机会对家中有子女的流动人口有显著影响，其远距离迁移至该县并居留的意愿分别增加49.8%和14.6%。同时，流动人口的子女数量越多，则越倾向于远距离迁移，子女数量每增加1个，父母远距离迁移范围提升一个等级的概率将增加13.9%，这可能是因为搬迁存在成本，如果一次搬迁可以让更多的孩子接受高质量的教育，那么父母也会有更多动力搬迁。不过子女数量对于55岁以下有孩子的流动人口的居留意愿影响不显著，这可能是因为家庭在做出子女教育相关的决策时往往会因为子女数量而存在一定的预算约束，如果家中子女数量更多，在流入地的开销就更大，居留难度也会增加。

为验证回归结果的稳健性，本研究还利用不同的模型进行回归，分别选用有序Probit与OLS回归模型验证结论的稳健性。回归结果均表明县域高中学生精英大学入学机会的增加可以提高流动人口远距离迁移至此的可能性，并提升外来人口在此地长期居留的意愿，即提升了县域对流动人口的吸引力。

表 5-7　55 岁以下流动人口的分样本回归①

	模型 9	模型 10	模型 11	模型 12
	55 岁以下样本流动范围	55 岁以下样本居留意愿	有子女样本流动范围	有子女样本居留意愿
录取情况	0.404＊＊＊	0.170＊＊	0.404＊＊＊	0.136＊＊
	(0.0545)	(0.0675)	(0.0546)	(0.0678)
年龄	−0.0160＊＊＊	−0.0140＊＊＊	−0.0160＊＊＊	−0.0152＊＊＊
	(0.00327)	(0.00416)	(0.00302)	(0.00389)
性别	−0.0756	−0.0307	−0.0793	0.00818
	(0.0548)	(0.0686)	(0.0551)	(0.0693)
受教育程度	−0.324＊＊＊	0.167＊＊＊	−0.316＊＊＊	0.160＊＊＊
	(0.0288)	(0.0409)	(0.0291)	(0.0403)
健康状况	0.224	−0.278	0.401＊	−0.176
	(0.243)	(0.344)	(0.225)	(0.308)
子女数量	0.0732＊	−0.0215	0.130＊＊＊	−0.0387
	(0.0377)	(0.0463)	(0.0414)	(0.0469)
户口类型	−0.768＊＊＊	0.169＊＊	−0.770＊＊＊	0.187＊＊＊
	(0.0533)	(0.0702)	(0.0532)	(0.0703)
平均月收入	−0.00245	0.223＊＊＊	0.00533	0.205＊＊＊
	(0.0538)	(0.0650)	(0.0527)	(0.0643)
平均月支出	0.266＊＊＊	0.165＊＊＊	0.276＊＊＊	0.116＊
	(0.0519)	(0.0634)	(0.0509)	(0.0631)
工作类型 1	−0.384	0.106	−0.349	0.284
	(0.265)	(0.335)	(0.266)	(0.336)
工作类型 2	0.797＊＊＊	−0.187	0.811＊＊＊	−0.142
	(0.241)	(0.293)	(0.243)	(0.294)
工作类型 3	−0.324	−0.115	−0.294	−0.0556
	(0.238)	(0.293)	(0.240)	(0.293)
工作类型 4	−0.206	−0.0845	−0.186	−0.139

① 括号内为标准误，显著水平：＊＊＊表示 $p<0.01$，＊＊表示 $p<0.05$，＊表示 $p<0.1$。

（续表）

	模型 9	模型 10	模型 11	模型 12
	55 岁以下样本流动范围	55 岁以下样本居留意愿	有子女样本流动范围	有子女样本居留意愿
	(0.251)	(0.321)	(0.254)	(0.321)
R 方	0.0893	0.0185	0.0887	0.0178
观测值	7,864	7,864	7,795	7,795

第三节　研究结论及讨论

一、研究结论

本研究使用 2018 年的“流动人口动态监测”数据和 2015—2017 年间各县 A 大学学生入学人数，从远距离迁移意愿和居留意愿两个方面，系统考察了县域高中学生精英大学入学机会对于流动人口吸引力的影响。研究发现，第一，我国不同地区的县域高中学生精英大学入学机会存在较大差异，2015 年我国东部地区、中部地区、西部地区和东北地区分别有 23.9%、12.8%、6.3%、7.1%的县级城市有考上 A 大学的学生。第二，县级城市对流动人口的吸引力存在地区差异，东部地区跨省远距离迁入的人员比例最高，为 82.5%，中部、西部和东北地区则分别为 36.1%、52.8%、46.1%。此外，东部、中部和西部地区流动人口的居留意愿均在 82%—84%之间，东北地区则高于其他地区，为 90%。第三，县中精英大学入学机会的提升可以提高该地对于流动人口的吸引力，如果某县近三年高考至少有两年存在考入精英大学的学生，则流动人口远距离迁入该县的可能性将增加 49.6%，长期居住在此县的可能性将增加 15.8%。第四，县中精英大学入学机会对流动人口迁移和居留意愿的影响存在异质性，其对中等收入群体的影响效应高于高收入群体和低收入群体。从年龄特征和生育情况来看，55 岁以下、多子女的流动人口在迁入地的居留意愿受到县中精英大学入学机会的影响相对更大。

如前所述，根据新迁移理论，尽管如个体薪资等经济因素会对个体的迁移行为产生影响，但家庭成员的利益以及家庭总体利益最大化对个体迁移决策的影响可能更大。如果流动人口重视子女教育，那么地区教育质量就会成为迁移决策的重要影响因素。因此，本研究试图从以下几个方面，解释县域高中精英大学入学机会对县域人口吸引力的影响机制。第一，县域高中精英大学入学机会的增加有助于吸引家长将子女送到该县读书，其中部分家长会为陪同子女而迁移到该县工作。部分周边地区家长为了让孩子更早接受高质量教育，可能会提早甚至是在小学或初中阶段就举家搬迁至该县，进而居留在当地①。第二，县域高中精英大学入学机会的增加有助于提高当地居民的居留意愿，使得家长不必因子女教育问题而迁出该县，从而增加了县域地区对当地人口的粘性。第三，县域高中精英大学入学机会的提升有助于解决引进人才的子女教育问题，使得高精尖人才能够安心在此工作，因此高精尖人才所在的大中型企业更愿意投资和入驻该县，而这些企业的入驻和产业的形成又能够进一步吸引更多外来人口迁移至本地，从而形成良性循环。

二、政策建议

第一，县级政府应该认识到加强县域高中建设的重要性。教育是最大的民生工程，直接关系到老百姓的福祉。目前，人们对优质教育资源的需求同教育发展不平衡不充分的矛盾是教育发展过程中需要迫切解决的问题之一。加强县域高中建设不仅有利于减少本地人口外流，促进县域自身的人力资本积累，也能为县域进一步发展吸引人才，尤其是县域难以本土培养的具有高等教育学历的高精尖人才。此外，县域人口规模的增长能够降低人均公共服务成本，提高当地公共服务支出效率与水平。因此，县级政府应该意识到，县域高中能够发挥为政府留住本地人才，以及吸引外来流动人口和高端人才的积极作用，对县域高中的财政投入不是单纯的教育支出，更是一种有利于人才引进的政府投资。

第二，多措并举提高县域高中质量。在生源方面，规范普通高中招生

---

① 贾婧，柯睿．流动人口子女教育机会的差异分解[J]．统计与决策，2021，37(15)：57－61.

秩序，全面落实属地招生、公办民办普通高中同步招生政策，严禁提前招生、掐尖招生等违规行为；完善优质县域普通高中指标到校招生政策，从源头上扭转“乡村空、城镇挤”等教育发展不均衡现象，促进县域内城乡教育融合、可持续发展。在师资方面，各地区应根据当地教育发展需求实施县中教师定向培养计划，建立健全教师补充机制；加强县中校长与教师培训，着力打造一支高素质专业化的县中校长和教师队伍；在职称评定、绩效工资分配等方面向县中教师尤其是长期扎根于县中的优秀教师适当倾斜；杜绝发达地区学校向县中等薄弱学校抢挖优秀骨干教师等行为，真正让县域高中能够招得来、培养得好、留得住能够为县中发展贡献力量的优秀教师。在经费投入与使用方面，各地区要进一步加大对县中的经费投入力度，提高经费使用效率，确保每一笔县中经费用在“刀刃”上。

第三，发展县域经济、提升各类公共服务质量，实现以人为核心的新型城镇化战略目标。传统的新古典迁移理论与新迁移经济学理论均认为，收入是影响人口迁移的主要动机之一。在县域经济发展乏力与农村家庭日益重视教育的背景下，我国一些农村家庭形成了子女在县域就读、单亲本地专职/兼职陪读、单亲异地务工（或隔代本地陪读、双亲外地务工）的分工模式[①]。这种教育驱动下的县域城镇化背离了《中华人民共和国国民经济和社会发展第十四个五年规划和 2035 年远景目标纲要》提出的以人为核心的新型城镇化战略目标。因此，发展县域经济，提升县域对就业人口的吸纳能力是扭转流动人口“半工伴读”局面，让更多流动家庭子女在享受优质教育资源的同时，父母能够实现本地就业的关键。此外，超大特大城市基本公共服务质量较高，对农民工的覆盖程度非常低，而县域的各类公共服务水平相对较低，但县域农民工在享受公共服务方面与当地城镇居民差异较小[②][③]，且我国城区常住人口 300 万以下城市已基本

① 蒋宇阳.从“半工半耕”到“半工伴读”：教育驱动下的县域城镇化新特征[J].城市规划，2020，44(01)：35－43＋71.

② 程郁，赵俊超，殷浩栋，伍振军，孙成龙，揭梦吟.分层次推进农民工市民化：破解“愿落不能落、能落不愿落”的两难困境[J].管理世界，2022，38(04)：57－64＋81＋65.

③ 刘金凤，魏后凯.城市公共服务对流动人口永久迁移意愿的影响[J].经济管理，2019，41(11)：20－37.

取消落户限制[①]，这些不同规模城市间的差异说明，县域提升吸引力的重点是提高教育、医疗、养老等方面的公共服务质量。总的来说，县级政府不但要重视县域高中建设，还应该充分发挥经济增长与其他各类公共服务在吸引流动人口方面的互补性作用，以真正实现以人为核心的新型城镇化战略目标。

第四，各类高考专项计划的名额分配应该重点关注县域高中。当前，我国各类专项计划虽然在促进精英大学入学机会在不同群体间的均衡分布方面发挥了重要作用，但在实施过程中也面临缺乏精准性、投放指标被少数高中垄断等问题[②③]。所以，未来在划定专项计划的定向范围前，相关部门应该科学评估高校专项计划自实施以来的政策效果，充分调研我国普通高中教育现阶段的发展特征，尤其是“县中塌陷”等突出矛盾；并在此基础上制定更加科学合理、能够兼顾经济与教育发展水平的定向招生范围划分依据，使得专项计划不但能够切实提高我国农村贫困学生等弱势群体的精英大学入学机会，而且能够进一步成为振兴我国县域高中的政策工具。同时，随着高等教育毛入学率的提高，城乡学生在能否获得高等教育入学机会方面的差距不断缩小[④]；但相较于省会或副省级城市的高中学生，县中学生能够进入精英大学的比例却有所降低[⑤]，因此，国家应该适当扩大专项计划招生名额，并在指标分配方面向薄弱县中倾斜。

---

① 国家统计局.党的十八大以来经济社会发展成就系列报告：新型城镇化建设扎实推进城市发展质量稳步提升[EB /OL].(2022－09－29)[2022－10－13]. http://www.stats.gov.cn/xxgk/jd/sjjd2020/202209/t20220929_1888803.html.

② 杜瑞军.“高校专项”招生政策的动因、挑战及未来走向[J].教育经济评论，2022，7(03)：23－45.

③ 李立国，吴秋翔.从权利平等、机会平等到发展平等：基于我国倾斜性招生政策的分析[J].教育研究，2020，41(03)：95－105.

④ 王伟宜，吴雪.高等教育入学机会获得的城乡差异分析：基于1982－2010年我国16所高校的实证调查[J].复旦教育论坛，2014，12(06)：77－82.

⑤ 郭丛斌，林英杰.精英大学入学机会校际差异的马太效应研究[J].北京大学教育评论，2020，18(04)：151－167＋189.

第六章　县域高中对农村学生精英大学入学机会的影响

自1999年实施大学扩招政策以来，我国高等教育毛入学率迎来了“井喷式”发展，并于2019年跨过了50%的高等教育普及化阶段门槛[①]。高等教育入学机会的主要矛盾正从“有学上”转变为“上好学”，对教育的要求则是从“有数量”向“有质量”迈进。而二十多年的高校扩招并未提高农村学生的精英大学入学机会，反而随着时间推移出现了机会差异扩大化的倾向[②]，“寒门再难出贵子”也成为社会普遍关注和忧虑的问题。与此同时，近年来我国高中教育质量的校际差异问题也日益引起社会各界的广泛关注，超级中学的崛起抑制了一般高中的发展以及区域内整体教育质量的提升[③]，精英大学入学机会在高中之间呈现出“强者愈强，弱者愈弱”的马太效应[④]。作为我国农村学生进入精英大学学习、实现社会地位跃升的主要渠道，广大县域高中近年来发展举步维艰。2013年除直辖市外27个省份的精英大学生源中，有20个省份的县域高中学生占比不足30%[⑤]。优质生源被跨地区“掐尖招生”[⑥]、优秀师资不断流失、高考制

---

① 刘保中.中国高等教育步入普及化阶段背景下的阶层差异与教育公平[J].北京工业大学学报(社会科学版)，2021，21(03)：116－126.

② 岳昌君，邱文琪.规模扩大与优质高等教育入学机会均等化[J].高等教育研究，2020，41(08)：22－34.

③ 郭丛斌，徐柱柱，张首登.超级中学：提高抑或降低各省份普通高中的教育质量[J].教育研究，2021，42(04)：37－51.

④ 郭丛斌，林英杰.精英大学入学机会校际差异的马太效应研究[J].北京大学教育评论，2020，18(04)：151－167＋189.

⑤ 郭丛斌，王家齐.我国精英大学的生源究竟在何方：以A大学和B大学2013级生源为例[J].教育研究，2018，39(12)：99－108.

⑥ 李丽，赵文龙.高校扩招背景下高中分流与教育机会公平研究[J].西安交通大学学报(社会科学版)，2014，34(05)：100－106.

度变化对教育薄弱校的适应性压力等因素无不制约着县域高中的发展。鉴于县域高中学的重要作用和所处困境，《2021 年国务院政府工作报告》特别补充了“加强县域高中建设”，并将其作为下一阶段我国教育事业发展的一个重点任务。[①]

我国政府之所以如此重视县域高中的建设与发展，根本原因在于其承担了我国基数庞大的县域人口教育任务。2017 年《中国人口和就业统计年鉴》显示，我国 49.03%的人口生活在县级及以下行政单位，而这部分人口中的大多数都需要依靠县域高中完成高中阶段的学习，积累人力资本或争取获得高等教育机会。与此同时，随着乡镇一级高中逐步撤销，大量农村学生需要进入县域高中学习以考取大学，县域高中承担着众多农村学生的普通高中阶段教育任务，对我国整体人力资本的积累以及促进弱势群体子女代际流动、维护社会公平方面都具有非常重要的作用。现有关于农村学生高等教育机会获得的研究大多关注高等教育入学机会的城乡差异问题。在早期研究中，苟人民基于 1999—2005 年的高等教育录取率、城乡报名人数、录取人数等数据对城乡高等教育入学机会差异进行分析后发现，农村应届生的大学录取率一直低于总录取率，城乡高等教育入学机会差异明显。[②] 在后续研究中，乔锦忠构建了 Eur 指数来代表城乡学生高等教育入学机会的相对大小，研究发现，随着城市化水平的提高和高校扩招进程的加深，城乡学生的高等教育入学机会差异在不断缩小。[③] 王伟宜等在对 16 所高校的生源情况进行分析后指出，我国城乡学生的高等教育入学机会差异到 2010 年时已基本消失。[④] 与之相反，杜永红等在研究中认为，城乡间的高等教育入学机会差异逐渐由显性转为隐性，农村学生进入重点大学的比例呈下降趋势，城乡间的不均衡依然存在。[⑤] 王香丽的多项研究也都证实了这一问题的

---

① 人民网. “加强县域高中建设”，补充进了《政府工作报告》！[DB/OL].(2021－03－12)[2021－04－10]. https://m.thepaper.cn/baijiahao_11683760.

② 苟人民. 从城乡入学机会看高等教育公平[J]. 教育发展研究，2006(09):29－31.

③ 乔锦忠. 高等教育入学机会的城乡差异[J]. 教育学报，2008(05):92－96.

④ 王伟宜，吴雪. 高等教育入学机会获得的城乡差异分析：基于 1982—2010 年我国 16 所高校的实证调查[J]. 复旦教育论坛，2014,12(06):77－82.

⑤ 杜永红，杜学元. 论我国高等教育大众化中的入学机会不均等[J]. 西南大学学报(人文社会科学版)，2006(02):127－132.

存在[①②③]。龚锋等的研究也发现高等教育扩招未能有效促进弱势群体向上的代际流动,并且因扩招而进入高等教育阶段的群体表现出更低的社会公平认同度。[④] 单纯从数量上追求城乡间的高等教育入学机会均衡无法解决农村学生真正对社会公平的要求。关于城乡间学生升学机会差异的成因,程家福等提出,农村学生在重点大学入学机会方面的劣势主要源于其个体在经济、文化和社会资本等多方面的弱势。郭丛斌等在对我国精英大学生源进行分析后指出,经济发展水平、人口流动和结构以及示范高中和超级中学的存在都是导致差异存在的重要原因。[⑤] 杜永红等从制度层面指出高等教育入学机会不均等与高等教育的招生录取政策、收费制度和国家助学贷款制度、基础教育资源配置政策和重点学校制度密切相关。[⑥] 对于高校专项计划,吴秋翔等通过分析历年录取数据后发现,各省份农村学生在专项计划的报名和录取结果方面存在显著差异,各省份农村学生受到专项计划照顾的程度并不相同。[⑦]

总体上看,现有关于我国高等教育入学机会城乡差异问题的研究,主要聚焦于资源配置、政策制定以及微观教育投入要素等方面,对于承载更多农村学生接受普通高中教育功能的县域高中对农村学生优质高等教育机会获得的影响研究则相对较少。有鉴于此,本章将重点探讨:(1)我国21世纪以来各省份县域高中教育质量以及农村学生的精英大学入学机会状况及发展趋势如何?(2)县域高中教育质量对我国农村学生精英大

---

① 王香丽.我国高等教育入学机会的城乡差异研究:高中阶段教育的视角[J].高教探索,2011(01):55—59.

② 王香丽.多元化招生方式对农村学生重点高校入学机会的影响:基于北京大学的分析[J].教育学术月刊,2019(04):107—111.

③ 王香丽.大众化阶段我国高等教育入学机会公平的特点和路径选择[J].现代教育管理,2011(06):33—35.

④ 龚锋,李博峰,雷欣.大学扩招提升了社会公平感吗:基于主观公平感的断点回归分析[J].财贸经济,2021,42(03):111—127.

⑤ 郭丛斌,王家齐.我国精英大学的生源究竟在何方:以A大学和B大学2013级生源为例[J].教育研究,2018,39(12):99—108.

⑥ 杜永红,杜学元.论我国高等教育大众化中的入学机会不均等[J].西南大学学报(人文社会科学版),2006(02):127—132.

⑦ 吴秋翔,崔盛.农村学生重点大学入学机会的区域差异:基于高校专项计划数据的实证分析[J].中国高教研究,2018(04):70—77.

学入学机会有何影响?

第一节　数据来源与研究方法

一、数据来源

基于农村学生精英大学入学机会的研究视角和数据可得性,本章以A大学作为中国精英大学的代表,采用2000年至2018年A大学的学生调查数据。考虑到我国直辖市和西藏自治区行政建制的特殊性,本章在探讨县域高中问题时剔除了来自北京、天津、上海、重庆和西藏自治区的样本。根据学生的毕业高中名称信息,本章综合地理信息数据,将位于县级行政单位(包括县级市和市辖县,不含市辖区)内的高中定义为县域高中,毕业于县域高中的学生定义为县域高中生源(占比为23.7%);毕业于地市级高中的学生定义为地市级高中生源(占比为33.6%);将毕业于省会或副省级地域高中的学生定义为核心城市高中生源(占比为42.7%),以此更好地在模型中反映省内精英大学入学机会的分布情况;根据学生的户籍信息,本章将户籍类型为农业户口的学生定义为农村学生(占比为16.6%)。

为进一步控制区域经济发展水平、城镇化水平以及教育经费投入水平的变化对农村学生精英大学入学机会的影响,本章在数据集中加入了各省份历年的城镇人口占比、省内人均GDP、生均教育经费变量进行控制。相关数据来自国家统计局数据库以及教育部官网公布的各年度《全国教育经费执行情况统计表》。

二、核心指标构建

(一) A大学县域高中学生占比

本章以精英大学A大学的入学机会作为县域高中教育质量的测量指标。之所以选择这一指标代表县域高中教育质量,一方面是考虑到当下教育结果层面的精英大学入学机会对社会公平和代际流动具有重要意义,是县域高中教育的重要产出;另一方面是因为从我国顶尖高校A大学的生源视角出发，能够从宏观层面更好地比较我国各省份县域高中、地市级高中和核心城市高中学生的整体升学情况。基于 i 省 t 年考入 A 大学的学生数 N_{it} 和 i 省 t 年考入 A 大学的县域高中学生数 n_{it} ，本章构建核心自变量“精英大学县域高中学生占比” P_{it}（见公式 6-1）：

$$P_{it} = \frac{n_{it}}{N_{it}} \qquad \text{（公式 6-1）}$$

使用 A 大学县域高中学生占比作为各省份县域高中整体教育质量测量指标的主要问题可能在于，县域高中学生的精英大学入学机会是由多种因素构成的，如县域基础教育质量、高考难度变化①、经济发展水平差异、示范高中和超级中学的挤压②等都可能是县域高中学生占比的重要影响因素。这一问题会导致在探讨本章的核心研究问题时，使用简单相关分析或线性回归分析方法获得的估计量无法代表县域高中教育质量的作用。基于此，本章将利用双向固定效应模型和加入相关控制变量的方法，在尽量剥离其他县域高中学生占比影响因素的情况下，估计县域高中教育质量对农村学生精英大学入学机会的影响。

（二）农村学生 A 大学辈出率

为衡量各省份农村学生精英大学入学机会状况，本章选择了教育结果公平的研究视角，通过教育公平问题研究常用的辈出率指标，衡量农村学生在精英大学入学机会方面的公平程度，以此观察我国农村学生精英大学入学机会在区域上的分布及时间上的变化趋势。辈出率的具体计算方法见公式 6-2，其中 c_{it} 表示 i 省 t 年考入 A 大学的农村学生数，N_{it} 表示 i 省 t 年考入 A 大学的学生总数，CP_{it} 表示从国家统计局数据库获取的 i 省 t 年农村人口占比。当农村学生的精英大学辈出率 L_{it} 为 1 时，说明 i 省 t 年农村学生在精英大学生源中的比例与其农村人口占比相等，也就是说城乡人口间达到了精英大学入学机会的完全均衡状态。如果 L_{it} 大于 1，则说明农村学生的精英大学入学机会高于城镇学生群体；反之则

① 郭丛斌，张首登，万博绅. 中国高考难度：大些好，还是小些好：从县市高中学生精英大学入学机会公平的视角[J]. 教育研究，2020，41(02)：111－123.

② 郭丛斌，王家齐. 我国精英大学的生源究竟在何方：以 A 大学和 B 大学 2013 级生源为例[J]. 教育研究，2018，39(12)：99－108.

说明农村学生群体在入学机会上处于劣势，L_{it} 值越大，说明农村学生的精英大学入学机会就越多。

$$L_{it} = \frac{c_{it} / N_{it}}{CP_{it}} \qquad \text{（公式 6-2）}$$

三、模型设定

出于不可观测变量以及混淆变量所带来的内生性问题，使用简单相关分析或线性回归分析方法无法获得县域高中教育质量对农村学生精英大学入学机会影响的无偏估计。为探讨在控制了核心城市高中教育质量、精英大学招生政策、城镇化水平、经济发展水平、教育经费投入以及其他诸多不可观测变量的情况下，县域高中教育质量对农村学生精英大学入学机会影响的净效应，本章采用了包含年份和省份固定效应在内的双重固定效应模型。模型的具体形式见公式 6-3：

$$Y_{it} = \beta_0 + \beta_1 County_{it} + \beta_2 X_{it} + \sigma_i + \theta_t + \mu_{it} \qquad \text{（公式 6-3）}$$

其中，Y_{it} 是被解释变量——农村学生 A 大学辈出率。$County_{it}$ 是核心解释变量——A 大学县域高中学生占比，代理某省的县域高中教育质量水平。X_{it} 为一系列控制变量，包括 i 省 t 年核心城市高中学生进入 A 大学的占比、i 省 t 年 A 大学录取学生数在 A 大学当年总录取学生数中的占比、i 省 t 年专项计划学生在本省所有 A 大学生源中的占比、i 省 t 年的人均 GDP 及生均教育经费，以控制地区核心城市教育质量、经济发展程度、A 大学录取人数和高校招生政策对农村学生精英大学辈出率的影响，并尽量从 A 大学县域高中生源占比中剥离以上因素的影响，使其能够更好地代表县级高中教育质量；σ_i 为省份固定效应，用以控制随地区变化而不随时间变化的因素，如各省份的判卷赋分标准、历史文化特征、地区考生的共性禀赋等；θ_t 为年份固定效应，用以控制随时间变化而不随地区变化的因素，如各类全国性的教育政策变化等；μ_{it} 为随机误差项。

第二节 实证研究结果

一、各省(自治区)县域高中教育质量状况及变化趋势

(一)各省(自治区)A大学生源中的县域高中学生占比

表6-1汇报了2000—2018年各省(自治区)A大学生源中县域高中学生的比例,直观展示了各省(自治区)县域高中学生A大学入学机会的基本状况及变化趋势。为兼顾时间趋势的完整性与文章篇幅,本章采取隔年汇报的方式,最后一列汇报的是各省(自治区)及全国2000—2018年占比数据的平均值(下同)。

本章将县域高中学生在A大学生源中的占比在十九年里平均等于或高于30%的省(自治区)归入高比例组,该组的县域高中学生具有相对较高的A大学入学比例;将平均占比在15%到30%之间的省(自治区)划入中等比例组,该组县域高中学生进入A大学的比例一般;将平均占比小于或等于15%的省(自治区)划入低占比组,该组县域高中学生进入A大学的比例较低。总体来看,高占比组的7个省中有4个省在中部地区,3个省在东部地区,西部和东北地区省份均未在列①。中等占比组的11个省(自治区)中有6个省(自治区)处于西部地区,3个省位于东部地区,1个省位于中部地区。在占比最低的低占比组中,包含了东北地区的3个省,以及4个西部省(自治区)和1个东部省。由此可见我国东部和中部地区县域高中的发展程度相对更高,而东北部省份县域高中的发展则相对薄弱。

我国县域高中的在校生规模已于2021年达到1468.4万人,超过全国普通高中在校生规模的一半,2000—2018年,全国县域高中学生占比均值为25%,远低于其在全国普通高中学生中所占的比例,说明我国县

① 本文依照国家统计局的划分标准,将东部地区包括北京、天津、河北、上海、江苏、浙江、福建、山东、广东和海南,中部地区包括山西、安徽、江西、河南、湖北和湖南,西部地区包括内蒙古、广西、重庆、四川、贵州、云南、西藏、陕西、甘肃、青海、宁夏和新疆,东北地区包括辽宁、吉林和黑龙江。

域高中学生在A大学的入学机会方面明显处于劣势。就整体趋势而言，2000年A大学中的县域高中生占比达到33%，但此后长时间内该比例一直在下滑，2008年已下滑至19%，不足两成；直到2012年，该比例才出现了明显回升，这可能与A大学于2012年开始的专项招生计划有直接关系。随着专项计划规模的扩大，越来越多县域高中内的农村学生通过专项计划获得A大学入学机会。尽管如此，2014年后县域高中学生占比却始终未能恢复到2000年的程度，这意味着这些年县域高中A大学入学机会确有下降，且这种下降仅仅依靠针对农村的倾斜性招生政策很难得以解决。

表6-1　各省(自治区)2000—2018年县域高中学生在A大学生源中的占比

	2000年	2002年	2004年	2006年	2008年	2010年	2012年	2014年	2016年	2018年	均值
高占比组											
山东	53%	57%	46%	42%	46%	43%	45%	39%	52%	42%	46%
河南	49%	39%	41%	41%	39%	49%	47%	40%	52%	41%	44%
江苏	39%	33%	44%	38%	32%	37%	39%	47%	45%	45%	40%
江西	55%	46%	38%	30%	22%	24%	43%	44%	35%	43%	38%
安徽	54%	40%	46%	38%	27%	16%	28%	34%	44%	42%	37%
浙江	46%	44%	34%	24%	27%	26%	28%	32%	28%	29%	32%
湖南	45%	50%	43%	32%	25%	20%	24%	20%	19%	23%	30%
中等占比组											
甘肃	31%	28%	33%	43%	17%	17%	23%	23%	39%	20%	27%
全国	33%	31%	27%	23%	19%	20%	22%	23%	24%	23%	25%
福建	35%	39%	23%	32%	13%	16%	22%	22%	18%	22%	24%
青海	18%	20%	7%	22%	15%	0%	16%	39%	36%	43%	22%
山西	27%	28%	23%	13%	10%	13%	24%	22%	26%	28%	21%
河北	37%	37%	39%	11%	7%	16%	9%	20%	10%	8%	19%
云南	28%	23%	32%	7%	3%	5%	15%	23%	20%	28%	18%
四川	26%	32%	22%	17%	16%	14%	20%	16%	10%	7%	18%

（续表）

	2000年	2002年	2004年	2006年	2008年	2010年	2012年	2014年	2016年	2018年	均值
海南	12%	11%	17%	8%	10%	9%	25%	33%	15%	32%	17%
贵州	18%	16%	17%	22%	22%	11%	18%	5%	19%	14%	16%
湖北	28%	20%	18%	20%	8%	11%	13%	17%	12%	14%	16%
广西	27%	29%	17%	12%	6%	4%	10%	16%	18%	20%	16%
低占比组											
吉林	19%	20%	15%	18%	15%	18%	15%	12%	6%	9%	15%
新疆	11%	28%	5%	17%	15%	12%	10%	7%	12%	21%	14%
黑龙江	22%	29%	13%	5%	9%	4%	6%	15%	13%	14%	13%
辽宁	18%	12%	12%	13%	9%	9%	7%	7%	10%	11%	11%
内蒙古	22%	11%	0%	7%	6%	3%	6%	13%	11%	16%	10%
陕西	15%	12%	7%	4%	4%	10%	8%	6%	7%	3%	8%
广东	8%	9%	11%	4%	5%	4%	6%	3%	5%	4%	6%
宁夏	6%	0%	4%	0%	0%	0%	0%	9%	0%	0%	2%

（二）各省（自治区）A 大学生源县域高中数量

2000—2018 年间各省（自治区）A 大学生源县域高中数量如表 6-2 所示，就全国平均水平而言，A 大学生源的县域高中数量与县域高中学生占比一样都呈现出先降后升的“U 型”趋势，且上升趋势在 2012 年省（自治区）均 11 所后便趋于稳定，但始终没有回升到 2000 年省（自治区）均 16 所的水平。这进一步说明重振我国县域高中的整体教育质量依然任重道远。在 27 个省（自治区）中，河南的县域生源高中年均数量最多，达到 33 所，山东以 32 所位居第二；这两个省份的 A 大学县域高中学生占比同样也高于全国其他省（自治区）。这意味着与全国其他省（自治区）相比，河南和山东县域高中发展程度与地市级高中的差距较小，优质均衡程度较高。但值得关注的是，与河南 2000—2018 年县域高中数量相对稳定相比，山东 2000 年时 A 大学生源县域高中高达 46 所，到 2018 年显著降低至34所，减少了26.1%。此外，全国共有7个省A大学生源县域高中数量年均超过20所，这些省与县域高中学生生源高占比组中的7个省份完全一致。由此可见，县域高中自身的分散性特征使得各省（自治区）内不仅要有优质县域高中，还需要保证有足够数量的优质县域高中，以此保证分散的县域及农村学生都能够获得有质量的高中教育。A大学生源县域高中年均数量少于全国平均值水平的16个省份，大多数都位于东北或西部地区，这可能与这些地区经济发展的高度集中化有关；此外，大量的县域人口外流以及超级中学跨地区招生也使这些省（自治区）中的部分县域高中迅速衰落，不再有能力培养出能够被精英大学录取的学生。

表6-2　各省（自治区）2000—2018年县域A大学生源高中数量

	2000年	2002年	2004年	2006年	2008年	2010年	2012年	2014年	2016年	2018年	均值
河南	35	35	34	35	31	34	33	27	39	32	33
山东	46	42	36	29	31	37	30	26	37	34	32
江苏	26	27	27	25	23	23	26	24	23	25	24
湖南	39	37	31	23	20	16	19	18	26	16	23
浙江	25	32	22	21	23	16	16	17	20	24	21
江西	31	29	20	18	13	12	23	18	21	22	21
安徽	27	21	25	22	18	9	17	19	26	19	20
福建	19	22	16	18	9	9	13	14	13	14	15
四川	19	36	20	17	13	10	12	11	8	8	15
湖北	18	18	16	16	6	8	8	9	8	10	12
平均值	16	17	14	11	9	9	11	11	12	12	12
河北	22	25	14	6	3	9	7	13	8	8	11
吉林	13	18	11	11	7	14	9	8	4	6	10
黑龙江	16	17	10	3	9	3	5	9	8	8	10
山西	14	13	13	8	5	6	10	13	12	13	9
辽宁	10	9	12	8	4	7	8	5	7	8	8

（续表）

	2000年	2002年	2004年	2006年	2008年	2010年	2012年	2014年	2016年	2018年	均值
甘肃	6	8	8	12	5	5	6	7	12	8	8
陕西	10	10	5	2	3	8	5	4	6	3	6
贵州	5	6	5	6	5	4	8	2	9	7	5
广西	8	9	5	2	2	1	4	6	5	7	5
云南	7	8	7	2	1	2	4	8	4	9	5
新疆	1	11	2	5	3	3	3	5	4	4	4
广东	4	4	7	3	3	4	5	3	5	2	4
海南	2	2	3	1	1	2	2	5	2	4	3
内蒙古	6	4	0	2	1	1	2	4	1	4	2
青海	2	2	1	2	2	0	2	6	2	4	2
宁夏	1	0	1	0	0	0	0	3	0	0	1

二、各省(自治区)农村学生A大学入学机会状况及趋势

(一)各省(自治区)A大学农村学生中的县域高中生源占比

表6-3呈现了2000—2018年各省(自治区)A大学农村学生中来自县域高中的比例，以此直观反映县域高中质量对农村学生A大学入学机会的影响。对农村学生而言，少数在基础教育阶段表现特别优异或家庭条件较好的学生可能会前往地市及省会的优质高中就读，但大部分农村学生依然需要在县域高中完成自己高中阶段的学习。因此，对A大学农村学生中县域高中学生占比的统计结果一方面能够反映县域高中作为教育晋升通道对农村学生的重要作用，另一方面也能够在一定程度上衡量各省(自治区)县域高中的教育质量。

我国2000—2018年间进入A大学的农村学生中年均61%来自县域高中，15个省(自治区)在2000—2018年的比例均值超过50%。在变化趋势方面，2000年的全国占比与2018年仅差1%，虽然在2008—2014年间有所跌落，但在2014年后又呈整体上升趋势。这些都进一步表明县域

高中始终是农村学生进入A大学的主要渠道。具体来说，全国共有9个省A大学农村生源县域高中生源占比超过全国整体平均水平61%，15个省(自治区)占比超过50%。河南、安徽、江西、甘肃、吉林和山东6个省的A大学农村生源均有70%以上来自县域高中。其中河南以82%的均值位列第一，且2016年以来的比例均超过90%，综合其他各项指标能够看出河南县域高中学生的A大学入学机会在国内处于领先地位。反观云南、云南、贵州、陕西、海南、广东、新疆、宁夏8个省(自治区)，其A大学农村生源中来自县域高中的比例均不足40%，其中占比最低的宁夏在绝大多数年份中都没有来自县域高中的农村学生进入A大学。黑龙江、吉林、辽宁A大学农村生源中来自县域高中的比例均值分别为53%、70%、65%，其中辽宁和吉林的指标均高于全国平均水平，说明县域高中对于整个东北地区农村学生的精英大学入学机会而言尤为重要。

表6-3　各省(自治区)2000—2018年A大学农村生源中的县域高中生源占比

	2000年	2002年	2004年	2006年	2008年	2010年	2012年	2014年	2016年	2018年	均值
河南	85%	74%	81%	84%	85%	88%	84%	74%	94%	93%	82%
安徽	82%	75%	88%	100%	50%	67%	33%	80%	90%	89%	74%
江西	71%	83%	67%	100%	75%	90%	86%	60%	47%	72%	74%
甘肃	50%	70%	83%	83%	50%	0%	67%	67%	88%	86%	71%
吉林	57%	50%	83%	80%	86%	67%	75%	67%	100%	75%	70%
山东	72%	76%	64%	78%	71%	55%	68%	51%	84%	57%	70%
湖南	67%	84%	73%	72%	65%	78%	60%	55%	57%	64%	66%
辽宁	75%	50%	88%	50%	83%	67%	60%	80%	71%	82%	65%
江苏	50%	65%	58%	56%	47%	56%	71%	82%	62%	47%	61%
全国	61%	65%	63%	65%	58%	58%	58%	55%	64%	60%	61%
四川	50%	63%	71%	60%	60%	67%	54%	35%	40%	36%	54%
山西	59%	53%	50%	60%	67%	60%	64%	73%	71%	53%	54%
青海	0%	0%	50%	0%	100%	0%	0%	88%	67%	67%	54%

（续表）

	2000年	2002年	2004年	2006年	2008年	2010年	2012年	2014年	2016年	2018年	均值
黑龙江	57%	80%	44%	33%	75%	50%	40%	67%	67%	33%	53%
浙江	57%	63%	61%	47%	50%	42%	50%	36%	57%	55%	52%
福建	50%	61%	53%	71%	27%	43%	53%	53%	54%	60%	51%
广西	86%	50%	75%	0%	0%	33%	50%	63%	71%	71%	47%
河北	75%	82%	54%	36%	36%	46%	30%	50%	40%	43%	47%
内蒙古	100%	20%	0%	100%	67%	0%	100%	50%	60%	43%	46%
湖北	45%	0%	39%	63%	36%	42%	50%	65%	53%	40%	43%
云南	20%	45%	71%	25%	0%	14%	0%	67%	50%	89%	37%
贵州	50%	17%	100%	100%	80%	25%	50%	0%	38%	22%	36%
陕西	50%	33%	27%	0%	40%	0%	27%	67%	33%	13%	34%
海南	20%	20%	0%	0%	0%	0%	100%	100%	100%	0%	34%
广东	33%	50%	100%	0%	25%	13%	0%	6%	27%	30%	21%
新疆	0%	50%	20%	50%	50%	0%	0%	0%	0%	25%	20%
宁夏	0%	0%	100%	0%	0%	0%	0%	0%	0%	0%	14%

（二）各省（自治区）农村学生的A大学辈出率

2000—2018年间全国农村学生A大学辈出率的平均值为0.32（见表6-4），该水平仅为城乡间A大学入学机会完全均衡状态下农村学生辈出率的32%，也就是说，农村学生在A大学中的占比需要再提高212.5%才能达到城乡间的均衡状态。从辈出率的变化趋势来看，我国农村学生的A大学入学机会在2000—2010年间一直处于整体下降的趋势，直到2012年开始，在专项计划政策的扶持下，农村学生的A大学辈出率才开始回升，并于2015年达到0.44，超过2000年的0.37。但从2016年开始，农村学生的A大学入学机会又出现了下降，从0.46下降到2018年的0.4，这表明近年来城乡A大学入学机会差距呈现再次扩大的趋势。

从2000年开始，所有省（自治区）绝大多数年份的农村学生A大学辈出率均未达到城乡间均衡状态[①]。2000—2018年间，全国只有浙江、河南、山东三个省的辈出率在0.5及以上，即农村学生的A大学入学机会达到城镇学生的一半，其中均值最高的浙江也仅有0.59。从数据中能够看出，农村学生辈出率高的省（自治区）往往具有更高的农村经济发展水平和县域高中教育质量，如浙江、河南、山东三个省在A大学县域高中学生占比的统计数据中也属于高占比组。

此外，我国有11个省（自治区）的农村学生辈出率在0.25及以下，即农村学生的A大学入学机会不足城镇学生的四分之一，其中黑龙江、陕西、吉林、新疆、海南的农村学生辈出率更是低于0.2。由此可见，我国西部地区和东北地区农村学生辈出率水平普遍较低。其中，西部所有省（自治区）的农村学生辈出率水平均在全国平均值以下，而东北地区城乡间教育不均衡问题更加严重，三省中农村学生辈出率水平最高的辽宁也平均也仅有0.22，黑龙江和吉林分别只有0.18和0.12。由此可见，虽然东北地区A大学农村生源中的县中生源占比相对较高，但县域高中学生整体上在A大学的占比以及农村辈出率水平却不容乐观。这说明在东北地区的优秀农村学生可能很难有机会进入地市或省会的超级中学，只能进入教育质量相对一般的县域高中，从而导致农村学生的精英大学入学机会相对较低。这从侧面进一步说明，东北地区县域高中教育质量对农村学生获取精英大学录取机会非常重要，但现阶段其县域高中教育质量一般，因此要想提高东北地区农村学生的精英大学入学机会，必须要注重提高县域高中教育质量。

表6-4　各省（自治区）2000—2018年农村学生的A大学辈出率

	2000年	2002年	2004年	2006年	2008年	2010年	2012年	2014年	2016年	2018年	均值
浙江	0.77	0.60	0.50	0.51	0.41	0.45	0.65	0.59	0.75	0.46	0.59
河南	0.37	0.42	0.46	0.48	0.38	0.56	0.62	0.44	0.82	0.62	0.51

① 仅有青海于2016年的辈出率达到且超过了均衡值1，但考虑到A大学在青海招生人数较少，该情况出现的偶然性因素较大。

（续表）

	2000年	2002年	2004年	2006年	2008年	2010年	2012年	2014年	2016年	2018年	均值
山东	0.68	0.50	0.50	0.45	0.37	0.54	0.38	0.64	0.61	0.41	0.50
福建	0.43	0.53	0.42	0.45	0.30	0.24	0.42	0.52	0.46	0.54	0.40
江苏	0.44	0.38	0.34	0.43	0.23	0.39	0.31	0.33	0.47	0.33	0.38
湖南	0.52	0.44	0.61	0.47	0.33	0.15	0.24	0.30	0.39	0.53	0.37
河北	0.36	0.39	0.37	0.25	0.26	0.31	0.25	0.28	0.42	0.26	0.33
山西	0.44	0.36	0.41	0.29	0.08	0.28	0.38	0.44	0.47	0.46	0.33
全国	0.37	0.32	0.33	0.27	0.23	0.25	0.31	0.36	0.46	0.40	0.32
安徽	0.40	0.23	0.16	0.13	0.17	0.15	0.14	0.61	0.63	0.67	0.32
湖北	0.58	0.01	0.51	0.24	0.24	0.20	0.34	0.36	0.40	0.44	0.31
青海	0.00	0.00	0.22	0.00	0.13	0.00	0.00	0.69	1.13	0.94	0.29
贵州	0.08	0.21	0.09	0.20	0.22	0.17	0.36	0.35	0.80	0.58	0.29
云南	0.26	0.35	0.29	0.20	0.04	0.26	0.44	0.36	0.36	0.43	0.28
江西	0.32	0.24	0.22	0.10	0.20	0.24	0.33	0.48	0.51	0.47	0.28
内蒙古	0.19	0.51	0.00	0.07	0.18	0.00	0.15	0.31	0.36	0.49	0.27
广西	0.30	0.68	0.16	0.00	0.10	0.18	0.27	0.29	0.28	0.26	0.25
甘肃	0.10	0.42	0.31	0.25	0.21	0.00	0.16	0.17	0.38	0.33	0.23
广东	0.33	0.19	0.09	0.00	0.31	0.26	0.18	0.47	0.30	0.31	0.23
四川	0.19	0.23	0.19	0.26	0.20	0.21	0.24	0.27	0.25	0.23	0.23
宁夏	0.09	0.07	0.07	0.07	0.08	0.15	0.10	0.25	0.52	0.45	0.22
辽宁	0.20	0.23	0.16	0.30	0.14	0.19	0.27	0.18	0.30	0.40	0.22
黑龙江	0.18	0.37	0.23	0.17	0.17	0.15	0.16	0.11	0.11	0.12	0.18
陕西	0.25	0.21	0.21	0.06	0.09	0.03	0.24	0.07	0.14	0.18	0.16
吉林	0.17	0.04	0.15	0.14	0.25	0.08	0.25	0.18	0.03	0.14	0.12
新疆	0.00	0.23	0.21	0.09	0.07	0.00	0.05	0.10	0.03	0.13	0.12
海南	0.33	0.35	0.00	0.00	0.00	0.00	0.10	0.08	0.23	0.00	0.11

第三节　县域高中教育质量对农村学生精英大学入学机会的影响

表 6-5 汇报了精英大学生源中县域高中学生占比对农村学生精英大学辈出率影响的双向固定效应估计结果。模型(1)呈现了在只控制省份和年份固定效应的情况下，精英大学生源中县域高中学生占比对农村学生精英大学辈出率的影响，模型(2)—(4)在模型(1)的基础上逐步纳入了核心城市教育质量水平、精英大学招生规模和招生政策、各省(自治区)经济发展水平及教育投入情况的控制变量，模型(1)—(4)的因变量均为农村学生精英大学辈出率。

总体而言，县域高中的教育质量对农村学生精英大学辈出率具有显著的正向影响，县域高中的学生占比越高，农村学生的精英大学入学机会就越大。在仅加入省份与年份固定效应时，精英大学生源中县域高中学生占比的回归系数显著为正($\alpha=0.818, p<0.01$)，表明其占比每提高1%，农村学生的辈出率提高 0.818%。当模型(2)中加入省会或副省级城市高中生源占比，控制核心城市教育质量水平后，县域高中学生占比的回归系数下降至 0.709，代表模型解释力的 R^2 由 0.179 提升至 0.185。同时，核心城市高中学生占比在 0.1 的水平上显著为负($\beta=-0.156, p<0.1$)。这说明核心城市高中对县域高中学生的精英大学升学机会具有一定的挤占效应。模型(3)进一步控制了本省录取学生数占 A 大学当年总录取人数占比以及本省 A 大学生源中的专项计划学生占比，以此进一步控制高校招生规模和招生政策对农村学生精英大学入学机会带来的影响。结果表明，加入这方面的控制变量后，县域高中学生占比的回归系数进一步降至 0.531，模型 R^2 提升至 0.476，且本省录取学生占比和专项计划学生占比的回归系数均显著为正，这意味着高校招生政策对农村学生精英大学入学机会具有显著正向作用，精英大学招生规模和专项计划名额的扩大都有益于提高农村学生辈出率水平。

模型(4)进一步纳入了各省(自治区)城镇化率、经济发展水平以及教育经费投入的控制变量，模型显示以上新纳入控制变量对农村学生辈出率的影响并不显著。这在一定程度上说明,单纯依靠城市发展以及物质资源投入很难改变城乡间的教育不均衡问题。在控制了以上变量后,县域高中学生占比的回归系数从 0.531 增加到 0.597,且依然显著,这进一步反映出县域高中教育质量对农村学生精英大学入学机会的增加具有难以替代的积极作用,精英大学生源中县域高中学生占比每提高 1%,农村学生精英大学辈出率将提高 0.597%。除此之外,核心城市高中学生的占比回归系数在控制了所有变量后在 0.05 水平下显著,与此同时,专项计划学生占比的系数仍然在 0.01 的水平上显著。这些计量结果都进一步显示,城乡高中教育质量差异使得核心城市高中对农村学生精英大学入学机会具有较强的挤占效应,而专项计划对提高农村学生精英大学入学机会具有显著的积极影响。

表 6-5　县域高中教育质量对农村学生精英大学辈出率影响的回归结果①②

	(1)	(2)	(3)	(4)
县域高中学生占比	0.818*** (0.081)	0.709*** (0.010)	0.531*** (0.081)	0.597*** (0.086)
核心城市高中学生占比		−0.156* (0.082)	−0.116* (0.066)	−0.132** (0.067)
本省录取学生占比			2.120* (1.191)	1.882 (1.120)
专项计划学生占比			1.206*** (0.078)	1.109*** (0.101)
城镇人口占比				0.077 (0.121)
人均 GDP				−0.004 (0.001)

① *、**、*** 分别代表 10%、5%、1%的显著性水平。。

② 括号内为系数标准误。

（续表）

	(1)	(2)	(3)	(4)
生均教育经费				−0.004 (0.003)
省份固定效应	控制	控制	控制	控制
年份固定效应	控制	控制	控制	控制
常数项	0.117*** (0.018)	0.212*** (0.053)	0.132** (0.053)	0.084 (0.070)
观测值	494	494	494	494
R^2	0.179	0.185	0.476	0.482

第四节　研究结论及讨论

在高等教育普及化背景下，提高农村学生的精英大学入学机会有利于进一步促进教育公平。本章基于 2000—2018 年 A 大学的学生调研数据，利用趋势描述统计和双向固定效应模型，分析了我国各省（自治区）县域高中教育质量和农村学生精英大学入学机会的现状及趋势，探讨了县域高中教育质量对农村学生精英大学入学机会的影响。研究发现：2000 年以来我国县域高中的整体教育质量水平下滑严重，与此同时，我国农村学生的精英大学入学机会也呈下降趋势；近二十年来，县域高中一直是我国农村学生进入精英大学的主要渠道，县域高中教育质量的提升能够显著提高农村学生的精英大学入学机会。究其原因，第一，农村学生要想进入核心城市高中就读往往要付出更高的成本，这些高中通常也对中考成绩有更高的要求，所以农村学生通过进入这些中学从而获得精英大学入学机会的可能性也相对较小，相反在乡镇高中逐渐向县级城市转移的情况下，更多的农村学生都是通过进入县域高中完成其高中阶段学习，所以县域高中的质量将直接影响农村学生的精英大学入学机会。第二，基于分散性和独立性的特点，优质的县域高中往往对区域内其他高中的虹吸作用相对较小，有助于保障教育生态中的资源配置均衡化，并有利于提高农村学生的精英大学入学机会。

综上所述，县域高中教育质量对于提高我国农村学生的精英大学入学机会具有关键性作用，提高县域高中教育质量是实现城乡间高中教育优质均衡的必由之路。办好县域高中，才能办好让百姓满意的优质教育，才能让教育系统发挥其应有的普惠育人和促进代际流动的重要功能。对此，各级教育行政管理部门以及普通高中和高等学校可以从以下几方面共同努力。

第一，从行政单位内部的评价体系入手，从根本上解决上级教育行政管理部门与地市级高中对县域高中教育资源的虹吸与挤占。当下我国各级教育行政管理部门与普通高中之间的关系呈现出分级管理、分级负责的特点。县域高中通常由县级教育行政管理部门主管，地级市高中由地市级教育行政管理部门主管，核心城市高中由核心城市或省级教育行政管理部门主管。由此形成了各级高中的教育产出与本级教育行政管理部门政绩挂钩的利益格局，在这样的格局下，处于上级行政单位的部门具有充分的动机利用职能权力帮助本级高中向下虹吸下级高中的教育资源和优质生源。县级政府和县域高中在这一体系中作为最基层的单位，往往无力抵抗上级政府和上级高中的政策性压迫与虹吸行为，导致县域高中的教育质量发展陷入恶性循环。因此，应该进一步优化行政管理评价体系，促使各级政府在县域高中教育质量建设方面形成合力，例如采取将县域高中教育质量作为地市级教育行政主管部门的重要考核指标等措施，防止上级政府与上级高中“合谋”，挤占县域高中的发展空间。

第二，通过立法与行政手段，坚决杜绝超级中学通过恶性竞争手段进行生源和教育资源的垄断。随着我国教育事业的快速普及和发展，部分普通高中通过示范性高中政策、公立学校与私立学校的结合、获得地方政府资源倾斜等方式在一众学校中脱颖而出成为优质高中。但部分优质高中利用其学校声誉和资源积累，“掐尖”优质生源，或“挖角”其他高中优秀教师。通过这些行为成就的超级中学往往对区域内教育生态具有极强的破坏作用，表面上超级中学具有更高的效率，但实质上超级中学的成功是建立在牺牲大量一般高中尤其是县域高中日益衰落的基础之上的。这种教育生态模式，损害多数民众的受教育权利和代际流动机会，有悖党和政府的基本价值取向。只有坚决杜绝类似的恶性竞争手段在教育生态中的存在，县域高中的教育质量才有可能实现良性发展。

第三，各方共同努力，切实提高县域高中教育质量。打铁还需自身硬，除外部环境的因素之外，目前我国大量县域高中也存在学校教研和管理水平落后、教师队伍老龄化和职业倦怠情况严重、教育资源利用率低以及教育资源使用方式不合理等问题，这些都制约了县域高中的建设与发展。鉴于此，县级政府应当在人财物等方面加大对县域高中的教育投入，进一步提高县域高中的教育质量；省级和地市级教育行政主管部门应当引导省级核心城市高中和优质地市级高中对相对薄弱的县域高中开展对口帮扶，促进省（自治区）内高中教育优质均衡发展；此外，县域高中一线管理者和教师也要主动求变，时刻秉持立德树人的教育信念，认真学习先进的教学和管理理念，努力提高县域高中的教研水平，为县域高中的崛起奠定坚实基础。

第四，严格落实高校专项计划要求，保障专项计划实施过程公平公正。为保障我国农村学生的精英大学入学机会，弥补农村地区基础教育阶段教育质量的不足，我国施行了高校专项招生计划。此类招生政策要求学生必须是在户籍所在县高中连续三年学籍并实际就读，且学生及其父亲或母亲或法定监护人在实施区域的农村，学生本人具有当地连续三年以上户籍。这一政策主要针对县域高中的农村学生，但该政策的限制条件在有些省（自治区）中并未被严格执行，有些地市级高中甚至省级高中学生都能够享受此类专项计划。因此高等学校和各级教育行政主管部门应当严格执行此类专项招生条件，完善审核和监督制度，确保该项招生政策能够真正让县域高中的农村学生受益。

目前基于定量研究方法讨论县域高中教育质量与农村学生精英大学入学机会的研究尚处于初步探索阶段，本章也存在一定的局限性。首先，本研究仅使用了 A 大学的长时段学生调研数据，虽然 A 大学作为国内最优质的精英大学之一，具有较好的代表性，但较少的录取名额和较高的录取门槛使我们无法窥见我国精英大学的全貌，更加全面的研究可能需要将样本扩大至一流建设高校甚至更大范围内的高校学生样本。此外，本章基于样本可得性和研究问题重要性的考虑，重点探讨县域高中教育质量对农村学生精英大学入学机会的影响，但农村学生需要的不仅仅是精英大学的入学机会，还包括非认知能力培养、个人的职业生涯规划能力培养等。所以后续研究还需要进一步丰富研究视角及测量方法，以对县域高中教育质量对农村学生精英大学入学机会的作用进行更加全面的分析和探讨。

超级中学篇

导　言

超级中学凭借极高的北清录取率而成为近些年社会各界热议的话题。虽然目前学界尚未对超级中学有统一的定义，但大多数学者认为超级中学一般具备以下特征：一是精英大学录取率高；二是生源质量好，师资力量雄厚；三是在校生数量多；四是收取高额择校费。①②③

对于超级中学形成的原因，有学者认为是重点学校制度的实施。受该制度的影响，省内少数重点高中获得了优先发展权，拥有比本省其他高中更为优越的师资力量和生源质量以及更充裕的经费投入。④ 不同学校在资源投入上的差距逐渐发展成为办学质量上的差距，重点学校凭借远高于其他学校的精英大学录取率，成为学生与家长口口相传的名校。与此同时，为缓解优质高中教育资源供不应求的问题，政府开始鼓励名校与民校联合办学⑤，这为公办名校办民校打开了方便之门，结果却适得其反，进一步加剧了少部分优质高中的垄断。一方面，依托于公办名校的民办学校凭借公办名校在师资力量、校园环境、实验设备等方面的品牌优势，受到越来越多学生及家长的青睐与追捧。⑥ 为满足学生与家长日益增长的学位需求，公办名校继续以与民办学校联合办学的方式新建校区，不断扩大招生规模。另一方面，为规避政府明令禁止公办学校跨区县招生的政策，维持其在生源投入上的绝对优势，公办名校利用民办学校可以全省跨区县招生的优势，通过公办民办混合招生，辅以开办初中班、招收

---

① 谭夏妮．超级中学的治理：合理引导教育投资行为[J]．现代教育科学，2017(02)：39－43．

② 李醒东，崔梦恬．社会学视阈中的“超级中学”现象解析[J]．教育科学，2016，32(05)：26－30．

③ 杨琳．“超级中学”现象：基于教育均衡发展的视角[J]．现代教育科学，2013(12)：112－114．

④ 王善迈．基础教育“重点校”政策分析[J]．教育研究，2008(03)：64－66＋89．

⑤ 教育部．关于积极推进高中阶段教育事业发展的若干意见[J]．中华人民共和国国务院公报，2000(6)：2．

⑥ 谭夏妮．超级中学的治理：合理引导教育投资行为[J]．现代教育科学，2017(02)：39－43．

复读生等方式，掐尖招收了全省范围内的优质生源。除此之外，这些学校因采用公办民办混合办学的形式，拥有了更多、更大、更为宽松自主的经费使用权，他们凭借充裕的教育经费，采用灵活的经济手段，支付远高于公立学校的高额工资以奖励优秀教师，充分调动了本校教师的教学积极性；变相"挖走"其他学校的优秀骨干教师，进一步巩固并扩大其在优秀师资方面的领先优势。总的来说，声誉、生源、师资、经费上的优势为这类学校取得其他高中难以企及的高考神话提供了多种便利条件，而这又为其带来了更多新的优秀生源和师资力量，继而能够获得当地政府更强有力的支持。随着时间的积累，这些学校规模越来越大，生源越来越好，师资越来越强，精英大学录取率节节高升，最终发展成名副其实的超级中学。

超级中学在形成之初产生了一定的积极影响，如促进我国普通高中教育规模的扩大①，提高教育投资效益，拉动学校所在地经济发展，一定程度上增加底层子女实现代际向上流动的机会等②。但近些年来，随着超级中学规模的进一步扩大，其带来的消极影响不容忽视。其一，超级中学的教育垄断对各省普通高中教育质量影响深远。超级中学严重破坏了区域内高中教育生态③，受其影响同一省域内高中教育发展的两极分化现象日趋明显。省内少数几所超级中学几乎垄断了本省大部分精英大学及一本录取名额；而日渐没落的县级中学与超级中学的差距日渐扩大，甚至出现全县无一名考生成绩达到本省一本录取分数线的极端现象。④ 其二，超级中学强化了高中阶段的应试教育现象。⑤ 升学率尤其是"北清率"是超级中学的"金字招牌"。超级中学为继续保持耀眼的高考成绩，往往实施军事化管理，教师在教学过程中过于重视应试技巧的传授，而忽略了高中教育的育人功能。其三，超级中学不利于教育公平的实现。通常在生源、师资等优势教育资源的聚集下，超级中学挤占了本省大量县域高中学生和农村户籍学生的精英大学的入学机会。冯帮和李紫玲通过对湖

---

① 杨海燕. 超大规模学校的现实困境与理性选择[J]. 教育发展研究，2007(17)：8－14.

② 谭夏妮. 超级中学的治理：合理引导教育投资行为[J]. 现代教育科学，2017(02)：39－43.

③ 谢春风. 我国中小学名校巨型化倾向的理性分析[J]. 教育发展研究，2012，32(Z2)：78－83.

④ 熊丙奇. 超级中学战略制造了"零一本"的县中[N]. 中国青年报，2017－09－14.

⑤ 王丽霞. 超级中学的类型、存在问题及治理[J]. 教学与管理，2016(19)：14－16.

北省内一所省级示范中学及一所普通高中的学生进行问卷调查研究发现,超级中学引起城乡学生在高中教育起点、教育过程及教育结果上的不公平。[①] 另有研究表明,国内某精英大学来自超级中学与来自一般高中新生的户籍占比存在较为明显的差异,一般中学新生中平均农村户籍占比约为17.6%,而超级中学新生中农村户籍占比仅为 2.1%[②],绝大部分农村户籍学生难以通过超级中学获得精英大学录取机会。

有鉴于此,本篇第七章首先对超级中学进行操作性定义,而后第八章和第九章再根据两种不同的界定方式,分别从效率和公平两个维度探讨超级中学对各省普通高中教育质量和农村学生精英大学入学机会的影响。

---

① 冯帮,李紫玲.从“超级中学”现象看城乡子女教育公平问题:以湖北省 D 市为例[J].教育发展研究,2014,33(02):67—75.

② 黄晓婷,关可心,熊光辉,陈虎,卢晓东.“超级中学”公平与效率的实证研究:以 K 大学学生学业表现为例[J].教育学术月刊,2016(05):32—37.

第七章　超级中学的教育垄断

在产业经济学中，垄断一般是指因生产和资本的高度集中而造成的整个市场集中程度加剧，进而引起的资源配置不公。① 其中，勒纳指数(Lerner Index，LI)和赫芬达尔—赫希曼指数(Herfindahl-Hirschman Index，HHI)是刻画市场垄断程度的两个重要指数，前者主要是对市场价格与边际成本偏离程度的度量，后者则采用市场结构来衡量市场的竞争程度。② 因此，若使用勒纳指数(LI)来测算高中教育垄断程度，则首先需要确定各生源高中当年重点大学的实际录取率，但各省生源高中当年参考人数等指标不易获取；若选用赫芬达尔—赫希曼指数(HHI)，虽然也能描绘各省的教育资源集中的整体水平，但却无法准确刻画出个别超级中学的垄断特征。所以，从高中培养结果，即高中毕业生高考录取情况的视角出发，探讨超级中学的教育垄断问题，具有学术上的代表性和社会意义。

在测算超级中学的教育垄断程度之前，首先需要对超级中学进行操作化定义。一般而言，垄断优质生源、优秀师资和超高的精英大学录取率是超级中学的主要特征。从可操作性层面来看，生源质量和优质师资等指标难以量化且不易获取。鉴于此，一些研究者开始用国内某重点大学最终录取计划的集中程度作为判断高中教育垄断和是否“超级中学”的重要核心指标。③ 本研究借鉴此方法，利用A大学2007—2017级的学生调查数据④来界定超级中学。考虑到各生源高中每年被精英大学录取结果的波动性，本章设计了两种超级中学的界定方法。其中一种方法主要采用静

---

① 侯风云.“产业”概念界定与自然垄断产业多元化基础[J].福建论坛(人文社会科学版)，2009(04)：106－110.

② 罗良清，魏和清.统计学[M].北京：中国财政经济出版社，2011.100.

③ 谭夏妮.超级中学的治理：合理引导教育投资行为[J].现代教育科学，2017(02)：39－43.

④ 因数据限制，本研究主要采用A大学2007—2017级的学生调查数据来界定超级中学。

态评价方式，即将全国各省份某一年份在精英大学录取上表现突出的一所或几所中学定义为该省的超级中学。但如果这些高中不同年份的精英大学录取人数波动过大，导致有的年份非常多，而有的年份非常少的话，则很难称之为真正意义上的超级中学。因此，为了更精准地反映出超级中学能够在较长时间内垄断所在省份精英大学录取机会的特点，我们设计了另一种相对动态的评价方式，将较长时间内在精英大学生源录取方面表现较好的高中界定为超级中学。事实上，同时使用这两种界定方式可以相互补充，一方面研究者可以从静态和动态两方面全面分析超级中学对当地高中教育可能产生的负面影响。另一方面，在实证分析上也可以增加结果的稳健性。

第一节　超级中学教育垄断指数的构建

方法一将 A 大学录取人数占比超出生源省份平均值 2 个标准差以上的高中定义为该省的超级中学。从统计学角度来看，若某高中精英大学录取名额超过该省平均值 2 个标准差以上便意味该校 A 大学录取人数排名在全省前 2.5%以内。因此，用各省超级中学所获得的 A 大学录取名额的集中程度能够反映各省市高中的垄断状况。如前所述，方法二将各省份 2007—2017 年这十一年间有毕业生被 A 大学录取，且录取人数排在省内前 10%有六年及以上时间的中学定义为超级中学[①]。

据此，各省份超级中学所占的 A 大学录取名额的比例之和即为教育垄断指数(Educational Monopoly Index，EMI)，具体公式如下：

$$EMI_i = \sum_{k}^{n_i}\left(\frac{S_{ki}}{S_i}\right) \qquad \text{(公式 7-1)}$$

其中，S_{ki} 为 i 省年超级中学 k 考入 A 大的人数，S_i 则是 i 省考入 A 大的总人数，n_i 为 i 省的超级中学数量。*EMI* 值介于 0 到 1 之间，其数值越低，表示省内超级中学对本省精英大学录取计划的垄断程度就越低，该

① 当然，现实中也存在某个中学“昙花一现”地在某一年获得较大比例的精英大学录取机会的情况，因此本研究的超级中学垄断指数实际上是真实情况的下界，真实的垄断情况可能会更为严重。

省的精英大学生源分布相对均衡，其他普通高中就拥有更多的精英大学录取机会；其数值越高，则代表精英大学录取机会过度集中于省内少数几所超级中学，其他高中的精英大学录取名额被大量挤占，当地优质高等教育机会的校际分布就越不均衡。

第二节　各省超级中学教育垄断的基本情况

一、各省份超级中学的分布情况

2007—2017 年全国各省份超级中学的数量如表 7-1 所示，本章根据各省这十一年超级中学的平均数量，将其划分为“单头垄断”(均值＝1)、“双头垄断”(均值＝2)和“三头垄断”(均值＝3)三类，其中，属于“单头垄断”的有 12 个省(自治区)，主要集中在西部地区，如甘肃、青海、海南、西藏、云南、贵州等地；属于“双头垄断”的有 13 个省(直辖市)，主要集中在中东部地区，如陕西、黑龙江、安徽、上海等地；属于“三头垄断”的有 6 个省(直辖市)，主要分布于教育与经济较发达或人口众多的省(直辖市)，如江苏、浙江、北京、湖南、山东和河南。此外，甘肃、青海和海南三省十一年来一直只有 1 所“超级中学”，说明这些省份的高中教育长期处于“单头垄断”的局面，当地高考高分段考生这些年始终被一所中学包揽。

表 7-1　2007—2017 年各省(自治区、直辖市)超级中学的数量(个)

	2007年	2008年	2009年	2010年	2011年	2012年	2013年	2014年	2015年	2016年	2017年	均值
“单头垄断”												
甘肃	1	1	1	1	1	1	1	1	1	1	1	1
青海	1	1	1	1	1	1	1	1	1	1	1	1
海南	1	1	1	1	1	1	1	1	1	1	1	1
西藏	1	1	1	1	1	1	1	1	2	1	1	1
云南	1	1	1	1	1	1	2	1	1	1	1	1
贵州	1	1	1	1	1	1	1	1	2	1	1	1

（续表）

	2007年	2008年	2009年	2010年	2011年	2012年	2013年	2014年	2015年	2016年	2017年	均值
宁夏	2	1	1	1	1	1	1	1	1	1	1	1
内蒙古	1	1	2	1	1	1	3	1	1	1	2	1
吉林	2	1	1	1	1	1	1	1	2	2	2	1
山西	2	1	1	1	1	1	2	1	2	1	2	1
广西	1	1	1	3	1	2	2	1	1	2	1	1
新疆	1	1	1	1	1	1	2	2	2	2	2	1
“双头垄断”												
陕西	1	1	1	2	1	1	2	2	2	2	2	2
黑龙江	3	2	2	2	2	1	1	1	2	1	2	2
河北	1	1	2	2	2	2	2	2	2	2	2	2
安徽	2	1	1	2	2	2	2	2	2	2	2	2
上海	2	2	2	2	2	2	2	1	1	2	2	2
湖北	3	1	3	1	2	1	3	2	3	1	1	2
天津	2	2	2	2	2	2	2	2	1	2	2	2
江西	2	2	2	2	1	1	2	2	2	3	2	2
重庆	2	1	2	2	2	2	3	2	2	2	2	2
福建	1	3	2	2	1	2	2	2	2	3	3	2
四川	3	3	3	2	1	2	3	2	2	2	1	2
广东	2	2	2	2	2	1	2	3	3	3	2	2
辽宁	2	4	3	2	2	3	2	2	1	1	3	2
“三头垄断”												
浙江	4	2	3	4	2	2	2	2	1	4	1	3
山东	1	2	4	2	1	3	3	2	4	3	3	3
河南	3	4	4	2	3	2	5	1	2	2	2	3
北京	4	2	3	2	2	2	5	3	2	3	2	3
湖南	4	3	3	3	3	4	3	2	2	3	2	3
江苏	4	3	1	4	5	3	3	3	3	3	4	3

湖南、河北、福建和广东等 8 个省份中，除重庆外，其他 7 个省份超级

中学的地理分布可分为“省会一省会”(河南、湖南)、“省会一计划单列市”(浙江、福建、广东)和“省会一地级市”(河北、广西)3 种模式。江苏是唯一有 3 所超级中学的省份,其中两所在南京,另外一所在盐城。

综合超级中学两种界定方法的统计结果可以看出,方法二中拥有两所超级中学的浙江、河南和湖南在方法一测算出来的结果中隶属“三头垄断组”,广西却属于“单头垄断组”,而河北、重庆、福建和广东则属于“双头垄断组”。无论哪种界定方法,江苏均有三所超级中学。

二、各省份超级中学对精英大学录取人数的垄断情况

表 7-2 显示的是全国各省份 2007 年—2017 年教育垄断指数的基本情况,本研究将各省超级中学的垄断程度分成 4 个层级:“轻度垄断型”(0<均值≤0.25)、“中度垄断型”(0.25<均值≤0.35)、“高度垄断型”(0.35<均值≤0.45)和“严重垄断型”(均值>0.45)。

根据第一种超级中学的界定方式,全国超级中学垄断指数的均值为 0.34,这意味着从全国范围内来看,34%的 A 大学录取机会被各省超级中学所瓜分。从四个垄断层级省份的地区分布来看,全国有 26 个省份属于“中度垄断型”及以上,其中辽宁、湖北、江西、福建、广东等 13 个省份属于“中度垄断型”;北京、天津、重庆这 3 个直辖市,及河北、陕西和黑龙江等 9 个省属于“高度垄断型”;青海、海南、宁夏和上海属于“严重垄断型”。相形之下,属于“轻度垄断型”的省份仅有 5 个,主要是江苏、浙江等经济发达省份和山东、安徽、河南等人口大省。也就是说,在我国内地 31 个省、自治区、直辖市中,超级中学包揽本省 25%以上 A 大学录取名额的省市有 26 个,占比高达五分之四以上。

表 7-2 全国各省(自治区、直辖市)2007—2017 年的教育垄断指数(EMI)

	2007年	2008年	2009年	2010年	2011年	2012年	2013年	2014年	2015年	2016年	2017年	均值
“轻度垄断型”												
山东	0.14	0.19	0.10	0.10	0.16	0.17	0.16	0.11	0.04	0.15	0.13	0.13
安徽	0.19	0.16	0.27	0.25	0.23	0.28	0.19	0.21	0.16	0.13	0.10	0.20

（续表）

	2007年	2008年	2009年	2010年	2011年	2012年	2013年	2014年	2015年	2016年	2017年	均值
江苏	0.25	0.21	0.09	0.22	0.40	0.23	0.19	0.19	0.22	0.23	0.29	0.23
河南	0.26	0.24	0.29	0.21	0.30	0.22	0.22	0.15	0.21	0.22	0.22	0.23
浙江	0.34	0.16	0.28	0.34	0.25	0.22	0.15	0.25	0.15	0.27	0.16	0.23
“中度垄断型												
辽宁	0.27	0.41	0.32	0.21	0.26	0.32	0.24	0.22	0.18	0.12	0.31	0.26
山西	0.37	0.26	0.24	0.23	0.29	0.28	0.23	0.25	0.36	0.26	0.19	0.27
江西	0.36	0.29	0.29	0.32	0.19	0.16	0.29	0.31	0.21	0.29	0.26	0.27
湖北	0.36	0.24	0.33	0.21	0.35	0.20	0.27	0.27	0.36	0.20	0.21	0.27
广西	0.35	0.35	0.19	0.36	0.29	0.21	0.33	0.18	0.21	0.36	0.21	0.28
西藏	0.17	0.38	0.20	0.40	0.33	0.18	0.24	0.38	0.41	0.23	0.25	0.29
四川	0.29	0.27	0.44	0.28	0.23	0.34	0.29	0.28	0.28	0.32	0.20	0.29
广东	0.35	0.27	0.34	0.37	0.36	0.22	0.24	0.30	0.31	0.32	0.24	0.30
福建	0.25	0.39	0.30	0.32	0.19	0.27	0.22	0.21	0.31	0.53	0.35	0.30
云南	0.31	0.35	0.24	0.34	0.31	0.28	0.36	0.23	0.26	0.36	0.30	0.30
内蒙古	0.32	0.42	0.40	0.19	0.27	0.36	0.33	0.27	0.18	0.26	0.35	0.30
云南	0.31	0.35	0.24	0.34	0.31	0.28	0.36	0.23	0.26	0.36	0.30	0.30
内蒙古	0.32	0.42	0.40	0.19	0.27	0.36	0.33	0.27	0.18	0.26	0.35	0.30
贵州	0.33	0.38	0.29	0.33	0.36	0.32	0.31	0.34	0.27	0.23	0.31	0.32
新疆	0.33	0.38	0.29	0.33	0.36	0.32	0.31	0.34	0.27	0.23	0.31	0.32
平均值	0.35	0.34	0.36	0.35	0.36	0.33	0.31	0.31	0.32	0.34	0.32	0.34
“高度垄断型”												
北京	0.40	0.36	0.43	0.34	0.34	0.31	0.46	0.37	0.28	0.37	0.26	0.36
黑龙江	0.57	0.41	0.51	0.45	0.50	0.30	0.21	0.22	0.29	0.28	0.32	0.37
天津	0.50	0.49	0.55	0.47	0.33	0.33	0.32	0.19	0.27	0.28	0.37	0.37
甘肃	0.20	0.37	0.38	0.52	0.38	0.44	0.40	0.43	0.47	0.42	0.34	0.40
吉林	0.37	0.32	0.33	0.43	0.41	0.35	0.36	0.31	0.41	0.61	0.62	0.41
河北	0.27	0.33	0.38	0.37	0.42	0.56	0.34	0.39	0.53	0.47	0.51	0.42

（续表）

	2007年	2008年	2009年	2010年	2011年	2012年	2013年	2014年	2015年	2016年	2017年	均值
重庆	0.51	0.32	0.48	0.51	0.44	0.39	0.38	0.41	0.43	0.36	0.40	0.42
湖南	0.49	0.38	0.42	0.48	0.50	0.45	0.40	0.38	0.43	0.41	0.35	0.43
陕西	0.33	0.35	0.42	0.51	0.37	0.34	0.58	0.43	0.51	0.52	0.52	0.44
"严重垄断型"												
青海	0.53	0.37	0.75	0.50	0.62	0.48	0.37	0.52	0.28	0.24	0.40	0.46
海南	0.50	0.67	0.45	0.67	0.44	0.54	0.27	0.41	0.50	0.70	0.42	0.51
宁夏	0.67	0.61	0.50	0.37	0.52	0.67	0.45	0.56	0.32	0.44	0.55	0.51
上海	0.37	0.42	0.50	0.39	0.60	0.52	0.49	0.64	0.67	0.60	0.56	0.52

从方法一的EMI值总体变化趋势来看，我国超级中学的垄断程度在2012年有明显下降，EMI均值在2007年为0.35，2011年为0.36，2012年下降到0.33，2013、2014年均为0.31，这可能与2012年国家实行的高校招生专项计划有关。从各省份变化趋势来看，属于"高度垄断型"和"严重垄断型"的陕西、河北、吉林、甘肃、上海5省市的教育垄断程度日趋严重；而黑龙江、浙江和湖北的EMI值则呈现出下降趋势。此外，结合表7-1对各省超级中学数量分布状况的描述可以发现，各省EMI值与超级中学数量表现出一定的负相关关系。较之于东部地区，中西部省份的超级中学数量更少，但其EMI值更大。其中，山东省属于"三头垄断"，其EMI均值全国最低，仅为0.13，意即山东省内3所超级中学仅获得了本省13%的精英大学录取机会；江苏、浙江和河南也都属于"三头垄断"，但三省均属于轻度垄断组，EMI均值均为0.23。与之形成鲜明对比的是，青海、海南和宁夏都是"单头垄断"，但其EMI均值分别为0.46、0.51和0.51，这意味着这三个省（自治区）的唯一一所超级中学占据了全省一半左右的精英大学录取机会。

根据第二种超级中学的界定方式，轻度垄断组包括山东、安徽、辽宁、河南等12个省份，中度垄断组包含内蒙古、广西、山西、黑龙江等11个省份，高度垄断组包括吉林和甘肃两个省份，严重垄断组包括河北、重庆、宁夏、海南等 6 个省(直辖市)。其中,山东超级中学垄断指数的平均值为 8%,全国最低;而青海超级中学垄断指数的平均值为 68%,全国最高。也就是说,在全国 31 个省份中,属于中度垄断以上的省份,即超级中学包揽本省 25%以上 A 大学录取名额的省份高达 19 个;全国超级中学垄断指数最高的省份是最低省份的 8.5 倍。与第一种界定方法的统计结果相似,从 2012 年开始,各组省份的超级中学垄断指数基本都呈现下降趋势。

综上所述,静态和动态两种界定方式的超级中学教育垄断指数统计结果均显示:现阶段我国精英大学生源分布过度集中,超级中学造成的高中教育垄断现象较为严重,全国约 30%以上的 A 大学录取机会被各省超级中学所瓜分。并且,有六成以上省份的超级中学垄断了本省 25%以上 A 大学录取名额。此外,贫困地区定向招生计划对于缓解全国各省超级中学教育垄断程度具有明显作用,自 2012 年高校推行“专项计划”以来,EMI 值连年下降,说明“专项计划”改善了精英大学入学机会向少数高中集中的情况,尤其青海、贵州、新疆、西藏等省份在 2012 年实施贫困专项计划后改善尤为明显。

第八章　超级中学对各省普通高中教育质量的影响

普通高中教育在国民教育体系中起着承上启下的关键地位和作用，对巩固义务教育的普及成果，保障教育公平和提高国民整体素质具有重要意义。党的十八大以来，高中阶段教育日益受到了党和政府的高度重视，习近平总书记在全国教育大会上的重要讲话精神，更是为新时代推进普通高中教育改革指明了前进方向、提供了根本遵循。

从我国高中发展和运行的逻辑来看，学校的生源质量、教学质量、硬件设施等教育生产要素共同决定了高中的教育质量表现，而学校的教育质量表现又进而决定了学校未来的生源质量及其他资源的获得，由此形成普通高中发展的系统闭环。在各普通高中独立发展、互不干预的情况下，各高中系统作为教育生态的子系统应表现出较为稳定的发展状态，单独学校出现教育质量问题也不会危及整个教育生态。然而在当前我国的高中教育生态当中，少数“超级中学”依靠重点学校制度、与民办学校联合办学、引入市场资本等方式在各教育生产要素上占据了有利地位，并利用系统优势虹吸县域高中的优质生源和优秀教师，使我国高中教育生态出现“强校越强、弱校越弱”的马太效应。而事实上，决定一个省高中教育质量的绝对不是少数几所超级中学，而是占一个省绝大多数的县域高中及普通地市级高中等非超级中学。超级中学光辉形象的背后，是以牺牲本省县（域）中学的发展空间、县（域）中学的教育质量，拉低全省总体教育质量为代价的。而这些县域高中教育质量的整体下降最终会引起本省高中教育质量的全面下滑。

有鉴于此，本章将以全国 31 个省（自治区、直辖市）连续十一年理科一本录取分数线、北大及中科大在各省的理科录取分数线作为衡量高中教育质量的指标，并使用根据第一种超级中学定义所构建的教育垄断指数，运用双向固定效应模型，重点分析超级中学教育垄断对本省高中教育质量的影响，并在此基础上提出相关政策建议。

第一节　高中教育质量的测量指标

一、高中教育质量

教育质量是对教育水平高低和效果优劣的评价。在一般的教育模式中，考试成绩确实是目前衡量学校教育质量的核心指标，并且在描述、测量、评价和解释教育质量方面都极具价值。[①②] 尽管近些年来考试成绩作为教育质量评价指标的合理性受到质疑，但在教育产出和国际比较的研究中它依然是衡量区域教育质量的关键指标。不少研究也都曾指出，考试成绩或分数更容易体现教育结果，并且在解释生产率增长方面作用更大。[③] 高考作为各省衡量高中教育质量（产出）最为系统和客观的标准化测试，考生所获得的考试成绩可以较好地反映当地的教育质量。因此，每年由考试分数和招生计划共同决定的一本分数线及精英大学录取分数线在较大程度上也是刻画各省高中教育质量的重要指标。但是由于全国并不是所有省份统一命题，在试题内容、总分方面有所区别，故本章从可行性角度出发，最终使用标准化后的总分（统一为 750 分）来进行分析和比较，并通过省份固定效应对省份间的试题差异进行一定控制。

当然，各省市一本分数线还与高考录取率有关，总体上看，各省每年一本招生人数占高考总人数的比重虽然会有所变化，但整体相对稳定。例如，湖北省一本实际录取人数占实际高考总人数的比值 2015 年为14.4%，2016 年为 17.1%，2017 年为 14.1%；湖南省 2015 年为 10.1%，2016 年为12.0%，2017 年为 10.3%；广西 2015 年为 8.4%，2016 年为 8.7%，2017 年为 8.4%，变动幅度

① CAMPBELL D T. Focal Local Indicators for Social Program Evaluation[J]. Social Inclicators Research, 1976, 3(2):237－256.

② 秦玉友.用什么指标表达教育质量—教育质量指标的选择与争议[J].教育科学文摘，2012(3):21－22.

③ GLEWWE P, LAMBERT S. Education Production Functions: Evidence from Developing Countries[J]. International Encyclopedia of Education (Third Edition), 2010: 412－422.

均较小。另外，尽管一本线的高低也与考生能力有关，但在统计意义上，同一省份内考生平均能力在一段时间内几乎不发生变化，可以通过省份固定效应给予控制。此外，各省市一本分数线也与每个省高考改卷的给分标准及高考难度有关。有些省份高考改卷给分标准较高，批改较严，高考分数就相对较低；有些省份给分标准较低，批改较松，高考分数就相对较高。但各省高考的给分标准总体而言相对较为稳定，每年变化相对较小，因而同样可以通过省份效应加以控制。教育测量学将考试难度分为绝对难度与相对难度，前者是专家对考题难度进行的综合预测，后者则是指全体考生在某一试题上的通过率，在国内外的应用更广。本章使用二本分数线占高考总分的比值作为衡量高考难度的指标，该比值越大则表示高考难度越小，反之则难度越大。综上，在一本录取率变化较小的情况下，控制高考改卷的给分标准及高考难度等因素的影响，各省每年高考录取分数线的波动在较大程度上可以反映不同年份各省市高中教育质量的变化特点，用录取分数线的变化反映本省高中教育质量的变化具有一定的合理性。

北大、清华和华东五校是中国精英大学的代表，它们在各省份的录取分数线能够较好地反映该地区高中教育质量的最高水平。通过比较各大学历年高考分数线发现，北大、清华两校在各省份的录取分数线差距不大，同样，华东五校的分数线相差也不多。基于数据的可获得性，本文最终选取北京大学和中国科学技术大学（中科大）录取分数线分别代表北大、清华和华东五校的录取分数线水平，先将北大录取分数线作为因变量建立模型进行分析，而后再利用中科大的录取分数线进行稳健性检验。本章使用的各省历年高考理科一本线和二本线、各高校理科录取分数线数据主要收集自高校招生办网页、各省招生考试院和高考网。

二、模型设定

为探讨在控制了经济发展水平、高考考生人数和考生能力、阅卷给分标准、高考难度、专项招生政策等因素后，各省超级中学的教育垄断对该省高中教育质量是否存在显著影响，本章采用加入了省份与时间固定效应的双向固定效应模型，具体模型设定如下：

$$Y_{it} = \alpha + \beta EMI_{it} + \gamma X_{it} + Province_i + Year_t + \mu_{it} \qquad \text{（公式 8-1）}$$

其中，Y_{it} 是因变量，表示高中教育质量，如 i 省 t 年高考的理科一本录取分数线、北大和中科大理科录取分数线。EMI_{it} 表示 i 省 t 年的教育垄断指数；X_{it} 为一系列控制变量，包括 i 省 t 年的普通高中生均教育事业经费、人均 GDP、高考报考人数、贫困地区专项计划招生人数和高考难度，以控制地区教育经费投入水平、经济发展状况、考试难度等对高中教育质量的影响；$Province_i$ 为省份固定效应，可控制随省份变化而不随时间变化的不可观测因素，如各省内的考生能力特质、高考改卷给分标准等；$Year_t$ 为时间固定效应，用以控制随时间变化而不随省份变化的不可观测因素。上述变量的相关数据整理自国家统计局和教育部官网发布的历年《中国统计年鉴》《全国教育经费统计年鉴》和《全国教育统计年鉴》。

第二节　各省高中教育质量的基本情况

如前所述，各省文理科一本线是衡量本省高中教育质量的重要指标。由于历年高考考生中理科生数量都占相对多数，且经计算发现历年高考文理科一本分数线高度相关（相关系数为 0.822），故本文以各省理科一本线为例来分析探讨各省高中教育质量的相关问题。

一般来说，在统计意义上，某省的普通理科一本分数线超过全国平均值 0.7 个标准差，说明该省一本分数线排名在全国前 25%以内。本文根据这一标准对全国普通理科一本线分为如下三个类型：历年一本线均值低于全国平均值 0.7 个标准差以下的为“低分录取”省份；历年一本线均值在全国平均值 0.7 个标准差以内的为“常规录取”省份；历年一本线均值在全国平均值 0.7 个标准差以上的则为“高分录取”省份。由表 8-1 可知，全国大部分省份都属于“常规录取”类型，涵盖东、中、西部地区的 21 个省份；属于“低分录取”类型的则主要集中在青海、西藏、宁夏、新疆等 5 个西部省（自治区）；还有 5 个省份属于“高分录取”，如河南、河北、山东、广东等人口大省。此外，结合前文对教育垄断指数的分析结果可以发现，超级中学教育垄断指数与理科一本线的变化趋势大致相反，即超级中学教育垄断指数越高，省内普通理科一本分数线越有可能会随之下降（见图 8-1）。当然，也有部分省（直辖市）例外，如河北和上海，这可能由于这些省份的考生能力和高考阅卷给分标准与其他省份存在一定程度的差异，它们在出现“超级中学”之前分数线就一直很高，且每年都比全国一本分数线平均值高出 20 分以上。

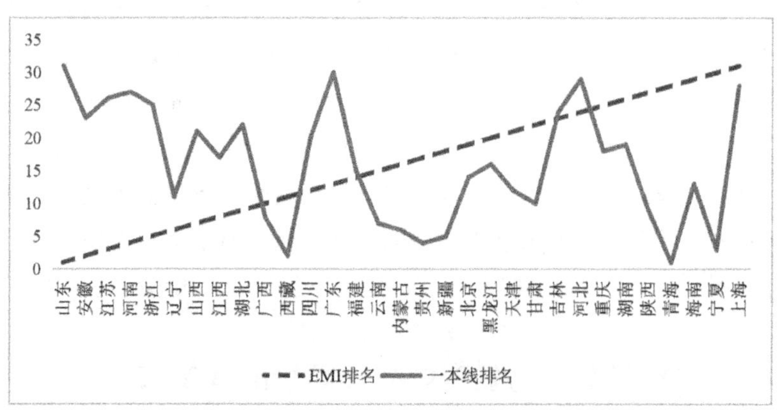

图 8-1 全国各省(自治区、直辖市)高中教育垄断指数(EMI)平均位次与一本线排名变化趋势线

表 8-1 各省(自治区、直辖市)2007—2017 年理科一本线录取分数线①

	2007年	2008年	2009年	2010年	2011年	2012年	2013年	2014年	2015年	2016年	2017年	均值
“低分录取”												
青海	467	438	400	405	380	401	383	406	400	416	391	408
西藏	515	500	450	455	450	460	470	460	420	425	426	457
宁夏	531	498	468	474	486	440	455	473	445	465	439	470
贵州	536	521	477	481	448	470	449	484	453	473	456	477
新疆	562	558	521	471	473	445	443	475	446	464	437	481
“常规录取”												
内蒙古	559	548	501	510	482	469	482	501	464	484	466	497

① a 表示该省(自治区、直辖市)该年招生批次合并；b 表示文理不再分科或实施“新高考”。

（续表）

	2007年	2008年	2009年	2010年	2011年	2012年	2013年	2014年	2015年	2016年	2017年	均值
云南	560	530	500	500	465	465	495	525	500	525	500	506
广西	545	501	507	500	506	528	510	520	480	502	473	507
陕西	527	527	537	556	540	517	485	503	480	470	449	508
甘肃	562	558	521	531	501	517	489	516	475	490	460	511
辽宁	519	515	520	518	520	517	538	526	500	498	480	514
平均值	550	536	527	525	522	514	507	519	508	504	479	518
天津	509	522	502	509	515	530	521	516	538	512	521	518
海南	576	521	527	520	513	512	507	505	507	502	a	519
北京	531	502	501	494	484	477	550	543	548	548	537	520
福建	562	534	569	539	573	546	501	506	525	465	441	524
黑龙江	588	577	538	532	551	514	527	529	483	486	455	525
江西	571	512	518	515	531	547	517	526	540	529	503	528
重庆	505	544	557	533	533	522	520	514	573	525	492	529
湖南	535	536	534	567	572	520	495	522	526	517	505	530
四川	532	593	498	512	519	518	562	540	528	532	511	531
山西	572	546	547	536	570	530	493	534	515	519	481	531
湖北	548	548	540	557	571	551	527	533	510	512	484	535
安徽	563	563	579	562	534	544	490	489	555	518	487	535
吉林	574	569	539	530	548	515	535	555	525	530	507	539
浙江	526	509	560	510	509	549	571	553	560	556	534[a,b]	540
江苏	588	516	544	555	539	531	528	539	538	552	517	541
“高分录取”												
河南	596	563	567	552	582	540	505	547	529	523	484	544
上海	583	584	569	581	578	529	506	529	518	a	a,b	553
河北	587	552	569	561	581	564	538	573	544	525	485	553
广东	557	564	585	621	568	585	574	560	577	508	485	562
山东	573	582	586	580	567	582	554	572	562	537	a	570

第三节　教育垄断对各省高中教育质量的影响

一、教育垄断指数对各省理科一本录取分数线的影响

如表 8-2 所示，模型(1)呈现了只控制省份与年份固定效应时，超级中学的教育垄断对高中教育质量的影响，模型(2)—(6)在(1)的基础上，将普通高中生均教育事业经费、高考难度、人均 GDP 等控制变量[①]依次纳入模型当中，所有模型的因变量均为理科一本录取分数线。总体来看，教育垄断指数对理科一本分数线的影响显著为负，其中，仅加入省份与年份固定效应时，教育垄断指数对理科一本分数线的负向影响最大，教育垄断指数每增加 1 个单位，理科一本分数线将下降 39.4 分。当模型(2)中加入高考难度后，模型的解释力由 74.8%上升到 87.5%，教育垄断指数回归系数的绝对值从 39.4 下降到 15.9，说明高考难度对理科一本线也具有显著影响，并且在一定程度上削弱了教育垄断指数对理科一本线的负面影响。当依次加入高考报考人数、贫困地区专项计划招生人数、人均 GDP、普通高中生均教育事业经费等控制变量时，教育垄断指数的回归系数符号不变，大小略有波动，但模型的拟合效果越来越好。模型(6)中，在控制省内教育、经济等因素的情况下，教育垄断指数每提高 1 个单位，理科一本线显著下降 15.6 分。超级中学教育垄断程度的提高，会显著降低各省普通高中的教育质量。其原因可能在于，超级中学因垄断了本省最为优质的生源和师资，获得了大量经费投入，教学质量越来越高；与之相反，非超级中学，尤其是一些弱势县域高中则因教育资源投入不足，优秀生源和师资流失，教育质量越来越差。由此造成省内考生高考成绩两极分化的马太效应，即少数超级中学考生的高考分数越来越高，而占考生绝大多数的弱势高中学生的分数不断下降。而以一本分数线为代表的各省普通高中教育质量，并非由超级中学的优秀学生决定，而是由人数更为众

① 数据分析表明，普通高中生均教育事业经费、人均 GDP 等相关控制变量之间的协方差非常小，故大致可以认为它们之间不存在严重共线性，可以用于后续的回归分析，下同。

多的县域高中来决定，它们教育质量的降低必然导致该区域一本分数线的普遍下降和全省高中教育质量的整体下滑。

从各控制变量来看，高考报考人数和贫困地区专项计划招生人数的增加、高考难度的降低以及人均GDP的增长都会显著提高各省的理科一本分数线。其中，各省人均GDP每提高1千元，则理科一本线会增加0.7分。这一方面可能是因为随着民众生活水平的提升，家庭高中教育投资也会有所增多，有助于提升考生高考成绩；另一方面可能是因为人均GDP较高的省份通常基础教育水平较高，考生整体水平也相应较高，相对而言高考成绩更好。因此，代表本省高中教育质量的理科一本线也会相应提高。与此同时，尽管贫困地区专项计划招生人数也在一定程度上削弱了教育垄断指数对理科一本线的负面影响，从而有助于缓解各省的教育垄断程度，进而会相应地改善省内教育质量，但其实际影响作用甚微（回归系数较小且不显著）。此外，普通高中生均教育事业经费对理科一本线的影响也不显著，可能是由于现有高中教育经费投入的增加没有从根本上改善弱势高中办学经费不足的困境，弱势高中办学质量并未得到提升。

表8-2　各省（自治区、直辖市）超级中学教育垄断指数对理科一本录取线的回归结果①②

变量	(1) 理科一本 录取线	(2) 理科一本 录取线	(3) 理科一本 录取线	(4) 理科一本 录取线	(5) 理科一本 录取线	(6) 理科一本 录取线
教育垄断指数 （EMI值）	−39.442** (16.146)	−15.914* (11.462)	−16.160* (11.481)	−18.686* (11.437)	−15.795* (11.349)	−15.628* (11.353)
高中生均教育 事业经费 （千元）						0.359 (0.390)

① 由于2017年浙江和上海实施了新高考，在实际回归分析中对其2017年数据进行了缺失值处理。另外，因为上海、浙江、江苏和海南等省（直辖市）的高考成绩满分并非750分，故此处进行了线性转化，下同。

② 括号内为稳健标准误，其中显著性水平：*** p<0.01；** p<0.05；* p<0.1。

（续表）

变量	(1) 理科一本 录取线	(2) 理科一本 录取线	(3) 理科一本 录取线	(4) 理科一本 录取线	(5) 理科一本 录取线	(6) 理科一本 录取线
人均 GDP （千元）					0.562* (0.199)	0.665* (0.228)
高考报考人数				0.000* (0.000)	0.000* (0.000)	0.000* (0.000)
贫困地区专项 计划招生人数			0.219 (0.358)	0.204 (0.355)	0.243 (0.385)	0.138 (0.402)
高考难度		397.425*** (22.918)	395.686*** (23.117)	405.608*** (23.297)	395.858*** (23.281)	399.960*** (23.708)
常数项	531.205*** (5.501)	288.242*** (14.537)	289.878*** (14.796)	302.133*** (15.533)	277.733*** (17.613)	274.966*** (17.870)
省份固定效应	是	是	是	是	是	是
年份固定效应	是	是	是	是	是	是
观测数①	338	338	338	338	338	338
R^2	0.748	0.875	0.876	0.878	0.881	0.882

二、教育垄断指数对各省精英大学录取分数线的影响

前一部分通过分析教育垄断指数对一本分数线的影响，揭示了超级中学的教育垄断对本省高中教育质量总体水平的影响，除此之外，超级中学的教育垄断可能还会对代表各省普通高中教育质量最高水平的精英大学录取分数线产生影响。鉴于此，本章建立了以北大理科录取分数线为因变量的模型，自变量与表 8-2 一致，逐步回归结果如表 8-3 所示。与理科一本线的回归结果相似，教育垄断指数对北大理科录取线具有显著的负向影响，而高考难度能在一定程度上抑制这一负面影响，当模型(2)在模型(1)的基础上加入高考难度变量时，教育垄断指数回归系数的绝对值

① 由于部分省份某些年份的理科一本线和北大理科录取线存在缺失，故文中各回归模型中的观测值略有差异，下同。

由25.6下降至19.6。模型(6)在模型(1)的基础上加入所有控制变量,模型的解释力从0.631增加到0.704,教育垄断指数的回归系数的绝对值从25.6减少至21.0,也就是说,在控制了相关因素后,超级中学的教育垄断指数每增加1个单位,北大理科录取分数线显著下降21分,比理科一本分数线下降的幅度(16分)足足高出5分。可见,超级中学的教育垄断不利于各省普通高中教育质量最高水平的提升,且这种负面影响比对各省高中教育质量的总体影响还要更大一些。

表8-3　全国各省(自治区、直辖市)高中教育垄断指数对北大理科录取线的回归结果[①]

变量	(1) 北大理科 录取线	(2) 北大理科 录取线	(3) 北大理科 录取线	(4) 北大理科 录取线	(5) 北大理科 录取线	(6) 北大理科 录取线
教育垄断指数 (EMI值)	−25.595* (9.631)	−19.580* (8.918)	−18.523* (8.838)	−20.690* (8.793)	−21.214* (8.822)	−21.008* (8.807)
高中生均教育 事业经费 (千元)						0.446 (0.308)
人均GDP (千元)					0.124* (0.152)	0.007* (0.176)
高考报考 人数				0.000 (0.000)	0.000 (0.000)	0.000 (0.000)
贫困地区专项 计划招生人数			0.724 (0.275)	0.741 (0.273)	0.636 (0.302)	0.524 (0.311)
高考难度		131.702*** (18.105)	137.139*** (18.043)	145.709** (18.176)	148.476*** (18.502)	152.819*** (18.709)
常数项	676.775** (3.304)	596.577*** (11.438)	591.251*** (11.503)	601.236*** (12.031)	606.300*** (13.556)	602.959*** (13.725)
省份固定效应	是	是	是	是	是	是
年份固定效应	是	是	是	是	是	是
观测数	336	336	336	336	336	336
R^2	0.631	0.687	0.695	0.701	0.702	0.704

① 括号内为稳健标准误,其中显著性水平:*** p<0.01;** p<0.05;* p<0.1。

为进一步检验超级中学教育垄断程度对各省精英大学录取分数线影响的稳健性，本文还以中科大作为另一所精英大学的代表，将其理科录取分数线作为模型因变量进行稳健性检验。逐步回归结果如表 8-4 所示，在控制了相关因素后，超级中学的教育垄断指数每增加 1 个单位，中科大理科录取分数线也会显著降低 21.5 分，下降幅度与北大理科录取分数线基本相同。这与前文结论基本一致，表明本文采用的回归模型具有较强的稳健性，研究结论较为可靠。

表 8-4　全国各省(自治区、直辖市)高中教育垄断指数对中科大理科录取线的回归结果①

变量	(1) 中科大理科录取线	(2) 中科大理科录取线	(3) 中科大理科录取线	(4) 中科大理科录取线	(5) 中科大理科录取线	(6) 中科大理科录取线
教育垄断指数(EMI 值)	−28.629* (16.433)	−19.961* (15.834)	−19.569* (15.870)	−20.438* (15.961)	−21.409* (16.006)	−21.526* (16.025)
高中生均教育事业经费(千元)						0.326 (0.549)
人均 GDP(千元)					0.240* (0.275)	0.331* (0.315)
高考报考人数				0.000 (0.000)	0.000 (0.000)	0.000 (0.000)
贫困地区专项计划招生人数			0.263 (0.492)	0.272 (0.492)	0.071 (0.544)	0.163 (0.566)
高考难度		163.879** (31.208)	166.307*** (31.573)	169.470*** (32.091)	174.750*** (32.670)	171.220*** (33.241)
常数项	647.305*** (5.612)	547.435*** (19.764)	545.242*** (20.208)	549.352*** (21.472)	559.212*** (24.277)	561.589*** (24.630)
省份固定效应	是	是	是	是	是	是
年份固定效应	是	是	是	是	是	是
观测数	341	341	341	341	341	341
R^2	0.547	0.586	0.586	0.587	0.588	0.589

① 括号内为稳健标准误，其中显著性水平：*** $p<0.01$；** $p<0.05$；* $p<0.1$

综上所述，超级中学的教育垄断对全国各省高中教育质量具有显著的负向影响，随着教育垄断程度的提高，该区域高中教育质量将会显著下降，且超级中学的教育垄断对北大和中科大等精英大学理科录取分数线的负面影响要明显大于对各省理科一本线的影响。也就是说，与对各省高中教育质量的总体影响相比，超级中学的教育垄断对本省最高水平的高中教育质量的影响更大。究其原因，首先，一本分数线是由省内数量众多的县域高中考生的平均水平决定的，随着省内教育垄断的加剧，县域高中的教育质量下滑，故整体一本分数线出现下降。其次，由于超级中学通常并不能垄断全部的精英大学录取机会，本省的精英大学（如北大和中科大）的录取分数线，也往往是由县域高中或普通地市级高中被精英大学录取的考生分数所决定的。在县域高中或普通地市级高中教育质量下降的情况下，尽管他们的优秀学生仍能考入精英大学，但他们的分数已经出现了较大幅度的下降。最后，为培养能考入精英大学的学生，县域高中或普通地市级高中往往是“集全校之力”对其重点关照，省内教育垄断程度的加深意味着省内多数最优质的师资和生源都流动并聚集于超级中学，而师资、生源的流失对于县域高中或普通地市级高中的最高水平的影响无疑是直接而沉重的。与之相比，一本线涉及更多学生的平均水平，其所受到教育垄断带来的负面影响被较大规模的一本招生人数所稀释，因而体现得不如精英大学分数线那般明显。

第四节　研究结论及讨论

发展公平而有质量的教育，一直是党和政府高度重视的问题。近年来，“考试机器加工厂”“尖子生掐光、好教师挖光、清北指标占光”等关于超级中学的报道频频见诸报端。关于超级中学的利弊，学界也有诸多讨论，支持者往往以弱势地区的超级中学为例，将其定义为本地教育的摇篮①；反对者则认为，仅靠几所超级中学提升区域教育质量不太现实②，相

① 崔梦恬. 多维视野下的“超级中学”现象解析[D]. 河南师范大学，2017.

② 甘莹，刘俊仁. 教育公平视域下“超级中学”现象探析[J]. 教育探索，2015(02)：6－9.

反，超级中学不利于一般高中扩大招生规模、提高教学质量，严重影响了当地整体办学规模扩大与质量提升。[①] 为解答超级中学对各省高中质量的影响究竟如何，本章以理科一本录取分数线、北大及中科大理科分数线分别作为各省高中教育质量总体水平和最高水平的测度指标，运用双向固定效应模型，分析我国超级中学教育垄断对各省高中教育质量的影响。研究发现，各省份教育垄断指数名次与理科一本线名次大体上呈现相反的变化趋势，随着超级中学教育垄断程度的提高，本省高中教育质量将会显著下降，且超级中学的教育垄断对北大和中科大等精英大学理科录取分数线的负面影响要明显大于对各省理科一本线的影响。如何较好地量化定义超级中学一直是学界讨论的话题。本文使用 A 大学的录取机会来定义超级中学，尽管存在对超级中学刻画不够全面、单一强调升学率等问题，但也较为客观地制定了超级中学的标准，同时也符合社会各界对于超级中学垄断升学机会的认识。

事实上，超级中学教育垄断并没有提高教育资源的使用效率，以让更多弱势家庭的子女进入精英大学学习，反而是限制了市场的有效竞争，降低了涵盖面更广的县域高中等薄弱学校的教育质量，进而引起全省普通高中教育质量的全面下滑。一方面，这些弱势高中在超级中学的挤压下，陷入优秀生源与骨干教师流失、教育经费投入减少的发展困境，教育教学质量严重下滑；每年极低的一本上线率与超级中学的超高北清率形成的强烈反差，又进一步加深了当地学生与家长乃至地方政府对其教育质量的不良印象；随着时间积累及各类教育资源投入的两极分化，县中日趋没落，超级中学愈发超级，省域内校际差异的马太效应越来越明显，教育生态严重失衡。另一方面，由于县中等弱势高中在高考成绩上的长期弱势表现，其在家长与学生心目中的口碑难以在短期内扭转，本校老师与学生的教学积极性也会受到影响，“好苗子都走了再怎么办也办不过超级中学”等悲观思想在弱势高中盛行[②]，这些使得提升县中教育质量的难度巨大，也会进一步挫伤地方政府投资县域高中教育的积极性。此外，县域高

① 谭夏妮. 超级中学的治理：合理引导教育投资行为[J]. 现代教育科学，2017(02)：39－43.

② 熊丙奇. 超级中学战略制造了“零一本”的县中[N]. 中国青年报，2017－09－14(002).

中是弱势家庭子女接受高中教育的主要渠道，县域高中教育质量的下降将会严重阻碍弱势家庭子女的代际流动，长此以往将会造成阶层固化，影响社会稳定和谐。

综上所述，要想提高高中教育质量，必须限制超级中学对省内优质生源和师资的垄断和集中、打破“唯分是举”的一元化评价模式、引导学生和家长理性选择教育资源、增加各类专项计划招生名额等，让各类高中在公平公正的教育环境下开展有序竞争。对此，教育行政管理部门、学生与家长以及高校应该从以下几方面共同努力。

第一，教育行政管理部门要真正做到杜绝“校中校”，严令禁止公办学校以民办学校名义进行跨市、县招生。从本文问题提出部分所述的超级中学形成机制来看，跨区域无限制招生是保障其能够选拔全省范围内优秀生源，并借此保持极高的北清录取率、获得学生与家长追捧、顺利进入良性循环的最主要因素。如果没有全省生源的补给和支持，很多超级中学也就不再超级，其高考神话也将不复存在。因此，打破超级中学对全省优质生源的垄断，首先要规范这些学校的招生行为，严禁公办民办学校混合招生、混合编班、跨区域无限制招生等行为。

第二，综合评价高中教育质量，推动高中多样化发展。现阶段，一本上线率，尤其是北清录取率不仅是社会各界评价一所高中办学质量的主要标准，也是教育行政管理部门热衷追求的教育“GDP”。因此，改革唯升学论的高中教育质量评估方式，对区域内高中进行兼顾学校办学基础与办学特色的增值性评价，支持与鼓励不同层次高中突显亮点，办出特色，这不仅有利于促进高中多样化发展，形成各类高中百花齐放的新景象，还能引导社会各界在综合评价高中办学质量与水平的基础上，选择符合自身个性化需求的高中阶段教育。另一方面，对区域内所有高中的增值性评价还能引导教育主管部门均衡分配各类教育资源，避免优质教育资源过度集中，改善弱势高中办学条件，促进区域内高中开展公平有序的竞争。

第三，做好弱势高中师资队伍建设工作，让好老师留得住、新老师招得来。除优质生源流失问题之外，优秀教师流失和新教师引进困难也是制约弱势高中发展的重要因素。对此，需要加大弱势高中教育经费投入力度，实施教师薪酬激励政策，增加弱势高中教师收入；在职称评定、教师编制方面向弱势学校的优秀教师倾斜，保障学校有足够经费支持教师外出参加培训与交流活动。此外，建议由教育行政部门牵头，采取订单式培养方式，定期补充弱势高中师资队伍；同时鼓励弱势高中新入职教师工作三五年后报考在职教育硕士，并在报考条件与学费方面给予政策倾斜，真正让弱势高中做到“好老师留得住，新老师招得来”，从而缩小其与超级中学在师资队伍建设上的差距。

第四，引导学生与家长理性择校，鼓励家长为孩子选择最合适的教育。我国古代的“孟母三迁”与现代版的“择校热”在很大程度上是家庭基于同伴效应为孩子选择更好教育资源的真实写照。但研究表明，不同学业基础学生受到同伴能力提升的影响存在差异，对于高水平学生来说，拥有高能力同伴确实能够提升学业成绩；但如果学生本身的学业成绩较差，进入较高水平的学校反而不利于其学业发展。[①] 因此，家长在选择学校时，应该综合考虑到学生学业基础，避免盲目跟风追求最好的学校。当学生与家长都开始理性看待超级中学时，超级中学学位“一票难求”、录取标准水涨船高的现象就会有所缓解，进而有助于促进区域内高中教育优质均衡发展。

最后，进一步增加各类专项计划招生名额，提高政策精准性与有效性。自 2012 年起，为了促进教育公平，我国陆续实施了面向农村等贫困地区的倾斜性招生政策，如国家专项计划、地方专项计划与高校专项计划，这些专项计划的实施增加了弱势地区子女接受优质高等教育的机会，有助于充分发挥教育促进社会阶层流动的作用。并且，本章结果也表明贫困地区专项计划可以在一定程度上削弱超级中学教育垄断所产生的负面影响，故应该继续坚持并进一步增加招生名额。但近些年上述计划在实施过程中也催生了类似于超级中学的“最强县中”。2017 年河南省郸城县的郸城一高与光山县的光山二高，共获得了河南省当年近一半的北

① 杨钋.同伴特征与初中学生成绩的多水平分析[J].北京大学教育评论，2009，7(04)：50－64＋189.

大、清华国家专项计划投放名额[①]；另有研究发现，2017 年，仅占全国高中总数 0.7%的 108 所高中，占据了当年全国高校专项计划 35%的录取名额。[②] 这一结果与政策制定初衷相违背，严重损害了大部分弱势家庭子女的利益。因此，在继续推行各专项计划的同时，还需考虑政策的精准性与有效性，避免各类专项计划招生指标向少数学校聚集，被少数学校垄断。

---

① 财新周刊编辑部. 逆袭清北不止靠分数：一所贫困县中学的秘诀. http://weekly.caixin.com/2019－10－12/101470218.html.

② 李立国，吴秋翔. 从权利平等、机会平等到发展平等：基于我国倾斜性招生政策的分析[J]. 教育研究，2020，41(03)：95－105.

第九章　超级中学对农村学生精英大学入学机会的影响

习近平总书记多次强调，教育是阻断贫困代际传递的重要途径。我国现已进入高等教育普及化阶段，农村学生进入精英大学，更有可能实现代际向上流动，阻断代际贫困。然而，受高等教育规模结构性扩张等因素的影响，近些年我国农村学生的精英大学入学机会不断减少。1977—2010年间，我国高等教育先后经历了四次较大规模的扩张，从实现路径来看，招生规模扩增的承载主体是专科院校以及地方/民办本科院校，并没有渗透到以“985工程”和“211工程”院校为代表的央属院校。[①] 这种高等教育系统的结构性扩张在增加了高等教育总量供给的同时，也使得优质高等教育资源占比明显下降，从而加剧了高等教育系统内部的分化。在高校扩招这一背景下，我国城乡学生虽然在高等教育入学机会数量上的差距不断缩小[②]，但在高等教育质量，即优质高等教育机会获得方面的差距却进一步扩大。陈晓宇通过对2007年、2009年和2011年高校毕业生的抽样调查数据的分析得出，乡镇生源在“985工程”院校的结构辈出率仅为73%，但在高职高专中达到了116%。[③] 李永友和王焱基于浙江省108所高等院校的2014级新生数据的研究结果同样表明，城镇学生在部属院校和省属重点院校的辈出率大于1，与之相反，农村学生则在省属普通院校以及高职高专的辈出率大于1。[④] 此外，岳昌君通过对北京大学教

---

① 鲍威. 中国高等教育规模扩张的理论解释与扩张机制[J]. 教育学术月刊，2012(08)：3－11.

② 王伟宜，陈兴德. 高等教育入学机会获得的城乡差异分析：基于1982～2010年我国16所高校的实证调查[J]. 教育研究与实验，2014(05)：22－26＋55.

③ 陈晓宇. 谁更有机会进入好大学：我国不同质量高等教育机会分配的实证研究[J]. 高等教育研究，2012，33(02)：20－29.

④ 李永友，王焱. 优质高等教育享有机会公平性研究：基于浙江高校的调查分析[J]. 财贸经济，2016，37(01)：48－60＋132.

育学院开展的四次全国高校毕业生抽样调查数据的分析发现，若将“211工程”大学定义为精英大学，则农村地区生源入读精英大学的辈出率在1999—2003年间一直低于1；与之形成鲜明对比的是，大城市生源进入精英大学的辈出率一直大于1。[①] 以上研究结果均表明，我国农村学生的精英大学入学机会远低于城市学生，且这种趋势在不断增强。

然而，近年来超级中学凭借优质的生源、师资、充裕的教育经费以及良好的办学条件，越来越多地垄断了精英大学的录取机会[②③④]，受到社会各界的广泛关注。众多学者开始分析探讨超级中学对教育公平的影响。这些研究可概括为以下三个方面：一是超级中学对校际教育公平的影响，即超级中学的扩张引起了其他学校尤其是县域高中教育质量的滑坡；二是超级中学造成的不同阶层间的教育不公平，如家庭富裕的学生更有可能获得优质高中教育资源；三是对超级中学内部学生间教育公平的影响，超级中学为追求升学率，可能在学校教育资源分配方面向尖子生过度倾斜。[⑤⑥⑦⑧⑨] 相形之下，关于超级中学对农村学生改变命运，尤其是对农村学生精英大学入学机会影响的实证研究相对较少。对于这一问题，部分学者认为，分数面前人人平等，相对来说最为公平，因此超级中学将中考分值作为选拔优秀学生的标准之一，在一定程度上扩大了农村户籍学生享受优质高中教育资源的渠道，从而有利于提升农村学生精英大学入

---

① YUE CH G. Expansion and Equality in Chinese Higher Education[J]. International Journal of Educational Development, 2015, 40 : 50—58.

② 王英杰. 多维度视角下“超级中学”现象研究[D]. 贵州财经大学, 2019.

③ 郭建鹏，张娟，甘雅娟，柯雅清. 超级中学并不“超级”：基于厦门大学本科毕业生学习经历的实证调查[J]. 教育与经济，2019，35(05)：62—70.

④ 黄晓婷，关可心，熊光辉，陈虎，卢晓东. “超级中学”公平与效率的实证研究：以K大学学生学业表现为例[J]. 教育学术月刊，2016(05)：32—37.

⑤ 杨东平. “超级中学”超越了教育规律[N]. 中国教育报，2015—01—23(002).

⑥ 郭丛斌，王家齐. 我国精英大学的生源究竟在何方：以A大学和B大学2013级生源为例[J]. 教育研究，2018，39(12)：99—108.

⑦ 甘莹，刘俊仁. 教育公平视域下“超级中学”现象探析[J]. 教育探索，2015(02)：6—9.

⑧ 李醒东，崔梦恬. 社会学视阈中的“超级中学”现象解析[J]. 教育科学，2016，32(05)：26—30.

⑨ 习勇生. “超级中学”：普通高中校际差距的催化剂[J]. 中国教育学刊，2014(06)：15—18.

学机会[①]。另有一些学者认为,一方面,超级中学在各类教育资源获得上对拥有更多农村生源的其他普通高中形成了“挤压”;另一方面,城镇子女借助超级中学的平台在高校入学机会上对就读于超级中学的农村学生形成了“挤压”,在超级中学的“双重挤压”下,农村学生进入一流大学的希望更加渺茫。[②③]

那么,超级中学对农村学生精英大学入学机会的影响究竟如何?是有助于还是不利于农村学生获得精英大学入学机会?为解答这一问题,本研究利用A大学的学生调查数据,通过构建中学首位比、农村学生精英大学辈出率等指标,并使用根据第二种超级中学定义所构建的教育垄断指数,应用双重固定效应模型,分析超级中学对农村学生精英大学录取机会的影响,并在此基础上提出相关政策建议。

第一节　测量指标与计量模型

一、中学首位比

超级中学的出现是省内优质高中教育资源发展不均衡的结果,为了进一步考察这种不均衡对农村学生精英大学录取机会的影响,本研究引入中学首位比[④]:

$$First_{it} = \frac{F_{it}}{N_{it}} \qquad \text{(公式 9-1)}$$

上式中,F_{it} 为 i 省第 t 年录取A大学人数最多的中学的录取人数,N_{it} 为 i 省第 t 年录取A大学的总人数,$First_{it}$ 为中学首位比,反映各省份当年精英大学录取机会的集中程度,取值在0到1之间,其数值越低,表明该省当年首位中学对本省精英大学录取机会的垄断程度就越低;反

① 肖川.教育给了我们什么[J].教育科学研究,2003(09):63.

② 冯帮,李紫玲.从“超级中学”现象看城乡子女教育公平问题:以湖北省D市为例[J].教育发展研究,2014,33(02):67—75.

③ 梁正瀚,张旭.挑战与机遇:实现超级中学的蜕变[J].上海教育科研,2016(02):26—30+25.

④ 郭丛斌,王家齐.我国精英大学的生源究竟在何方:以A大学和B大学2013级生源为例[J].教育研究,2018,39(12):99—108.

之，该省当年首位中学对本省精英大学录取机会的垄断程度就越高。

二、农村学生精英大学辈出率

为了衡量农村学生精英大学录取机会，本研究参考梁晨等的研究，引入农村学生精英大学辈出率[①]：

$$Rural_{it} = \frac{r_{it}}{R_{it}} \quad \text{（公式 9-2）}$$

上式中，r_{it} 为 i 省第 t 年 A 大学录取人数中农村生源占全部录取人数的比例，R_{it} 为 i 省第 t 年农业人口占全部人口的比例，$Rural_{it}$ 为农村学生 A 大学辈出率。假定某省当年 A 大学录取人数中农村生源的占比与该省当年农业人口的占比相等，那么该省当年农村学生精英大学辈出率等于 1，说明该省当年的农村生源获得了与其人口比例相应的录取机会；大于 1，则说明该省当年的农村生源获得了超出其人口比例的录取机会；小于 1，则说明该省当年的农村生源未获得与其人口比例相应的录取机会。

三、模型设定

为探讨在控制了地区和时间因素后，各省份超级中学的教育垄断是否会影响该省农村学生的精英大学录取机会，本研究采用加入了省份和年份固定效应的双重固定效应模型，具体模型设定如下：

$$Y_{it} = \beta_0 + \beta_1 Super_{it} + \beta_2 X_{it} + \sigma_i + \theta_t + \mu_{it} \quad \text{（公式 9-3）}$$

其中，Y_{it} 是被解释变量——农村学生精英大学辈出率，即 i 省第 t 年高考录取 A 大学人数中农村生源占比/当年农业人口占比；$Super_{it}$ 是核心解释变量——超级中学垄断指数，即 i 省第 t 年 A 大学录取人数中超级中学毕业生所占的比例；X_{it} 为一系列控制变量，包括第 i 省第 t 年的人均 GDP、普通高中生均教育事业经费、高中生师比、高考专项计划人数，以分别控制经济发展程度、教育经费投入水平、高中教育质量和倾向性招生政策对农村学生精英大学录取机会的影响；σ_i 为省份固定效应，用

① 梁晨，张浩，李兰，阮丹青，康文林，李中清. 无声的革命：北京大学、苏州大学学生社会来源研究（1949—2002）. [M]. 生活·读书·新知三联书店，2013.

以控制随地区变化而不随时间变化的不可观测因素，如各省份的考生能力特质、高考改卷给分标准等；θ_t 为年份固定效应，用以控制随时间变化而不随地区变化的不可观测因素，如高校专项计划、国家专项计划等各类专项招生政策等；μ_{it} 为随机误差项。本章使用到的上述变量的相关数据均来自 A 大学的学生调查数据、国家统计局和教育部官网发布的历年《中国统计年鉴》《全国教育经费统计年鉴》和《全国教育统计年鉴》。

第二节　各省份精英大学录取机会的集中程度

根据各省份 2007 年—2017 年的首位比均值，本章将全国 31 个省份也分为三组：均值在 20%以内的为轻度集中组、均值在 20%到 40%之间的为中度集中组、均值在 40%以上的为高度集中组。如表 9-1 所示，江苏、山东等 12 个省（直辖市）为轻度集中组，湖南、广西等 14 个省（自治区、直辖市）为中度集中组，甘肃、宁夏等 5 个省（自治区）为高度集中组。其中，江苏省首位比的平均值最低，为 9%；青海省首位比的平均值最高，为 68%。总体上看，表 9-1 与表 7-2 的统计结果非常相似，31 个省份中，只有福建、广东由表 7-2 的中度垄断组转为表 9-1 的轻度集中组，河北、重庆由表 7-2 的高度垄断组转为表 9-1 的中度集中组。结合上文所述的超级中学分布，可以发现这几个省都有两所超级中学，当计算首位比时，首位中学的集中程度自然会有所下降。唯一的特例是天津，在计算超级中学垄断指数时，天津的垄断指数均值为 20%，属于轻度垄断组，而在计算中学首位比时，天津的首位比均值为 24%，属于中度集中组。此外，大部分省份 2012 年后的中学首位比，较之 2011 年都明显下降。[①]

① 中学首位比和超级中学垄断指数虽然相似，都是衡量精英大学录取中的垄断状况，但是两者内涵不同。中学首位比是某一省份当年录取 A 大学人数最多的中学所占的比例，这一中学不是固定的，有时候并不一定是本研究界定的超级中学。而超级中学垄断指数是在标定了某一省份十一年间有六年及以上录取 A 大学人数均排在全省前 10%的中学为超级中学后，计算的这些中学录取 A 大学人数的占比。

表 9-1　全国各省份历年中学首位比

省份	2007年	2008年	2009年	2010年	2011年	2012年	2013年	2014年	2015年	2016年	2017年	均值
轻度集中组												
江苏	9%	9%	9%	9%	10%	10%	9%	8%	8%	9%	10%	9%
山东	14%	11%	10%	11%	18%	7%	7%	6%	7%	7%	6%	9%
河南	12%	11%	12%	11%	11%	14%	9%	16%	11%	13%	16%	12%
浙江	12%	9%	13%	11%	15%	13%	12%	17%	15%	12%	20%	14%
安徽	12%	16%	15%	13%	14%	16%	14%	15%	17%	13%	12%	14%
福建	25%	15%	15%	17%	20%	15%	15%	12%	16%	14%	16%	16%
辽宁	26%	13%	14%	16%	15%	12%	14%	36%	20%	13%	16%	18%
广东	21%	14%	18%	24%	22%	24%	18%	15%	14%	14%	15%	18%
江西	24%	16%	20%	18%	20%	17%	21%	21%	15%	13%	18%	18%
四川	11%	13%	20%	18%	23%	18%	20%	19%	21%	22%	23%	19%
北京	16%	24%	23%	23%	21%	22%	17%	20%	15%	14%	18%	19%
湖北	15%	25%	22%	22%	23%	21%	19%	19%	14%	21%	22%	20%
中度集中组												
湖南	16%	15%	17%	16%	21%	19%	24%	31%	27%	19%	23%	21%
广西	35%	35%	17%	18%	32%	23%	21%	18%	22%	20%	22%	24%
天津	32%	30%	33%	29%	20%	18%	19%	20%	14%	30%	23%	24%
重庆	27%	30%	28%	31%	26%	21%	23%	29%	23%	22%	24%	26%
内蒙古	32%	43%	20%	23%	29%	41%	14%	28%	18%	28%	22%	27%
山西	26%	30%	27%	23%	30%	29%	27%	30%	21%	29%	28%	27%
黑龙江	25%	29%	32%	29%	35%	30%	31%	27%	17%	29%	21%	28%
河北	28%	34%	23%	37%	29%	30%	28%	25%	29%	30%	29%	29%
云南	31%	36%	24%	39%	31%	29%	19%	23%	26%	38%	29%	30%
新疆	34%	43%	35%	38%	41%	36%	24%	20%	19%	27%	19%	30%
云南	31%	36%	24%	39%	31%	29%	19%	23%	26%	38%	29%	30%

（续表）

省份	2007年	2008年	2009年	2010年	2011年	2012年	2013年	2014年	2015年	2016年	2017年	均值
新疆	34%	43%	35%	38%	41%	36%	24%	20%	19%	27%	19%	30%
上海	20%	23%	26%	26%	34%	30%	37%	43%	39%	30%	34%	31%
贵州	26%	19%	42%	29%	57%	32%	35%	25%	24%	33%	24%	31%
陕西	34%	34%	44%	27%	36%	34%	36%	25%	28%	27%	30%	32%
吉林	26%	38%	36%	46%	42%	38%	37%	36%	42%	34%	36%	37%
高中集中组												
甘肃	19%	38%	36%	50%	39%	48%	40%	43%	49%	42%	36%	40%
宁夏	33%	61%	52%	44%	52%	70%	55%	59%	32%	45%	55%	51%
海南	50%	67%	46%	74%	52%	60%	30%	41%	61%	70%	48%	54%
西藏	33%	60%	50%	60%	67%	29%	60%	25%	75%	67%	100%	57%
青海	77%	69%	83%	89%	82%	74%	64%	57%	47%	45%	59%	68%

第三节　各省份农村学生精英大学录取机会的情况

2007—2014年全国各省份农村学生精英大学辈出率均小于1（见表9-2）[①]，说明中国的农村生源并未获得与人口相对应的精英大学录取机会，这与已有相关研究结果是基本一致的[②]。在31个省份中，海南的农村学生精英大学辈出率最低，仅为0.05；山东的农村学生精英大学辈出率最高，为0.38。农村学生精英大学辈出率在0.14以下的除了上海、北京等直辖市和广东外，多为中部和西部经济欠发达地区；而农村学生精英大学辈出率在0.22以上的省份主要是东部发达地区和中部人口大省，如

① 囿于数据可得性，笔者只找到了截至2014年的户籍人口城镇化率数据，在下文的回归分析只用到了2007—2014年的精英大学录取数据，故对相应指标描述统计的时间区间也为2007—2014年。

② 朱红，张文杰．精英大学生家庭特征及其对子女能力素质的影响：以北京大学2016—2018级新生为例[J]．高等教育研究，2020，41(10)：71－82．

浙江、江苏、河南、山东等。总体上看，农村学生精英大学辈出率较高的省份，大部分超级中学垄断指数和中学首位比都相对较低；而农村生精英大学辈出率较低的省份，超级中学垄断指数和中学首位比则相对较高。从变化趋势来看，在2012年以前，农村学生精英大学辈出率呈逐年下降趋势，其中，四川从2007年的0.30下降到2011年的0.04，黑龙江从2007年的0.17下降至2011年的0.05；2012年后，农村学生辈出率有所提升，江西从2011年的0.17提升到2014年的0.32，广西从0.09增加至0.21，这可能也与2012年开始实行的国家专项计划有关。

表9-2　全国各省(自治区、直辖市)历年农村学生精英大学辈出率

省份	2007年	2008年	2009年	2010年	2011年	2012年	2013年	2014年	均值
海南	0.00	0.00	0.00	0.00	0.08	0.08	0.16	0.06	0.05
上海	0.00	0.13	0.22	0.00	0.09	0.19	0.00	0.00	0.08
新疆	0.00	0.08	0.21	0.00	0.12	0.05	0.08	0.09	0.08
陕西	0.07	0.08	0.05	0.03	0.14	0.19	0.08	0.05	0.09
北京	0.13	0.09	0.11	0.07	0.05	0.07	0.08	0.10	0.09
黑龙江	0.17	0.14	0.04	0.13	0.05	0.13	0.12	0.09	0.11
吉林	0.10	0.21	0.07	0.07	0.00	0.22	0.12	0.15	0.12
甘肃	0.21	0.18	0.12	0.00	0.19	0.13	0.12	0.14	0.14
辽宁	0.10	0.12	0.13	0.14	0.11	0.19	0.20	0.15	0.14
宁夏	0.13	0.07	0.06	0.13	0.13	0.08	0.34	0.20	0.14
内蒙古	0.27	0.14	0.14	0.00	0.10	0.11	0.18	0.21	0.14
天津	0.13	0.06	0.20	0.06	0.12	0.20	0.13	0.27	0.14
广西	0.14	0.07	0.08	0.13	0.09	0.19	0.23	0.21	0.14
青海	0.00	0.11	0.08	0.00	0.14	0.00	0.25	0.67	0.16
安徽	0.17	0.13	0.07	0.11	0.14	0.10	0.20	0.40	0.17
广东	0.02	0.24	0.23	0.18	0.09	0.12	0.14	0.33	0.17
四川	0.30	0.16	0.21	0.17	0.04	0.19	0.09	0.21	0.17

（续表）

省份	2007年	2008年	2009年	2010年	2011年	2012年	2013年	2014年	均值
湖南	0.21	0.24	0.27	0.11	0.14	0.16	0.15	0.19	0.18
贵州	0.18	0.19	0.17	0.14	0.10	0.27	0.21	0.25	0.19
山西	0.16	0.06	0.25	0.22	0.13	0.28	0.14	0.31	0.19
江西	0.10	0.16	0.11	0.19	0.17	0.23	0.26	0.32	0.19
西藏	0.00	0.00	0.00	0.24	0.40	0.17	0.24	0.61	0.21
云南	0.21	0.03	0.11	0.20	0.25	0.34	0.23	0.30	0.21
福建	0.19	0.21	0.16	0.15	0.22	0.26	0.19	0.30	0.21
湖北	0.18	0.22	0.21	0.16	0.25	0.24	0.26	0.24	0.22
河北	0.22	0.22	0.17	0.25	0.21	0.19	0.30	0.21	0.22
重庆	0.18	0.12	0.29	0.16	0.28	0.41	0.31	0.37	0.27
江苏	0.30	0.20	0.26	0.32	0.28	0.26	0.32	0.29	0.28
浙江	0.25	0.25	0.34	0.25	0.39	0.35	0.49	0.31	0.33
河南	0.34	0.31	0.36	0.44	0.26	0.46	0.32	0.31	0.35
山东	0.35	0.31	0.41	0.45	0.27	0.31	0.42	0.52	0.38

第四节　超级中学对农村学生精英大学入学机会的影响

一、教育垄断程度与农村学生精英大学辈出率散点图

为更直观呈现教育垄断与农村学生精英大学入学机会的关系，本章以农村学生精英大学辈出率为纵轴，分别以超级中学垄断指数和中学首位比为横轴，绘制了两幅散点图。如图 9-1 所示，各省份超级中学垄断指数和当年的农村学生精英大学辈出率大致成线性负相关关系，换言之，随着超级中学垄断指数的提高，农村学生精英大学辈出率呈逐渐下降的趋势。与之相似，随着中学首位比的提高，农村学生精英大学辈出率也呈现

逐渐下降的趋势(见图 9-2)。

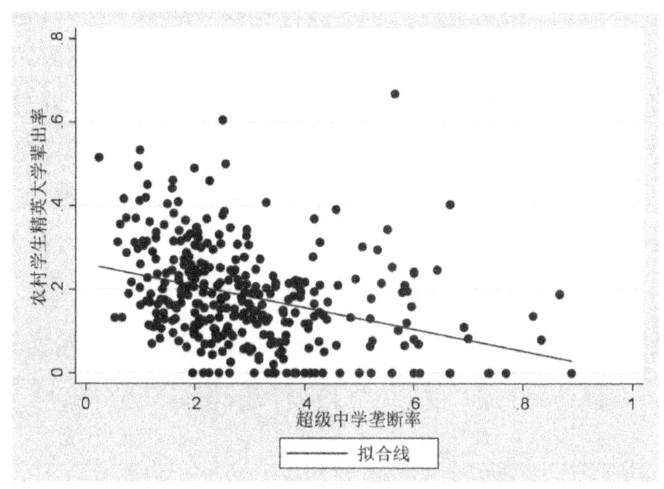

图 9-1　历年超级中学垄断指数与农村学生精英大学辈出率散点图

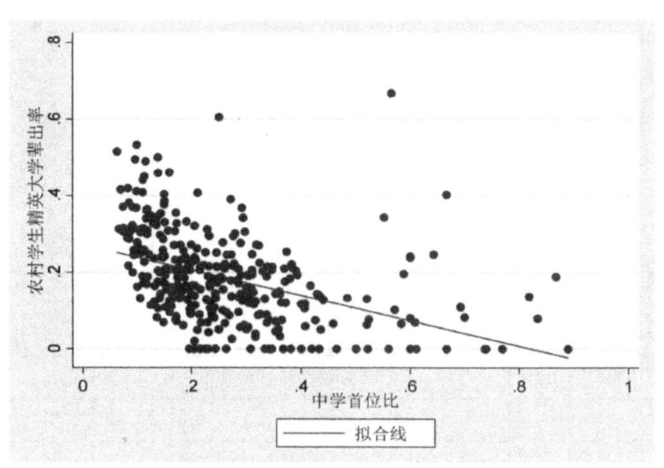

图 9-2　历年中学首位比与农村学生精英大学辈出率散点图

二、精英大学农村学生中来自超级中学的比例

各省份 2007—2017 年录取 A 大学的农村生源来自超级中学的比例如表 9-3 所示，均值 1 为农村生源来自超级中学比例的历年均值，均值 2

为农村生源来自县域高中比例的历年均值。除陕西、重庆、河北、宁夏、西藏5个省(自治区)外,所有省份的农村生源来自超级中学的比例均小于10%,其中内蒙古、山东、新疆、辽宁、青海、黑龙江这6个省(自治区)录取A大学的农村生源来自超级中学的比例均为0。与之形成鲜明对比,青海、河南等20个省份录取A大学的农村生源来自县域高中的比例均超过40%,其中青海高达88.0%,河南高达82.0%。这意味着绝大多数省份的农村学生都不是通过超级中学考入精英大学,而是通过县域高中考入精英大学。

表9-3 各省(自治区、直辖市)历年农村生源来自超级中学的比例①

省份	2007年	2008年	2009年	2010年	2011年	2012年	2013年	2014年	2015年	2016年	2017年	均值1	均值2
内蒙古	0.0%	0.0%	0.0%	a	0.0%	0.0%	0.0%	0.0%	0.0%	0.0%	0.0%	0.0%	41.8%
山东	0.0%	0.0%	0.0%	0.0%	0.0%	0.0%	0.0%	0.0%	0.0%	0.0%	0.0%	0.0%	69.6%
新疆	a	0.0%	0.0%	a	0.0%	0.0%	0.0%	0.0%	0.0%	0.0%	0.0%	0.0%	21.5%
辽宁	0.0%	0.0%	0.0%	0.0%	0.0%	0.0%	0.0%	0.0%	a	0.0%	0.0%	0.0%	71.3%
青海	a	0.0%	0.0%	a	0.0%	a	0.0%	0.0%	0.0%	0.0%	0.0%	0.0%	88.0%
黑龙江	0.0%	0.0%	0.0%	0.0%	0.0%	0.0%	0.0%	0.0%	0.0%	0.0%	0.0%	0.0%	53.9%
广东	0.0%	0.0%	0.0%	0.0%	0.0%	0.0%	0.0%	5.6%	0.0%	0.0%	0.0%	0.5%	12.6%
河南	0.0%	0.0%	0.0%	0.0%	4.0%	0.0%	0.0%	2.9%	0.0%	0.0%	0.0%	0.6%	82.0%
湖北	0.0%	0.0%	0.0%	0.0%	0.0%	0.0%	5.3%	5.0%	0.0%	3.3%	0.0%	1.2%	47.8%
山西	0.0%	0.0%	0.0%	0.0%	0.0%	0.0%	16.7%	0.0%	0.0%	0.0%	0.0%	1.5%	55.5%
四川	0.0%	0.0%	0.0%	0.0%	0.0%	0.0%	0.0%	5.9%	0.0%	6.7%	5.6%	1.6%	52.9%
江苏	4.3%	6.7%	0.0%	0.0%	4.3%	0.0%	0.0%	0.0%	0.0%	4.8%	0.0%	1.8%	64.2%
云南	0.0%	0.0%	0.0%	0.0%	16.7%	0.0%	0.0%	0.0%	0.0%	0.0%	7.7%	2.2%	33.6%
广西	25.0%	0.0%	0.0%	0.0%	0.0%	0.0%	0.0%	0.0%	0.0%	0.0%	0.0%	2.3%	52.8%
天津	0.0%	0.0%	28.6%	0.0%	0.0%	0.0%	0.0%	0.0%	0.0%	0.0%	0.0%	2.6%	0.0%
吉林	0.0%	0.0%	0.0%	0.0%	a	12.5%	0.0%	16.7%	0.0%	0.0%	0.0%	2.9%	76.6%
安徽	0.0%	0.0%	0.0%	0.0%	0.0%	16.7%	18.2%	0.0%	0.0%	0.0%	0.0%	3.2%	65.8%

① a表示在学生调查数据中,该省当年没有农村学生录取A大学,均值1为农村生源来自超级中学比例的历年均值,均值2为农村生源来自县域高中比例的历年均值。

（续表）

省份	2007年	2008年	2009年	2010年	2011年	2012年	2013年	2014年	2015年	2016年	2017年	均值1	均值2
江西	0.0%	0.0%	0.0%	0.0%	0.0%	0.0%	0.0%	6.7%	13.3%	5.3%	11.8%	3.4%	68.9%
北京	0.0%	0.0%	0.0%	16.7%	25.0%	0.0%	0.0%	14.3%	0.0%	0.0%	0.0%	5.1%	0.0%
贵州	0.0%	0.0%	0.0%	0.0%	33.3%	0.0%	0.0%	8.3%	0.0%	15.4%	0.0%	5.2%	29.8%
甘肃	0.0%	25.0%	0.0%	a	0.0%	33.3%	0.0%	0.0%	0.0%	0.0%	0.0%	5.8%	72.6%
福建	0.0%	9.1%	0.0%	14.3%	16.7%	6.7%	10.0%	0.0%	0.0%	15.4%	0.0%	6.6%	45.0%
海南	a	a	a	a	0.0%	0.0%	0.0%	0.0%	50.0%	0.0%	0.0%	7.1%	78.6%
湖南	0.0%	10.0%	0.0%	0.0%	0.0%	6.7%	23.1%	20.0%	8.3%	7.1%	7.1%	7.5%	61.0%
上海	a	50.0%	0.0%	a	0.0%	0.0%	a	a	a	0.0%	0.0%	8.3%	0.0%
浙江	13.8%	4.2%	9.1%	11.5%	9.1%	5.9%	5.8%	15.2%	5.3%	2.0%	11.4%	8.5%	49.0%
陕西	0.0%	20.0%	0.0%	0.0%	33.3%	18.2%	20.0%	0.0%	0.0%	0.0%	25.0%	10.6%	41.3%
重庆	16.7%	12.5%	31.8%	10.0%	25.0%	4.8%	22.2%	14.3%	0.0%	9.1%	11.1%	14.3%	22.6%
河北	25.0%	45.5%	33.3%	23.1%	11.1%	20.0%	36.8%	21.4%	26.3%	8.0%	5.0%	23.2%	38.7%
宁夏	0.0%	100.0%	0.0%	0.0%	0.0%	100.0%	0.0%	0.0%	16.7%	14.3%	28.6%	23.6%	4.5%
西藏	a	a	a	0.0%	100.0%	0.0%	100.0%	0.0%	0.0%	a	a	33.3%	0.0%

三、教育垄断对农村学生精英大学入学机会的影响

在上述分析基础上，本部分首先使用双重固定效应模型考察超级中学垄断指数对农村学生精英大学辈出率的影响（见表 9-4），第（1）列只控制了省份和年份固定效应，可以看出超级中学垄断指数对农村学生精英大学辈出率的影响显著为负，回归系数为－0.3462，说明超级中学垄断指数每提高 1 个单位，农村学生精英大学辈出率就会减少 0.3462 个单位，这意味着超级中学的教育垄断程度越高，越不利于农村学生获得精英大学的录取机会。第（2）列和第（3）列进一步加入人均 GDP 对数、高中生均教育经费、高中生师比、专项计划招生人数等控制变量，核心解释变量——超级中学垄断指数的回归系数依旧在 1%的显著性水平下为负，且第（2）、（3）列系数大小与第（1）列相比变化不大，这进一步表明超级中学确实不利于农村学生精英大学教育机会的获得。

表 9-4 各省(自治区、直辖市)超级中学垄断指数对农村学生精英大学辈出率的回归结果[①]

	(1)	(2)	(3)
超级中学垄断指数	−0.3462*** (0.0739)	−0.3601*** (0.0748)	−0.3525*** (0.0748)
人均 GDP 对数		0.1107*** (0.0411)	0.1028** (0.0413)
高中生均教育经费		0.0143 (0.0352)	0.0085 (0.0352)
高中生师比		0.0130 (0.0083)	0.0142* (0.0083)
专项计划招生人数			0.0043 (0.0029)
常数项	0.2854*** (0.0233)	−1.0795** (0.4414)	−1.0143** (0.4419)
省份固定效应	是	是	是
年份固定效应	是	是	是
观测值	248	217	217
R^2	0.09	0.25	0.25

如前所述,在各省份被精英大学录取人数中,省内首位中学所占比例在一定程度上也可以反映精英大学录取机会的集中程度。鉴于此,本章将表 9-4 的核心解释变量替换为中学首位比,回归结果如表 9-5 所示,第(1)列只控制了省份和年份固定效应,中学首位比的回归系数为−0.3538,说明中学首位比每增加 1 个单位,农村学生精英大学辈出率就会减少 0.3538 个单位。第(2)、(3)列进一步控制了人均 GDP 对数、高中生均教育经费、高中生师比、专项计划招生人数,中学首位比的回归系数依旧在 1%的显著性水平下显著,且系数大小与第(1)列变化不大。总的

① ***、**、* 表明分别在 1%、5%、10%的显著性水平下显著,括号内为回归标准误。

来说,3列回归结果均说明中学首位比的增加会对农村学生精英大学辈出率带来显著的负向影响;精英大学录取机会越集中于一所中学,越不利于农村学生获得精英大学录取机会。

表 9-5　各省(自治区、直辖市)历年中学首位比对农村学生精英大学辈出率的回归结果①

	(1)	(2)	(3)
中学首位比	−0.3538*** (0.0803)	−0.3646*** (0.0823)	−0.3550*** (0.0823)
人均 GDP 对数		0.1094*** (0.0415)	0.1017** (0.0417)
高中生均教育经费		0.0140 (0.0355)	0.0083 (0.0356)
高中生师比		0.0129 (0.0083)	0.0141* (0.0083)
专项计划招生人数			0.0042 (0.0029)
常数项	0.2780*** (0.0231)	−1.0729** (0.4456)	−1.0100** (0.4462)
省份固定效应	是	是	是
年份固定效应	是	是	是
观测值	248	217	217
R^2	0.08	0.23	0.24

为了检验回归结果的稳健性,本研究将被解释变量替换为精英大学录取人数中农村生源占比。表 9-6 和表 9-7 报告了相应的回归结果,与表 9-4、表 9-5 的结果基本一致,超级中学垄断指数和中学首位比的系数均显著为负,高中生师比和专项计划招生人数显著为正,验证了前文回归结果的稳健性。以上结果进一步说明超级中学的教育垄断不利于农村学生

① ***、**、* 表明分别在 1%、5%、10%的显著性水平下显著,括号内为回归标准误。

精英大学录取机会的获得，而全省高中教育质量的总体提升和倾向性招生政策均有利于农村学生获得精英大学录取机会。

表 9-6　各省(自治区、直辖市)历年超级中学垄断指数对精英大学录取人数中农村生源占比的回归结果①

	(1)	(2)	(3)
超级中学垄断指数	−0.2863*** (0.0449)	−0.2034*** (0.0513)	−0.1980*** (0.0512)
人均 GDP 对数		0.0648** (0.0283)	0.0592** (0.0284)
高中生均教育经费		0.0092 (0.0234)	0.0051 (0.0234)
高中生师比		0.0083 (0.0055)	0.0091 (0.0055)
农业人口占比		−0.0581 (0.1832)	−0.0594 (0.1825)
专项计划招生人数			0.0030 (0.0019)
常数项	0.2152*** (0.0140)	−0.5986* (0.3570)	−0.5514 (0.3566)
省份固定效应	是	是	是
年份固定效应	是	是	是
观测值	341	217	217
R^2	0.12	0.21	0.22

① ***、**、* 表明分别在 1%、5%、10%的显著性水平下显著，括号内为回归标准误。

表 9-7　各省(自治区、直辖市)历年中学首位比对精英大学录取人数中农村生源占比的回归结果①

	(1)	(2)	(3)
中学首位比	−0.3174*** (0.0492)	−0.2126*** (0.0552)	−0.2059*** (0.0551)
人均 GDP 对数		0.0614** (0.0283)	0.0560* (0.0284)
高中生均教育经费		0.0087 (0.0234)	0.0047 (0.0234)
高中生师比		0.0080 (0.0055)	0.0088 (0.0055)
农业人口占比		−0.1144 (0.1807)	−0.1150 (0.1799)
专项计划招生人数			0.0030 (0.0019)
常数项	0.2168*** (0.0141)	−0.5267 (0.3567)	−0.4823 (0.3564)
省份固定效应	是	是	是
年份固定效应	是	是	是
观测值	341	217	217
R^2	0.12	0.20	0.22

第五节　研究结论及讨论

促进基础教育质量提升和公平发展一直是党和国家高度重视的民生问题,党的十九大报告也首次提出要发展“公平而有质量的教育”。受城

① ***、**、* 表明分别在1%、5%、10%的显著性水平下显著,括号内为回归标准误。

乡户籍制度分割的影响，城乡教育公平问题一直是社会关注的焦点。长期以来，中国农村学生在高等教育机会尤其是优质高等教育机会获得方面一直处于劣势。而精英大学对学生未来发展的高回报率使得精英大学入学机会对农村学生的代际向上流动尤为重要，因此，在国家全面推动乡村振兴战略的重要阶段，关注农村学生精英大学入学机会具有非常重要的理论意义和现实意义。本章运用双重固定效应模型，探讨超级中学对农村学生精英大学录取机会的影响。研究结果表明，现阶段我国农村学生的精英大学录取机会与其人口比例极不相称，超级中学教育垄断程度以及精英大学录取机会集中程度的提高均会显著降低农村学生的精英大学录取机会。究其原因，可能在以下几个方面。

第一，超级中学的中考录取分数线普遍较高，城乡义务教育质量差距较大使得农村学生中考分数相对较低，因而能够进入超级中学的农村学生也相对较少。超级中学因为具有极高的北清录取率和一本录取率，受到众多学生与家长的青睐和追捧，这使得超级中学的中招录取分数线水涨船高。但我国城乡义务教育无论是在教师数量、教学能力等人力资源投入方面，还是在教育经费等财力资源投入方面，抑或是在办学条件等物力资源投入方面，都存在明显差距[①][②]，这些教育资源投入上的差距直接导致了城乡学校在义务教育质量上的差距[③]。与城市学生相比，我国农村学生主要分布在义务教育质量更差的农村学校，中考分数更低[④]，所以能够达到超级中学录取分数线并被录取的比例也相对较少，因此最终通过超级中学进入精英大学的农村学生比例也相对更少。

第二，超级中学费用较高，农村学生难以负担。超级中学的学费与生活成本普遍比较高，两所超级中学公布的 2021—2022 学年复读生招生简

---

① 张亚星，梁文艳．北京市义务教育阶段教师教学能力城乡差异研究：兼论城乡义务教育一体化进程中农村教师专业发展的对策[J]．教育科学研究，2017(06)：41－49．

② 卢尚建．城乡教师教学水平差距的现状调查及分析：基于对浙江省城乡教师的调查研究[J]．全球教育展望，2013，42(06)：88－95．

③ 檀慧玲，刘艳．国家义务教育质量监测：实现有质量的教育公平的有效途径[J]．中国教育学刊，2016(01)：50－53．

④ 柯政．课程改革与农村学生的学业成功机会：基于 A 市八年中考数据的分析[J]．教育研究，2016，37(10)：95－105．

章均显示，它们根据高考成绩对复读生进行差异化收费，其中最低分数档的学费均在 35000 元/学年以上，如果再考虑到绝大多数超级中学地处生活成本远高于农村的省会城市或地级市，以及部分家长陪读的房租及其他成本，超级中学的费用就更高了。而根据国家统计局的数据，2020 年我国农村居民人均可支配收入为 17131 元，其人均教育文化娱乐消费支出仅为 1309 元。① 这些数据表明，超级中学高昂的学费与生活成本是大部分农村学生无法承受的。此外，择校生是超级中学生源中的一类特殊群体，他们通过缴纳高额择校费以获得超级中学的入学机会。对于家庭收入水平相对较低的农村学生来说，其通过缴纳择校费进入超级中学的比例远低于收入水平相对较高的城镇学生。冯帮和李紫玲 2016 年通过分析湖北省一所能够反映超级中学特点的重点中学的学生调查数据后发现，城镇学生通过交择校费或利用社会关系进入该重点中学的比例高达 43.8%，远远超过农村学生的 11.8%。② 总的来说，高额的学费、生活成本和择校费也使得农村学生在超级中学生源中的比例相对较小。

第三，农村学生在超级中学的学校归属感与学业自我概念较低，受到学校的关注也相对较少，因此可能出现成绩下滑，从而难以通过超级中学进入精英大学。由于超级中学主要分布在大城市，对于习惯于农村生活、性格偏内向的农村学生群体来说，远离家人的陌生城市寄宿生活可能会降低其学校归属感。③ 此外，根据“大鱼小池塘效应”，在义务教育阶段，农村学生因为学习成绩在就读学校名列前茅，是“小池塘”里的“大鱼”，因而具有较高的学业自我概念，受到学校和教师的关注度也相对较高。这些因素都有利于促进农村学生学业成绩的提升，从而使其能够持续保持较高的学业自我概念，并获得更多来自学校与教师的关注，最终形成良性循环。与之形成鲜明对比的是，农村学生进入整体生源质量更高的超级中学，面对更为优秀的同伴群体，更有可能降低学业自我概念，从而出现

---

① 国家统计局官网 https://data.stats.gov.cn/easyquery.htm? cn=C01.

② 冯帮，李紫玲.“超级中学”准入条件下农村子女的教育起点弱势问题研究：基于布尔迪厄的资本理论视角[J].教育与教学研究，2016，30(02)：1－11.

③ 冯帮，李紫玲.从“超级中学”现象看城乡子女教育公平问题：以湖北省 D 市为例[J].教育发展研究，2014，33(02)：67－75.

学业成绩的下滑，并进一步扩大与城市学生的成绩差距。与此同时，为维持在高考升学方面的优势地位，超级中学在学校内部教育资源分配以及日常教学活动中，可能会优先关注成绩更为优秀的城市学生；相形之下，农村学生不被学校与教师重视。受上述各方面因素的共同影响，超级中学的农村学生可能陷入学业自我概念降低、成绩下降、学校关注度减少的恶性循环，加之农村学生的学校归属感普遍较低，这些学生即使进入超级中学，在高考中取得优异成绩的比例也相对较低，这可能也会进一步降低农村学生通过超级中学进入精英大学的机会。

第四，县域高中生源主要来自农村，超级中学对县域高中的挤压，加大了农村学生进入精英大学的难度。如前所述，县域高中承担着为我国广大农村学生提供高中教育机会的重要使命，是农村学生考入精英大学、实现社会阶层跃升的主要渠道。而超级中学对县域高中生源和师资的虹吸效应，使得现阶段县域高中的发展举步维艰。一方面，超级中学凭借其在精英大学录取机会上的绝对优势，令广大学生与家长趋之若鹜，从而能够通过提升录取标准招收到更优秀的生源。此外，公办超级中学还通过名校办民校等手段实现在全省范围内掐尖招生，这种做法进一步加剧了当地县域高中优质生源的流失。另一方面，超级中学通过有竞争力的薪酬与职业发展前景吸收引进县域高中的优秀教师，容易造成县域高中师资队伍整体素质的下降。县域高中由于缺乏优秀学生的领头羊作用以及骨干教师在日常教研与教学方面的榜样示范作用，可能出现学校学习氛围变差、教师教学热情下降等降低学校教育质量的现象，从而使得学生学业成绩进一步下滑。在此情况下，本地优质生源外流以及教师引进、培养、流失问题将会更加严重，全面提升县域高中教育质量的困难也会越来越大，因而可能会进一步降低当地政府投资基础教育的动力，这些因素最终使县域高中的发展陷入恶性循环。由于县域高中以农村生源为主，县域高中教育质量下降，则整个省农村学生进入精英大学的比例就有可能降低。

鉴于上述分析，为降低超级中学的教育垄断对农村学生精英大学入学机会的影响，并充分发挥县域高中对农村学生等弱势群体代际向上流动的积极作用，政府应该禁止超级中学无限制的跨区域招生，坚持和完善农村专项计划，切实提高县域高中教育质量，重点关注和帮扶各类高中农村学生。

第一，禁止超级中学无限制跨区域招生和其他各种扰乱招生秩序行为。为了维持在北大清华录取率上的优势，超级中学往往会采取无限制的跨区域招生等手段争抢高分生源，这种招生行为是以破坏全省教育生态、损害弱势高中以及弱势群体的利益为代价的。已有研究发现，跨市县招生减少了以县域高中为主的弱势高中的精英大学录取机会；相较于禁止全省招生的省份，允许全省招生的省份其省内精英大学生源两极分化的程度更大①。本章研究结果也表明，超级中学的教育垄断会显著降低农村学生的精英大学录取机会，为打破超级中学对优质生源的垄断，保障以县域高中为主的弱势高中的生源质量，应当严令禁止超级中学以各种理由无限制地跨市县掐尖招生以及提前招生、举办初中班等各类扰乱招生秩序的行为。

第二，坚持和完善农村专项计划。本研究回归结果发现，在控制了超级中学垄断指数、人均 GDP 对数以及教育资源投入（如高中生均教育经费和高中生师比）等因素的影响后，专项计划招生人数能够显著提高农村学生精英大学录取机会，这表明我国自 2012 起陆续实施的面向贫困地区和广大农村的专项招生计划取得了良好的政策效果。但与此同时，城乡学生精英大学录取机会的差距仍然居高不下，农村学生精英大学辈出率远远低于 1，有鉴于此，我国应当继续坚持并适当增加面向农村的专项计划招生名额。此外，这些专项计划在实施过程中也产生了诸如招生名额被浪费、名额分配属地化倾向明显以及招生专业数量少、专业设置冷门等问题。张瑞娟对我国 95 所高校 2015—2017 年高校专项计划录取数据的分析发现，部分优质高校的实际录取人数远低于招生计划数。② 从 2017 年高校专项计划录取生源的生源地来看，高校将专项计划名额大量投放

① 郭丛斌，林英杰. 精英大学入学机会校际差异的马太效应研究[J]. 北京大学教育评论，2020，18(04)：151－167＋189.

② 张瑞娟. 我国高校专项计划的招生政策研究[D]. 华东师范大学，2018.

到本省农村生源，如西北工业大学在陕西招生占比高达 52.11%。[①] 袁景蒂通过访谈发现，一些高校的专项计划的招生专业数量少，且以冷门专业或学校的弱势专业为主。[②] 鉴于此，在坚持农村专项计划的同时，还应当完善相关配套政策，进一步提高政策的精准度与有效性，避免专项计划招生出现缺额等现象，均衡分配招生指标，扩大招生专业范围，增加热门专业和优势专业的招生名额占比，切实发挥专项计划对农村学生等弱势群体的补偿作用。

第三，切实提高县域高中教育质量。农村专项计划本质上是针对农村生源等弱势群体采取的补偿性招生政策，是促进教育公平的重要举措，但该类计划无法从根本上缩小城乡学生在精英大学录取机会上的差距。也就是说，只有进一步提升县域高中教育质量，才能切实帮助农村学生获得更多精英大学录取机会，从而实现社会阶层的跃升。目前，随着新高考改革政策在全国范围内的陆续实施，我国县域高中不仅存在优质生源与师资流失问题，还面临着选课走班教室不足、学科教师结构性短缺、职业生涯规划教师缺乏等新问题。此外，本章实证研究结果发现，仅仅提高全省高中阶段生均教育经费并不能显著增加农村学生精英大学录取机会。因此，为提高县域高中教育质量，一方面应该加大对农村义务教育与县域普通高中教育的扶持力度，以缩小城乡学校高中生源的学业基础差距，并通过制定薪酬、培训、深造、职称评定与教师编制等方面的倾斜性政策提升县域高中教师岗位的吸引力。另一方面要建立强校与弱校对口帮扶机制，鼓励结对学校合作教研，互派学校领导及骨干教师挂职跟岗交流学习；在立足普通高中多样化、特色化发展的基础上，探索集团化办学模式，扩大优质教育资源覆盖面。

第四，重点关注和帮扶各类高中的农村学生。各类高中的农村学生是农村家庭摆脱贫困和改变命运的希望。受公共教育资源投入的城乡差异以及家庭等因素的影响，相较于城市高中生，农村高中生的学业基础总

① 吴秋翔，崔盛. 农村学生重点大学入学机会的区域差异：基于高校专项计划数据的实证分析[J]. 中国高教研究，2018(04)：70－77.

② 袁景蒂. 重点高校招生"专项计划"实施研究[D]. 厦门大学，2019.

体上更为薄弱，心理健康问题也更为突出。[①②] 鉴于此，学校与教师应该给予各类高中农村学生更多学业和心理方面的帮扶，以提高农村学生的精英大学入学机会。如前所述，县域高中是农村学生进入精英大学实现社会阶层向上流动的主要渠道，发挥着教育阻断贫困代际传递的重要作用，所以县域高中的农村学生应该获得学校与教师的重点关注与帮扶。与此同时，城乡学生间的差距同样存在于超级中学，因生活、学习环境（如同伴群体、受教师的关注程度）的突然变化以及与城市学生的成绩差距，超级中学的农村学生更容易出现学校归属感和学业自我概念降低等问题，且这些问题会进一步影响学生学业成绩与心理健康。因此，超级中学应该摒弃片面追求升学率的做法，回归教育本义，切实关注和关心学校里的每一位学生，尤其是相对弱势的农村学生。

---

① 景英，任红岩，傅茂笋，黄涛，张增智.2011 年山东省城乡中学生心理健康状况调查[J].预防医学论坛，2012，18(05)：338－340＋343.

② 马艳云.城乡高二学生心理健康对比研究[J].现代基础教育研究，2013，11(03)：74－79.

政策建议篇

导 言

前述中国精英大学入学机会篇、县域高中篇、超级中学篇，分别从中国精英大学入学机会的省际、省内、校际差异，县域高中对县域经济发展、县域人口流动以及县域农村学生精英大学入学机会的影响，超级中学的教育垄断及其对各省普通高中教育质量以及农村学生精英大学入学机会的影响等九章内容，揭示了精英大学、县域高中和超级中学三者内在的逻辑联系。通过这三者之间的关联，我们有如下发现：第一，当代中国精英大学入学机会存在较为显著的省际差异、省内差异以及校际差异，区域经济发展的不平衡、中国学龄人口增长变化趋势的区域差异以及中华人民共和国成立以来我国长期在基础教育阶段实行的重点学校制度有助于解释当代中国精英大学入学机会存在的上述差异；第二，优质的县域高中有助于保障教育生态中的资源配置均衡化，且有利于提高农村学生的精英大学入学机会；第三，超级中学教育垄断并未让更多弱势家庭的子女进入精英大学学习，反而是降低了涵盖面更广的县域高中的教育质量，进而引起全省普通高中教育质量的全面下滑。而县域高中教育质量的下降，将进一步阻碍弱势家庭子女的代际流动，长此以往将会造成阶层固化，影响社会的稳定和谐。

精英大学、县域高中和超级中学三者内在的逻辑联系所揭示出的上述若干事实，对理解当代中国普通高中输送精英大学生源谱系以及认清普通高中在社会分层、社会流动中的作用具有重要的政策启示。在中国精英大学、县域高中、超级中学三者的有机联系中，高考始终扮演着重要的角色——县域高中与超级中学在高考中的竞争性表现，最终可具象为两者在生产更具数量和质量优势的精英大学入学机会。县域高中与超级中学的分立在于精英大学入学机会上的鸿沟：超级中学的教育垄断不仅攫取了区域优质教育资源，而且垄断了区域精英大学入学机会，并极大地挤压了县域高中生存与发展空间,引致全省高中教育质量的下滑。特别是农村学生精英大学入学通道被阻塞,进而影响普通高中教育公平且有质量的发展。然而科学选拔人才、维护社会公平恰是全社会持续关注高考改革与发展的两个重要方面。已有研究表明高考难度以及高考统分命题方式对高考科学选拔人才、维护社会公平方面具有重要意义。高考试卷难度、学科之间难度匹配设计不好,对高考公正也会产生显著影响。[①] 然而,如何在保持考试的难度和区分度的同时,又不增加考生的学业负担,历来是大规模纸笔选拔性测验的一大难题。[②] 中华人民共和国成立以来,高校招考命题制度及命题方式历经了高校单独命题、联合命题、分区命题、全国统一命题等多次变革。高校招考命题方式的统分变革既受考试发展内在逻辑的制约,又受考试外部因素的影响。[③] 全国命题与分省命题的切换,反映了国家利益与地方利益的博弈,其指向并不在命题制度本身,而是直接反映了基础教育资源配置、开发与培育,进一步影响区域基础教育发展潜力,并最终影响基础教育公平。[④] 作为高考改革讨论中"沉默的大多数"——农村考生,即使认同高考的重要性,但对高考公平性的焦虑程度始终处于较高水平;即便对统考的公平性表示认同,但实属无奈。[⑤] 基于已有研究成果,我们是否可以通过反思高考难度设计、高考统分命题方式等相关政策设计,以促进中国精英大学入学机会在不同行政层次普通高中之间更合理的分布,使得农村学生精英大学入学机会通道更加畅通?此外,我们发现当前超级中学对县域高中教育资源(优质生源、师资、办学经费等)的大肆掠夺,已严重破坏当地教育生态,部分县域高中甚至陷入濒临关门倒闭的境地。因此,加强县域高中建设,振兴县域教育对于提振县域适龄受教育人口尤其是县域农村学生的教育自信心、获得感,以及提升全省普通高中教育质量均具有重大意义。

---

① 王后雄. 高考命题公正的现实困境与两难选择[J]. 教育研究,2008(08):24-31.

② 刘海峰. 高考改革中的两难问题[J]. 高等教育研究,2000(3):36-38.

③ 刘亮. 建国70年高考命题方式变革及动因:兼论高校自主招生命题方式变革[J]. 河北师范大学学报(教育科学版),2019,21(1):39-45.

④ 谢冬平. 公平视域下全国命题与分省命题的博弈[J]. 现代大学教育,2018(01):85-92.

⑤ 郑若玲,刘婧婧. 弱势群体对高考公平性之评价:基于农村高中生的调查[J]. 现代大学教育,2015(01):9-14+39.

为此,本篇立足于前面三篇九章内容有关研究结论,以高考政策调整(高考难度与统分命题方式)与县域高中振兴为切入点,旨在充分回应与中国当代精英大学入学机会紧密关联的普通高中教育公平与质量两大核心议题。具体包括以下三个方面的内容:一是探讨高考难度变化对县域高中学生精英大学入学机会的影响,由此构成第十章;二是讨论"由统入分"与"由分入统"等不同命题方式对教育垄断程度的降低以及县域高中精英大学入学机会的影响,由此形成第十一章;三是从加强县域高中自身建设为出发点,系统讨论振兴县域教育的政策举措,由此构成第十二章。

第十章 科学设定高考难度

普通高中是精英大学生源输入的主渠道。近年来，在我国城镇化进程加速的同时，县域高中的发展却差强人意。县域高中教育质量下滑的原因有很多。在教师队伍建设方面，与市级高中相比，县域高中教师在基础学历和教研能力等方面存在较大差距；①②在生源方面，县域高中受到地市级优质高中的挤压，招生困难、生源质量下降；③④在教育经费投入和学校硬件设施等方面，县域高中和地市级高中相比，同样存在较大差距。⑤⑥⑦⑧ 随着县域高中的日渐式微，精英大学的入学机会被地市级中学和超级中学垄断的情况日益加剧。针对县域高中学生精英大学入学机会日益下降的现状，2012 年，教育部、国家发改委、财政部、国务院扶贫办等联合发布了《关于实施面向贫困地区定向招生专项计划的通知》，要求自 2012 年起组织实施面向贫困地区定向招生专项计划。这一专项计划在一定程度上增加了县域高中学生进入精英大学的机会，但对于县域高

---

① 文军，顾楚丹. 基础教育资源分配的城乡差异及其社会后果：基于中国教育统计数据的分析[J]. 华东师范大学学报(教育科学版)，2017，35(02)：33－42＋117.

② ZHANG J, JIN S, et al. Teachers and Urban-Rural Gaps in Educational Outcomes[J]. American Journal of Agricultural Economics, 2018, 100(4):1207－1223.

③ 刘善槐，贾盼盼. 我国农村普通高中的生存困境与出路[J]. 教育发展研究，2013，33(22)：33－36＋49.

④ 李丽，赵文龙. 高校扩招背景下高中分流与教育机会公平研究[J]. 西安交通大学学报(社会科学版)，2014，34(05)：100－106.

⑤ 翟博，孙百才. 中国基础教育均衡发展实证研究报告[J]. 教育研究，2012，33(5)：22－30.

⑥ 薛海平，唐一鹏. 我国普通高中教育经费投入：现状、问题与建议[J]. 教育学报，2016，12(04)：89－101.

⑦ 谭俊英，邹媛. 省域内普通高中教育投入差距测度与分析：基于西部 A 省 3 县的调查[J]. 教育导刊，2016(10)：45－49.

⑧ 余秀兰. 关注质量与结果：我国教育公平的新追求[J]. 南京师大学报(社会科学版)，2019(01)：29－38.

中的学生而言，除招生方式的变革外，高考命题的走向和高考难度的变化，也是影响其精英大学入学机会的重要因素。对于精英大学入学机会的整体分布而言，高考难度的合理制定也影响着入学机会是否会被少数高中所垄断。

高考成绩是高校选拔生源的主要依据。高考一方面为国家选拔优秀人才，另一方面也为弱势群体子女改变命运、实现社会阶层的向上流动提供通道和途径。因此，高考难度既要满足高校人才选拔的要求，也要考虑其对教育公平的影响。与地市级高中相比，县域高中在生源水平、硬件设施、教学质量等方面处于相对劣势。县域高中学生的学业基础和学习能力相对较弱，县域高中的老师对于高考备考的针对性也有一定差距。所以，县域高中学生受高考难度变化的影响程度可能更大，敏感程度更高。当高考试题难度相对较小时，县域高中学生可能更容易取得好成绩，有利于其被精英大学录取；而当高考试题难度相对较大时，县域高中的学生成绩可能会出现较大波动，不利于其获得精英大学的入学机会。正因如此，高考难度的变化可能会改变精英大学入学机会在县域高中和地市级高中之间的分布情况。此外，由于少数地市级中学和超级中学在教师质量、生源质量和科研能力等方面优势明显。因此，当高考难度相对较大时，精英大学的入学机会就更有可能被这些学校所垄断，其分布呈现为高度集中；而当高考难度相对较小时，入学机会的分布则可能更为分散，有更多学校的更多学生有机会进入精英大学。

高考难度的制定，关涉全国高校的人才选拔与学生的未来发展，历来受到国家的高度重视和社会的广泛关注。当前学界对高考难度的研究，多从教育测量学角度进行技术性分析，鲜有研究关注其对教育公平的影响。且现有高考难度与入学机会的有关文献，多集中在理论分析和感性认识层面，使用数据分析的实证研究相对较少。[①②③④] 因此，本章将使用双向固定效应模型以控制学校条件、地区发展水平、高考命题方式及招生

① 杨学为. 关于高考考能力的问题[J]. 教育研究，2005(03)：33－34.

② 杨学为. “片面追求升学率”对高考的启示[J]. 考试研究，2006(01)：11－17.

③ 毛竞飞. 高考命题中试题难度预测方法探索[J]. 教育科学，2008，24(06)：22－26.

④ 张警鹏，郑启跃. 高考试题难度的因素分析及难度控制[J]. 教育科学研究，2008(04)：24－28.

计划改革的影响，并重点探讨高考难度变化对县域高中学生精英大学入学机会及其对精英大学入学机会被垄断情况的影响。

第一节　高考难度及其测算

从教育测量学的角度来看，考试难度是指测试被试者知识和能力水平的指标。考试难度可分为绝对难度和相对难度：绝对难度为试题本身的特征，与考生无关，与试题考核的知识、技能、综合性有关；而相对难度则指考生完成题目所遇到的困难程度，既与试题的绝对难度有关，又能反映考生群体的作答特征。[①] 在具体测量中，试题的绝对难度其实是预测难度，是命题时为保证考试公平而由专家综合分析各种因素对试题难度进行的评估预测。[②] 经典测量理论通常测量全体被试者在某一试题上的通过率，此时通过率为试题的相对难度，试题的通过率越高，试题的难度也就越低。这样得到的难度测量也被称为统计难度或测试难度，在国内外被广泛使用。[③]

本章使用"高考理科一本线占总分数的比值"作为测量高考难度的重要指标之一。一本线来源于高考招生的本科一批录取批次的划分，意为第一批本科控制线，在每年高考出分后由各省招生考试院根据分数分布情况和一类本科招生人数划定，考生分数高于一本线才有资格被本科一批高校选择录取。因此，"一本线占总分数的比值"是一种"相对难度"的测度，代表了"通过率"。同一省市不同年份在一本招生人数占参加高考总人数的比值变化不大时，一本线占总分的比值越大，则意味着该年份高考难度越低。事实上，各省内一本招生人数占高考总人数的比值虽然会随年份有些改变，但一般来说变化不大。需要指出的是，通过省份固定效应控制同一省份内考生平均能力变化以及各省高考给分标准变化效应，而使用理科本科分数线占高考总分的比值表征高考的整体难度在第八章已做过详细的论证和说明，这里不再赘述。本章使用"高考理科一本线占

---

① 张警鹏，郑启跃. 高考试题难度的因素分析及难度控制[J]. 教育科学研究，2008(04)：24－28.

② 柳博. 预估难度：一种自学考试的试题难度确定方法[J]. 中国考试(研究版)，2007(07)：29－34.

③ 朱德全. 教育测量与评价[M]. 北京：高等教育出版社，2016：74.

总分数的比值”作为测量高考难度的指标的同时，还使用了理科二本线以及文科一本线作为自变量进行稳健性检验。

为衡量各省高中精英大学录取机会的垄断程度，我们引入高中赫芬达尔-赫希曼指数(HHI)。赫芬达尔-赫希曼指数来源于产业经济学，通常用于表达一个产业的市场集中度，可以表征行业的垄断情况。本章将各个省内 A 大学录取的总人数视为“产业”，将省内各个高中视为“竞争主体”，其被 A 大学录取人数占省内总人数的比例视为“产业份额”，计算出各省历年 A 大学录取情况的赫芬达尔-赫希曼指数，以代表各省内 A 大学入学机会的集中程度或“垄断程度”。计算方式见公式 10-1，其中 S_{itk} 为 i 省 t 年 k 高中考入 A 大学的人数，N_{it} 为 i 省 t 年考入 A 大学的总人数，HHI 即为省内各高中占比的平方和。在后续计算中，为使数字更为直观，我们使用了乘以 10000 后的数值。

$$HHI_{it} = 10000 \times \sum_{k=1}^{M} \left(\frac{S_{itk}}{N_{it}}\right)^2 \quad \text{(公式 10-1)}$$

HHI 越低，代表该省内 A 大学的入学机会分布越分散，一定程度上说明该省的教育机会分布越公平；HHI 越高，则代表进入 A 大学的学生越集中在某一所或几所高中，一定程度上说明教育机会分布越不公平，甚至存在垄断。在县中已然居于劣势地位的情况下，HHI 越低，越能说明县中学生获得了更多的精英大学入学机会；HHI 越高，越能佐证精英大学的教育机会向地市级高中集中。

为研究高考难度对县域高中学生精英大学录取机会以及对少数高中精英大学入会机会垄断程度的因果性影响，本章采用加入地区和时间固定效应的双向固定效应模型。双向固定效应模型的优势在于，可以控制住不可观测但不会同时随地区和时间变化的因素，例如各省内的考生能力和 2012 年开始推行的全国性的贫困地区定向招生计划。具体模型如公式 10-2 所示：

$$Y_{it} = \alpha + \beta_1 \, cutoff_{it} + \beta_2 Quota_{it} + \gamma \vec{X}_{it} + Province_i + Year_t + \varepsilon_{it} \quad \text{(公式 10-2)}$$

其中，Y_{it} 为 A 大学在 i 省 t 年录取学生的县中人数占比或 HHI(计算方式详见上文公式 10-1)；$cutoff_{it}$ 为 i 省 t 年高考的理科一本线；

$Quota_{it}$ 表示 i 省 t 年 A 大学录取学生的总人数；X_{it} 为其他控制变量，包括 i 省 t 年的人均 GDP(千元)、普通高中生均教育事业费(元)和城镇人口占比。$Province_i$ 为省份固定效应，控制了随省份变化而不随时间变化的不可观测因素，例如各省内相对稳定的考生平均能力；$Year_t$ 为年份固定效应，控制了随时间变化而不随省份变化的不可观测因素，贫困地区定向招生计划的影响即可通过年份固定效应得到一定程度的控制。因此，双向固定效应模型类似一个双重差分，衡量的是那些高考难度有变化的省份相对于那些没有变化的省份在 A 大学录取学生的县中人数占比方面的变化的差异，以此判断在控制了精英大学招生规模、招生政策、考试类型、高考考生人数和考生能力后，高考难度对县中学生精英大学入学机会和少数高中对精英大学入学机会的垄断程度是否存在显著影响。

除此以外，本章选取了各省历年人均 GDP、普通高中生均教育事业费和城镇人口占比作为控制变量，以控制地区的经济、教育投入水平以及城镇化水平的影响。相关数据整理自国家统计局数据库和教育部官网发布的历年《全国教育经费执行情况统计表》。此外，本章还引入了 A 大学在该省招生的总人数作为控制变量，以控制由于招生名额变化带来的影响。

第二节　各省理科高考难度探析

表 10-1 展示了各省理科一本线占总分数比值(以下简称占总分比)的情况。尽管在前文第八章第二节阐述各省高中教育质量的基本情况时已呈现该表，但本处有所侧重，主要在于通过 2007—2017 年各省(自治区、直辖市)历年理科一本线占总分比的变化情况，阐述其变化趋势所表征的研究期内各省(自治区、直辖市)高考难度的变化情况。需要指出的是，有部分省份在 2016、2017 年开始不再区分本科一、二批次，“一本线”也随之消失。2017 年，浙江、上海开始“新高考”，其一本线也和往年不再有比较意义。所以，我们在使用一本线的基础回归中将这些省份在该年份的数据做缺失值处理，不再纳入回归，将其本科控制线作为“二本线”，并用各省份历年的二本线作为自变量进行稳健性检验。

表 10-1 显示，2007 年至 2017 年十一年间理科一本线占总分比的平

均值为 68.96%，意味着从全国平均水平上看，理科生高考需要超过总分的将近 70%，才有可能进入一本大学。需要注意的是，尽管一本线越高意味着进入一本大学越难，但如前文所述，一本线是一个“通过率”的指标，一本线越高意味着高考试题难度越低，正是高考的较低难度使得一本学校的入学机会竞争更加激烈。整体而言，十一年中理科一本线占总分比的下降趋势明显，2017 年相较 2007 年下降了接近 10 个百分点，2012 年后大部分年份均低于十一年中的平均水平 68.96%（2014 年除外），在一定程度上说明全国平均而言高考变“难”了。平均而言，分数线占比最高的省份为山东省（75.93%），最低的省份为青海省（54.39%），二者均值的差距达到了 21.54 个百分点，省份间的极差较大；31 个省份的中位数为黑龙江省（70.06%），有 16 个省份超过 70%，15 个省份没有达到 70%，16 个省份集中在 68%—72%之间，分布较为均匀。但结合省份的经济情况来看，高考难度的分布也存在一定程度的分化，分数线占比较高的省份多为山东、广东等东部沿海较发达省份，而分数线占比较低的多为贵州、宁夏和青海等西部地区。尽管如此，这并不直接意味着高考的“简单”或“困难”——这种差异可能是因为较发达地区教育水平高、学生能力强、高考竞争激烈，推高了分数线，而并不是他们的高考更“简单”；西部地区教育质量相对略低、学生平均能力略差，拉低了分数线，而并不是他们的高考更“困难”。因此，对于一本线占总分比衡量高考难度时学生能力的影响，需要通过加入地区固定效应进行控制。

表 10-1　2007—2017 年各省（自治区、直辖市）理科一本线占总分比（%）①

省份	2007年	2008年	2009年	2010年	2011年	2012年	2013年	2014年	2015年	2016年	2017年	研究期内均值
山东	76.40	77.60	78.13	77.33	75.60	77.60	73.87	76.27	74.93	71.60	a	75.93
广东	74.27	75.20	78.00	82.80	75.73	78.00	76.53	74.67	76.93	67.73	64.67	74.96
河北	78.27	73.60	75.87	74.80	77.47	75.20	71.73	76.40	72.53	70.00	64.67	73.68
浙江	75.73	73.33	74.69	68.02	67.90	73.21	76.17	73.70	74.69	74.07	76.93[a,b]	73.50

① a 表示该省该年招生批次合并；b 表示文理不再分科或采取“新高考”制。

（续表）

省份	2007年	2008年	2009年	2010年	2011年	2012年	2013年	2014年	2015年	2016年	2017年	研究期内均值
河南	79.47	75.07	75.60	73.60	77.60	72.00	67.33	72.93	70.53	69.73	64.53	72.58
江苏	78.40	68.75	72.50	73.96	71.88	70.83	70.42	71.88	71.67	73.54	68.96	72.07
吉林	76.53	75.87	71.87	70.67	73.07	68.67	71.33	74.00	70.00	70.67	67.60	71.84
安徽	75.07	75.07	77.20	74.93	71.20	72.53	65.33	65.20	74.00	69.07	64.93	71.32
湖北	73.07	73.07	72.00	74.27	76.13	73.47	70.27	71.07	68.00	68.27	64.53	71.28
四川	70.93	79.07	66.40	68.27	69.20	69.07	74.93	72.00	70.40	70.93	68.13	70.85
山西	76.27	72.80	72.93	71.47	76.00	70.67	65.73	71.20	68.67	69.20	64.13	70.82
湖南	71.33	71.47	71.20	75.60	76.27	69.33	66.00	69.60	70.13	68.93	67.33	70.65
重庆	67.33	72.53	74.27	71.07	71.07	69.60	69.33	68.53	76.40	70.00	65.60	70.52
江西	76.13	68.27	69.07	68.67	70.80	72.93	68.93	70.13	72.00	70.53	67.07	70.41
上海	73.97	74.13	72.22	73.81	73.33	70.50	67.50	70.50	65.71	a	a,b	70.26
黑龙江	78.40	76.93	71.73	70.93	73.47	68.53	70.27	70.53	64.40	64.80	60.67	70.06
福建	74.93	71.20	75.87	71.87	76.40	72.80	66.80	67.47	70.00	62.00	58.80	69.83
北京	70.80	66.93	66.80	65.87	64.53	63.60	73.33	72.40	73.07	73.07	71.60	69.27
海南	76.78	69.44	70.22	69.33	68.33	68.22	67.56	67.33	67.56	66.89	a	69.17
天津	67.87	69.60	66.93	67.87	68.67	70.67	69.47	68.80	71.73	68.27	69.47	69.03
辽宁	69.20	68.67	69.33	69.07	69.33	68.93	71.73	70.13	66.67	66.40	64.00	68.50
甘肃	74.93	74.40	69.47	70.80	66.80	68.93	65.20	68.80	63.33	65.33	61.33	68.12
陕西	70.27	70.27	71.60	74.13	72.00	68.93	64.67	67.07	64.00	62.67	59.87	67.77
广西	72.67	66.80	67.60	66.67	67.47	70.40	68.00	69.33	64.00	66.93	63.07	67.54
内蒙古	74.53	73.07	66.80	68.00	64.27	62.53	64.27	66.80	61.87	64.53	62.13	66.25
云南	72.54	68.65	64.77	64.77	60.23	60.23	64.12	68.01	64.77	68.01	64.77	65.53
新疆	74.93	74.40	69.47	62.80	63.07	59.33	59.07	63.33	59.47	61.87	58.27	64.18
贵州	71.47	69.47	63.60	64.13	59.73	62.67	59.87	64.53	60.40	63.07	60.80	63.61
宁夏	70.80	66.40	62.40	63.20	64.80	58.67	60.67	63.07	59.33	62.00	58.53	62.72
西藏	68.67	66.67	60.00	60.67	60.00	61.33	62.67	61.33	56.00	56.67	56.80	60.98
青海	62.27	58.40	53.33	54.00	50.67	53.47	51.07	54.13	53.33	55.47	52.13	54.39
全国平均值	73.36	71.52	70.06	69.79	69.45	68.48	67.55	69.07	67.63	67.07	63.87	68.96

第三节 各省县域高中学生精英大学入学机会

表 10-2 为全国各省 2007—2017 年 A 大学录取的县中人数占比情况。需要说明的是，北京、上海、天津由于不存在县辖区，因此没有定义出县域高中。西藏由于教育资源较为缺乏，高中基本集中在市辖区内，因此县中人数占比也均为 0。从历年的平均情况来看，全国平均水平为 16.45%，意味着考入 A 大学的每 100 个学生中平均有约 16 个来自县域高中。分省来看，有 13 个省高于全国平均水平。其中，排名靠前的多为中东部经济发达地区，前五名河南、山东、江西、安徽、浙江均超过了 30%，河南、山东两省更是超过了 40%，平均每年考入 A 大学的学生中有四成为县域高中学生。各省份县中人数占比的极差较大，表单末位的陕西、重庆、广东、宁夏与县中人数占比和最高的河南省相比有近 40 个百分点的差距。各个省份内，优质教育资源的分配并不均衡，中西部省份的内部不均衡程度高于东部地区[①]，这也使得整体而言东部地区的县中人数占比较高。以 2017 年的河南和陕西为例，样本中河南省 150 名录取学生中有来自 32 所县域高中的 68 名县中学生（占 45.33%），来自郑州的学生有 36 人（占 24.00%）；而样本中陕西省 89 名录取学生中仅有 6 名来自 5 所不同县中的学生（占 6.74%），而来自西安的学生则共有 73 人（占 82.02%），录取机会高度集中。从变化趋势来看，自 2012 年开始贫困地区专项招生计划后，A 大学录取的县中人数占比有明显提高。2007 年到 2011 年，A 大学录取学生的县中人数占比自 16.12%下降至 13.75%，平均为 14.7%；而在 2012 年推行专项计划后旋即提高至 17.41%，2012—2017 年平均为 17.9%，相较 2007—2011 年平均水平提高了 3.2 个百分点，青海、云南、广西、内蒙古等西部地区在 2012 年实施贫困专项计划后提升尤为明显。

---

① 郭丛斌，王家齐. 我国精英大学的生源究竟在何方：以 A 大学和 B 大学 2013 级生源为例[J]. 教育研究，2018，39(12)：99－108.

表 10-2　2007—2017 年各省(自治区、直辖市)A 大学录取县中人数占比①

省份	2007年	2008年	2009年	2010年	2011年	2012年	2013年	2014年	2015年	2016年	2017年	研究期内均值
河南	36.30	38.52	48.63	48.97	29.03	46.04	41.67	39.73	53.74	51.76	45.33	43.61
山东	46.40	46.77	46.62	42.24	34.31	45.53	43.64	33.78	43.36	51.61	33.57	42.53
江苏	36.69	31.69	32.86	38.04	39.23	39.86	39.33	46.94	42.24	46.43	37.96	39.21
江西	19.75	22.06	23.88	29.51	29.41	45.57	38.81	44.44	33.82	35.00	33.33	32.33
安徽	35.29	26.92	24.00	16.18	29.69	27.71	27.78	33.75	33.33	43.81	35.29	30.34
浙江	25.45	26.76	31.03	26.00	33.73	27.59	33.54	32.08	29.74	28.43	22.50	28.81
甘肃	40.63	17.24	21.21	16.67	17.86	25.00	17.14	23.33	21.62	39.47	27.78	24.36
湖南	23.42	26.85	21.05	20.19	19.23	23.33	18.80	20.45	19.33	20.13	22.22	21.37
青海	7.69	15.38	5.56	0.00	18.18	15.79	28.57	36.36	26.67	36.36	35.29	20.53
山西	13.43	9.86	18.18	13.04	8.70	23.38	15.09	29.09	35.09	26.83	27.08	19.98
福建	24.05	11.76	16.67	15.94	18.07	21.59	17.72	22.08	21.33	17.72	19.72	18.79
海南	8.33	10.00	13.79	8.70	9.52	22.73	15.00	33.33	27.78	15.00	21.74	16.90
云南	17.24	2.78	3.03	4.88	10.34	14.71	25.00	23.26	19.35	20.00	40.82	16.49
四川	26.42	17.46	14.29	14.43	14.74	19.59	15.74	15.52	11.54	10.17	16.39	16.03
新疆	12.77	14.58	24.49	11.90	8.33	10.61	3.39	6.76	24.14	11.67	15.79	13.13
贵州	25.64	21.21	8.33	11.43	2.94	18.18	7.69	5.26	9.26	18.97	12.73	12.88
湖北	13.64	8.26	8.33	10.66	11.97	13.46	12.50	16.41	16.44	12.22	13.51	12.49
广西	11.76	5.71	12.90	3.57	6.90	10.26	6.25	15.69	17.39	20.00	24.49	12.27
河北	10.98	6.67	9.09	16.00	15.63	9.21	12.90	19.59	14.05	10.94	9.26	12.21
吉林	15.79	15.00	11.84	18.07	8.00	14.49	15.38	12.00	7.58	5.71	9.72	12.14
黑龙江	11.11	10.19	5.05	4.30	2.33	5.62	14.71	14.93	22.64	13.24	19.72	11.26
辽宁	11.96	8.65	7.55	9.64	4.46	7.55	12.50	6.98	4.23	9.86	10.87	8.57
内蒙古	3.23	5.56	5.71	3.13	0.00	6.06	6.90	12.50	6.06	13.51	16.67	7.21
陕西	3.75	4.35	3.53	10.34	8.08	7.53	2.78	6.25	11.36	7.37	6.74	6.55
重庆	2.17	4.30	0.95	5.32	5.56	8.14	8.25	9.38	8.60	9.38	4.44	6.04
广东	6.67	4.59	5.56	4.35	0.00	4.55	3.31	2.27	4.42	4.62	4.13	4.04
宁夏	0.00	0.00	0.00	0.00	12.00	0.00	0.00	8.82	3.57	0.00	0.00	2.22
北京	0.00	0.00	0.00	0.00	0.00	0.00	0.00	0.00	0.00	0.00	0.00	0.00

① 按均值从高到低排列(%)。

（续表）

省份	2007年	2008年	2009年	2010年	2011年	2012年	2013年	2014年	2015年	2016年	2017年	研究期内均值
上海	0.00	0.00	0.00	0.00	0.00	0.00	0.00	0.00	0.00	0.00	0.00	0.00
天津	0.00	0.00	0.00	0.00	0.00	0.00	0.00	0.00	0.00	0.00	0.00	0.00
西藏	0.00	0.00	0.00	0.00	0.00	0.00	0.00	0.00	0.00	0.00	0.00	0.00
全国平均值	16.12	14.05	14.73	14.85	13.75	17.41	15.96	17.75	19.41	19.21	17.71	16.45

第四节　各省优质高中学生精英大学入学机会

表 10-3 为各省历年 A 大学录取人数的 HHI 情况，平均值一行为各年各省 HHI 的算数平均值。从全国各省的平均情况来看，2007 年至 2011 年，各省 HHI 的平均值由 1339 不断上升至 1781，五年平均为 1620；但在 2012 年推行“专项计划”后连年下降，2012 年至 2017 年平均为 1482，“专项计划”改善了教育机会向少数高中集中的情况。贫困地区定向招生计划对于增加县域高中学生精英大学入学机会具有明显的改善作用，但在利用计量模型研究高考难度对县域高中学生精英大学入学机会和少数高中对精英大学录取机会垄断程度的影响时，可以通过双向固定效应模型等加以控制，以区分出高考难度变化与政策变化的不同影响。

依照产业经济学的观点，当 HHI 超过一定水平时，即可认为该市场内出现垄断情况。本章按照如下标准对各省垄断情况进行分组：将历年 HHI 平均值在 600 以下的定义为“无垄断”组，将历年 HHI 平均值在 600 至 1000 之间的定义为“轻度垄断”组，将历年 HHI 平均值在 1000 至 1600 之间的定义为“中度垄断”组，将历年 HHI 平均值在 1600 以上的定义为“高度垄断”组。各省优质高中对 A 大学录取人数的垄断情况如表 10-3 所示。值得注意的是，与表 10-3 中 2007—2017 年各省（自治区、直辖市）A 大学历年录取县域高中人数比例所呈现的情况相类似，处于“轻度垄断”组、HHI 较低、教育机会分布较为公平的多为东部沿海和中部经济发达省份，而 HHI 较高、教育机会垄断情况较为严重的省份则多为中西部地区。通常,经济发达地区的教育水平较为均衡,而经济较为落后的地区其优质教育资源则主要集中在省会或少数主要城市,教育发展十分不均衡。需要指出的是,表10-3中有若干省份呈现了和表10-2不一样的特征。例如,广东的县中人数占比排在末尾,但在表10-3中处于“轻度垄断”组;海南、青海的县中人数占比均高于全国水平,但在表10-3中处于“高度垄断”组。这种情况的出现是由于县中人数占比和HHI虽然都是测量教育公平的指标,二者有一定的关联性,但二者反映的是各省A大学录取机会公平问题的不同侧面。县中人数占比测量的是A大学录取的学生中来自县域高中的比例;而HHI考察的是集中程度,不考虑高中是否为县域高中。即使省内没有县中学生被A大学录取,只要有学生考入A大学的高中数量较多、每个高中所占的录取份额接近,HHI也会处于较低水平。以2017年的广东省为例,共有来自43所高中的121人被录取,其中仅5人来自县域高中,占比4.13%;样本中占人数前三名的学校分别有18、12、10人,有1人录取的高中有23所,计算得到的HHI为583,分布较为分散。同时,有的省份A大学录取机会集中在个别地市级高中,但由于录取的总人数不多,因而县中人数占比的数值也相对较高。以2017年的海南省为例,样本中共有来自8所高中的23人,其中5人来自5所不同的县域高中,占比达到21.74%,但因为有12人来自同一所地市级高中,所以HHI较高,入学机会分布较为集中;甘肃、青海也是类似的情况。

表10-3　2007—2017年各省(自治区、直辖市)A大学录取人数的HHI指数[①]

	2007年	2008年	2009年	2010年	2011年	2012年	2013年	2014年	2015年	2016年	2017年	平均值
“无垄断”												
山东	372	342	304	282	519	269	326	359	257	230	306	324
江苏	328	327	335	360	471	374	340	332	372	387	415	367
河南	372	381	360	441	480	484	391	543	417	404	548	438

① 按均值从高到低排列。

（续表）

	2007年	2008年	2009年	2010年	2011年	2012年	2013年	2014年	2015年	2016年	2017年	平均值
浙江	507	346	457	491	600	538	459	626	559	538	821	540
安徽	458	582	635	619	518	692	590	556	605	451	450	560
“轻度垄断”												
江西	950	662	715	798	848	636	696	834	536	494	569	703
广东	756	598	760	964	1047	974	589	638	641	604	583	741
辽宁	881	756	667	753	780	676	607	676	1041	696	884	765
福建	976	796	681	838	797	635	751	636	805	899	795	783
四川	358	460	847	739	963	870	886	736	843	1021	1009	794
湖北	660	880	904	876	917	817	750	779	721	766	867	812
北京	688	986	967	964	937	908	744	872	756	733	717	843
“中度垄断”												
湖南	759	672	863	823	1128	957	1174	1357	1323	1029	1119	1018
山西	1093	1355	1129	1044	1540	1267	936	460	1093	1157	764	1076
天津	1665	1607	1707	1577	1036	966	1182	1029	762	1303	1517	1305
广西	1592	1902	1072	1301	1677	1440	1189	1119	1096	1120	1029	1321
内蒙古	1592	2052	1167	1270	1466	2048	844	1172	872	1337	1235	1369
黑龙江	1277	1307	1774	1643	1771	1552	1332	1245	993	1241	930	1370
河北	1115	1755	1290	1861	1362	1839	1460	1160	1678	1553	1742	1529
贵州	1019	872	2068	1331	3702	1364	1672	1123	1344	1385	988	1534
云南	1463	1867	1387	2052	1629	1384	1096	1044	1509	2150	1312	1536
重庆	1746	2145	1762	1976	1559	1230	1306	1372	1298	1209	1314	1538
平均值	1339	1623	1614	1744	1781	1594	1435	1299	1452	1501	1608	1544
“高度垄断”												
新疆	1571	2127	1579	1995	2139	1882	1658	1224	1005	1350	1296	1620
上海	1118	1159	1567	1244	2125	1943	2172	2567	2547	2038	2014	1863

（续表）

	2007年	2008年	2009年	2010年	2011年	2012年	2013年	2014年	2015年	2016年	2017年	平均值
吉林	1011	1750	1555	2251	2157	1648	1736	1755	2704	2359	2195	1920
陕西	1700	1907	2789	1645	2015	1890	2270	1469	1790	1787	2031	1936
甘肃	703	1891	1938	2800	2321	2598	2098	2200	2593	2036	1574	2068
宁夏	2500	3951	3600	2896	3152	5250	3436	3754	1862	2480	3733	3329
海南	2847	4644	3103	5803	3152	3884	1750	2291	4012	5150	3195	3621
西藏	3333	5200	5000	4400	5556	2778	5556	2500	6250	5556	10000	5103
青海	6095	5030	7037	8025	6860	5623	4490	3843	2711	3058	3910	5153

第五节　高考难度对县域高中学生精英大学入学机会的影响

表 10-4 中展示了使用“理科一本线占总分比”作为自变量的基础回归结果，其中前两列以县中人数占比为因变量（县中人数占比计算方法详见第六章第一节），第 3 列以 HHI 为因变量。由于直辖市中北京、上海和天津没有定义“县域高中”，重庆行政区划的较大变化也使得“县中”的定义十分不稳定，同时样本中西藏历年录取人数仅有个位数且录取政策特殊，第 2 列的回归中排除了这四个直辖市与一个自治区的观测值以作比较，而 HHI 的计算与定义与“县域高中”无关，因此并未进行此处理。

表 10-4　以理科一本线占总分比为自变量的回归结果[①]

因变量	县中人数占比		HHI
	(1)	(2)	(3)
理科一本线占总分比	0.186* (0.107)	0.232* (0.127)	−2959.505*** (1025.379)

① 括号内为稳健标准误，显著性水平：***：$p<0.01$；**：$p<0.05$；*：$p<0.1$。

（续表）

因变量	县中人数占比		HHI
	（1）	（2）	（3）
录取总人数	−0.000** (0.000)	−0.001** (0.000)	3.257* (1.744)
城镇人口占比	0.533** (0.214)	0.661** (0.259)	624.261 (3634.291)
人均 GDP	−0.002*** (0.001)	−0.002** (0.001)	−18.088 (13.211)
普通高中生均教育事业费	0.000 (0.000)	0.000 (0.000)	0.063* (0.038)
常数项	−0.266 (0.188)	−0.246* (0.139)	719.388 (2835.792)
省份固定效应	是	是	是
年份固定效应	是	是	是
排除直辖市和西藏		是	
观测数	338	295	338
R^2	0.860	0.835	0.824

回归结果发现，在控制了经济水平、教育投入和城镇化水平后，高考难度对县域高中学生的精英大学入学机会存在显著影响，使用 HHI 回归的结果也与这种影响一致。第 1、2 列以县中人数占比为因变量的回归中，"理科一本线占总分比"这一变量的系数均显著为正，说明"一本线"越高、高考难度越低，则省内考中 A 大学学生的县中人数占比显著增加。以第 2 列系数回归结果 0.232 计算，在其他因素不变时，若某省 A 大学招生规模为 100 人，高考总分为 750，则理科一本线每增加 32.33 分，县中录取数增加 1 个[①]。需要说明的是，"理科一本线占总分比"的标准差为 0.056，因此，32.33分的提高（总分为 750 分时占比提高 0.043）相当于变

① 计算如下：750×（1%/0.232）≈32.33 分。

化了 0.77 个标准差[①]。在第 3 列以 HHI 进行回归时，“理科一本线占总分比”的系数显著为负，说明当高考难度降低时，各省内 A 大学录取学生在各个高中分布的集中情况显著降低，“垄断”情况有所缓解。当理科一本线占总分比提高 10 个百分点时，赫芬达尔指数降低约 296，大约为五分之一个标准差(标准差为 1344.45)。这进一步支持了第 1、2 列的结果，在县域高中学生本就居于劣势的情况下，高考难度的增加将进一步减少县域高中学生进入精英大学学习的机会，同时进一步强化地市级优质高中学生精英大学录取比例的优势地位；而高考难度的降低使得以 A 大学为代表的精英大学入学机会被少数地市级优质高中，尤其是一些“超级中学”垄断的情况有所缓解，对于增加县域高中学生进入精英大学学习更为有利。

同时，几个控制变量也对 A 大学录取的县中人数占比有显著影响。A 大学录取总人数对县中人数占比有显著的负向影响、对 HHI 有显著的正向影响，但影响效应非常小。这是由于录取总人数的增加主要是由于自主招生指标的扩大，这种扩大对于部分地市级高中更为有利；但总体而言录取人数的变化不大，因此影响的效果较小。省内城镇人口占比对于 A 大学录取的县中人数占比有显著的正向影响，这可能是由于本章选择的城镇人口占比数据计算的是“城镇常住人口占比”，在县级市、市辖县内的常住人口都被算入城镇常住人口。因此，这一占比的增加会使得县域高中的招生基数扩大，进而能促进其精英大学入学机会增加。尽管从描述统计来看，经济发达地区的县中人数占比相对较高，但在加入了省份固定效应和其他变量后，人均 GDP 对县中人数占比的影响显著为负。这是由于加入的省份固定效应吸收了省际差异的影响，经济发达省份的优势可能是长期经济、文化、政策因素积累的结果，而在控制了这种省际差异后，经济的增长并不一定意味着教育机会的分布更为平等。HHI 的回归结果显示，普通高中生均教育事业费的增加对精英大学入学机会的集中程度有显著的改善作用，增加教育的经费支出更有利于教育生态的公平，经济发达省份更为平衡的教育资源分布、更为充裕的教育经费支持才是教育发展更为均衡的原因，仅仅发展经济而不重视教育资源的布局可能

---

① 假设一本分数线服从正态分布，则分数线在一个标准差内变化的概率为 68.3%。

难以使教育生态朝更为公平的方向发展。

接下来，下文将通过使用其他自变量进行回归来进行稳健性检验。表 10-5 呈现了以"理科二本线占总分比"(第 1、2、5 列)和以"文科一本线占总分比"(第 3、4、6 列)作为高考难度的替代变量的回归结果。表 10-5 第 1 列中，"理科二本线占总分比"的系数显著为正，而第 2 列排除直辖市与西藏后的系数估计结果也在边缘上显著(t=1.58，p=0.11)，进一步表明高考难度的降低会提高县中学生的精英大学入学机会；第 5 列中没有发现"理科二本线占总分比"对于 HHI 的显著影响，这可能是因为"本科二批次"涉及的考生多、分数线与 A 大学之间差距过大，两者相关性很小。使用"文科一本线占总分比"的回归结果则主要体现出高考难度对 A 大学入学机会的集中程度的影响。第 6 列的结果表明，当文科一本线提高、高考难度降低时，HHI 将下降，精英大学入学机会的分布会更加分散。而 3、4 列结果并没有发现对于县中人数占比的显著影响，这可能是由于县域高中学生对于文科高考的难度不太敏感。若不计算贫困地区专项计划录取的考生，能进入 A 大学的县中学生主要为理科生，进入 A 大学的文科考生中县中学生占比较低。例如，2017 年福建省进入 A 大学的 14 名县中学生中有 12 名为理科生，进入 A 大学的理科生中县中学生的占比达到 25%，而文科生中仅为 8.7%。各个控制变量的结果与前文一致，此处不再赘述。

表 10-5　以理科二本线占总分比为自变量的回归结果[①]

因变量	县中人数占比			HHI		
	(1)	(2)	(3)	(4)	(5)	(6)
理科二本线占总分比	0.135* (0.080)	0.139 (0.088)			−1034.444 (771.396)	
文科一本线占总分比			0.121 (0.118)	0.141 (0.142)		−4700.226*** (1384.744)
录取总人数	−0.000** (0.000)	−0.001** (0.000)	−0.000** (0.000)	−0.001** (0.000)	3.324* (1.753)	3.366* (1.717)

① 括号内为稳健标准误，显著性水平：***：p<0.01；**：p<0.05；*：p<0.1。

（续表）

因变量	县中人数占比			HHI		
	(1)	(2)	(3)	(4)	(5)	(6)
城镇人口占比	0.531**	0.602**	0.548**	0.668**	105.300	906.328
	(0.209)	(0.263)	(0.214)	(0.260)	(3398.117)	(3677.054)
人均 GDP	−0.002***	−0.002**	−0.002***	−0.002**	−19.422	−19.927
	(0.001)	(0.001)	(0.001)	(0.001)	(13.532)	(13.120)
普通高中生均教育事业费	0.000	0.000	0.000	0.000	0.061	0.065*
	(0.000)	(0.000)	(0.000)	(0.000)	(0.037)	(0.037)
常数项	−0.222	−0.142	−0.243	−0.178	−203.130	1880.869
	(0.183)	(0.116)	(0.193)	(0.144)	(2955.357)	(2620.257)
省份固定效应	是	是	是	是	是	是
年份固定效应	是	是	是	是	是	是
排除直辖市和西藏		是		是		
观测数	340	297	338	295	341	338
R^2	0.859	0.832	0.859	0.833	0.822	0.828

综上所述，高考难度对县域高中学生的 A 大学入学机会存在显著的影响——高考难度越小，县中学生的入学机会越大。高考难度的波动显著地影响着 A 大学的入学机会在省内各中学的分布情况。高考较难时，考入 A 大学的学生集中在少数的高中；而当高考难度降低时，更多的学校能够“分到蛋糕”，入学机会更加分散，对于县域高中乃至非顶尖的地市级高中的学生而言更加有利。细分来看，相较文科，理科高考难度变化对县中学生入学机会的影响更加直接而显著。

第六节　调整命题难度提升县域高中学生精英大学入学机会

在大力推行教育扶贫和乡村振兴的政策背景下，县域高中在维护社会公平和发展县域经济的过程中扮演着重要角色。本章利用 2007—2017 年 A 大学的学生调查数据，以一本线作为高考难度的测度，结合各省份经济、教育、人口数据，使用双重固定效应模型研究了高考难度对县中学生精英大学入学机会及对入学机会分布集中程度的影响。研究发现，高考难度的降低会显著提高县域高中学生的精英大学入学机会，同时会使得精英大学入学机会在各个高中的分布更加均衡。换言之，高考较为容易，有利于县域高中学生进入精英大学；高考难度较大，则更有利于地市级高中以及“超级中学”学生，甚至容易形成精英大学入学机会被少数学校所垄断的现象。分别使用理科、文科分数线的研究发现，高考理科、文科的难度均会影响精英大学入学机会的分布集中程度，但对县中学生的影响则主要体现在理科难度上。较低的高考难度，对于弱势群体的阶级流动和精英大学入学机会的均衡分配更为有利。

高考作为选拔性考试，承担着为大学选拔最优秀人才的责任，同时也是实现代际流动的重要阶梯。高考的难度既关系到高校能否选拔到合格人才，也关系到高中生尤其是县域高中的学生有多大的机会能够进入精英大学就读。高考难度较大可能有利于精英大学筛选到优秀生源，但过难的高考会显著降低处于相对劣势的县中、农村孩子的精英大学入学机会，不利于他们实现阶层的向上流动。因此，在保证高考的筛选功能的同时，应当注意兼顾高考对于教育公平的作用，不能一味追求难度，而忽略其促进代际流动的功能。在设定难度时，需要在这两大功能中寻找、实现平衡。当然，将来随着考生整体水平的普遍提升，在合理设置高考难度的同时，给予高水平大学一定的自主招生权可能是提高区分度、满足高水平大学招生需求的有效途径。

教育是阻断贫困代际传递的治本之策。为了使精英大学的入学机会分布更加分散和公平，为了保障县域高中的孩子接受精英大学教育的机会，在命题保证基础性、综合性、应用型和创新性的同时，应当合理设定试题难度。2017 年从浙江、上海开始，全国各省份开始逐步推行“新高考”。“新高考”通过不区分文理科、增加选考科目等方式，增加了学生参加考试、选择方向、填报志愿的信息要求，为县域高中的学生带来了新的挑战。由于前文所述的县中学生和城市学生在个人能力、师资条件和家庭背景等方面的差异，县中学生在获取信息资源方面处于劣势，已有研究发现“新高考”对升学信息支持的要求使得不同阶层的孩子教育获得的差距进一步扩大。[①] 但无论高考形式如何改变，高考考分依然还会是最重要、最公平的录取依据之一，高考命题工作在其中仍然扮演着重要角色、起着非常重要的作用。为此，高考制度改革和实施“新高考”后高考命题部门在命题过程中也要充分考虑县域高中学生和城市学生的相对差距。

为实现教育机会的公平分配，在招生制度方面，自 2012 年各高校已全面推行“贫困地区定向招生计划”，这已经使得县域高中学生的精英大学入学机会明显增加。但是，“打铁还需自身硬”，提高县域高中自身的教育质量才是促进教育公平的根本之道。县域高中在吸引优质初中生源、加强师资力量、改善学校管理、提高学校教研能力等方面要下大功夫；教育行政主管部门要禁止跨县市招生，要制定相关政策避免招生恶意竞争；地方政府要加大对县域高中的教育财政投入，提升其师资水平、加强其教研能力、改善其教学环境；各市级教师进修学校要充分发挥作用，整合县中师资力量，帮助县域高中了解和把握高考命题趋势。总之，提高县域高中自身的教育质量，再辅以高校招生政策倾斜和高考命题难度的合理设置，才能更好地提高县域高中学生进入精英大学的入学机会，促进教育公平。

---

① 鲍威，金红昊，肖阳. 阶层壁垒与信息鸿沟：新高考改革背景之下的升学信息支持[J]. 中国高教研究，2019(05)：39－48.

第十一章　优化高考统分命题方式

第十章研究结果表明，高考难度的降低会减少超级中学对精英大学入学机会的垄断，使得精英大学入学机会在各个高中的分布更加均衡，同时也会显著提高县域高中学生的精英大学入学机会。除此之外，高考采取全国统一命题还是分省自主命题方式也会对县中学生精英大学入学机会产生影响。其中，高考全国统一命题是指由教育部国家考试中心组织命题，而分省自主命题则是指由有自主命题权的省份自行组织命题。

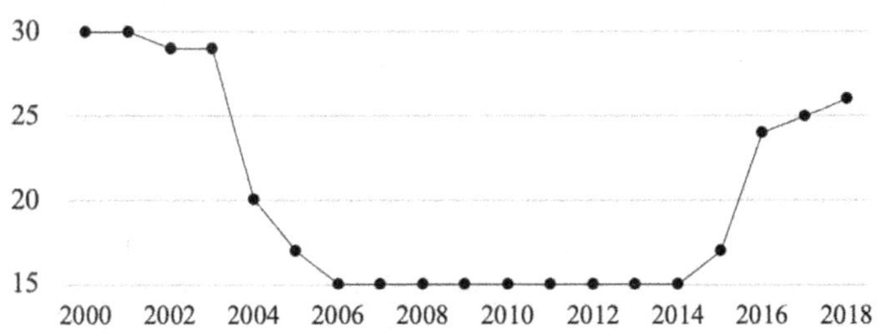

图 11-1　2000—2018 年全国统一命题省份数

如图 11-1 所示，自 2000 年以来，高考命题统分的情况经历了两次大的变化：2003 年以前，仅有上海、北京采用自主命题，2003 年四川省高考命题失窃案为全国统一命题的安全性敲响了警钟，2004 年起采用全国统一命题的省份迅速减少，这一次改革可称为“由统入分”。2014 年 9 月国务院发布《关于深化考试招生制度改革的实施意见》，提出在统一命题和自主命题的博弈当中，公平是最为核心的改革目标和价值理念。[①] 命题方式的选择是权衡教育水平不均与大学入学机会不公平的结果。全国统

① 谢冬平．公平视域下全国命题与分省命题的博弈[J]．现代大学教育，2018(01)：85－92．

一命题保证了高考的程序公平，地区间的差异可以通过分省阅卷、分省招生弥补；[①]而分省自主命题的出发点即是为了适应各地区教育水平不平衡，能够调动各省管理和发展教育的积极性[②]，因地制宜地调整命题方向和难度，但自实行起就一直存在社会对于其是否公平、有效的质疑。分省自主命题导致不同省份之间的横向比较价值下降，使得政府和研究者难以通过高考结果比较地区基础教育水平和考生能力水平[③]，而这种“无法比较”也被认为是在用隐蔽的方式掩盖各省入学机会的不均等。[④] 有针对高考所涉及的不同利益群体的调查研究显示，无论是大学及中学教师，还是学生及家长，认为分省命题不太有助于甚至无助于高校选拔人才的比例均接近 80%。[⑤] 也有类似调查表明，46%的人认为分省命题的公平性更低，认为分省命题更公平的仅占 10%，同时有 64%的人认为分省命题的保密性更差。[⑥]

从教育测量与评价的角度来看，由于地方命题队伍的质量通常无法与全国统一命题相提并论，试题的区分度、信效度、难度等都可能出现不合理的现象[⑦]，各省命题质量参差不齐。[⑧] 另一方面，针对县域高中学生而言，分省自主命题可能对于他们的精英大学入学机会存在不利影响。由于命题人员多为本省的地市级中学和大学教师，在一定程度上增加了泄题的风险[⑨]，命题人员与地市级高中带班教师互动的概率更大，更有利于地市级中学的教研团队把握命题趋势，使得他们押中考题的概率更

---

① 柳博.高考分省命题改革的回顾与启示[J].江苏高教，2017(02)：76—79.

② 孙锦明.高考分省自主命题的理性思考[J].当代教育科学，2004(24)：21—24.

③ 周文阔.分省命题横向比较价值降低的原因分析和对策研究[J].当代教育科学，2014(14)：48—50.

④ 郑若玲等.苦旅何以得纾解：高考改革困境与突破[M].南京：江苏教育出版社，2011.

⑤ 王后雄，王世存.不同利益群体对高考制度公平性认同度的调查与分析[J].教育测量与评价(理论版)，2011(09)：4—18.

⑥ 樊本富，韩福山.关于我国高考制度改革的调查研究[J].教育与考试，2015(06)：22—28.

⑦ 张敏强，王小婷，徐桃.关于高考分省命题存废的探讨：教育与心理测量学的专业视角[J].中国考试，2013(08)：3—8.

⑧ 周光礼，姜尚峰.高考改革 40 年：意义建构与制度变迁[J].复旦教育论坛，2017，15(06)：5—12.

⑨ 刘亮.高考命题公平性探研[J].河北师范大学学报(教育科学版)，2016，18(06)：105—110.

高[1]，给地市级高中考生提供更加充分的高考信息[2]，这可能使得县中学生与地市级高中学生相比，在高考起跑线上就处于落后位置。因此，高考改为分省自主命题，可能会减少县中学生的精英大学入学机会，降低入学机会分布的均衡程度。

总体来看，当前对于高考命题统分方式对教育机会公平影响的研究多基于理论推演与感性认知，缺少翔实数据作为支撑；而对于县中学生的精英大学入学机会，评估高考政策对其影响的定量研究也相对较少。基于 2000 年以来高考统一、分省自主命题情况的两次重大变化，本章将利用 2000—2018 年 A 大学的学生调查数据，利用双向固定效应模型，控制经济发展水平、教育投入水平、贫困地区专项计划等影响因素，探究高考命题统分方式的改革对县中学生入学机会的影响。在“新高考”改革全面推进的当下，研究高考命题统分方式对教育机会公平的影响将为如何更好地设计高考形式、确定命题方向提供实证参考。

第一节　高考命题统分政策及其演进

本章依照命题是否由教育部国家考试中心命制，来判定该省高考试卷是否为全国统一命题。若某省某年的高考试题全部由国家考试中心命制，则记为使用全国统一命题；若所有科目中只要有一门科目由本省自行安排命题组命制，则记为使用分省自主命题。[3] 如前文所述，分省自主命题对于教育公平的潜在影响机制，集中表现在地方组建的高考命题组可能更有利于地市级高中的学生取得较好成绩。因此，尽管在 2000 到 2018 年的高考改革中涉及新旧课标更替[4]、全国卷分“I、II、III”卷或“甲、

---

① 郑若玲.高考改革必须凸显公平[J].教育研究，2005(03)：36－37.

② 王后雄.“高考城市化倾向”的成因及矫正[J].教育发展研究，2009，29(05)：11－17.

③ 海南卷较为特殊，一直使用的是教育部为其专门命制的试题，与其余各省均不相同。基于其命题团队为教育部国家考试中心，本章将其定义为使用“全国命题”。

④ 例如，广西由于最后开展“新课改”，在 2014 年仅有其 1 区使用由国家考试中心命制的大纲卷。尽管如此，本章并不将其视作“分省自主命题”，而是依照其命制团队定义为“全国统一命题”。

乙、丙"卷[①]等变化使得"全国卷"不再是完全的"全国统一使用一张卷子",但本章按照命制团队同样将其统一视作全国统一命制,以作为分省自主命题的参照对比。

表 11-1　各省(自治区、直辖市)高考自主命题、全国命题改革情况

省份	自主命题改革年份	全国命题改革年份
北京市	2002	—
天津市	2004	—
河北省	—	一直全国命题
山西省	—	一直全国命题
内蒙古自治区	—	一直全国命题
辽宁省	2004	2015
吉林省	—	一直全国命题
黑龙江省	—	一直全国命题
上海市	2000 年以前	—
江苏省	2004	—
浙江省	2004	—
安徽省	2005	2016
福建省	2004	2016
江西省	2005	2015
山东省	2005	2018
河南省	—	一直全国命题
湖北省	2004	2016
湖南省	2004	2016
广东省	2004	2016
广西壮族自治区	—	一直全国命题
海南省	—	一直全国命题

① 为表述方便,下文将这种形式称为"全国卷的'分卷'形式"。

（续表）

省份	自主命题改革年份	全国命题改革年份
重庆市	2004	2016
四川省	2006	2017
贵州省	—	一直全国命题
云南省	—	一直全国命题
西藏自治区	—	一直全国命题
陕西省	2006	2016
甘肃省	—	一直全国命题
青海省	—	一直全国命题
宁夏回族自治区	—	一直全国命题
新疆维吾尔自治区	—	一直全国命题

各省份的命题情况整理自历年教育部及各省份招生考试院发布的高考招生工作安排及《中国教育考试年鉴》(表 11-1 所示)。总体而言,高考命题的统分改革经历了“由统入分”,而后又“由分入统”的两次变化。最早实行自主命题的是上海市,自 1985 年以来一直自主命题,从未使用过全国命题试卷。2002 年北京改为自主命题,2004 年天津、辽宁、江苏、浙江、福建、湖北、湖南、广东、重庆共计 9 个省(直辖市)改为自主命题,2005 年安徽、江西、山东改为自主命题,2006 年四川、陕西改为自主命题,也即“由统入分”改革。由此形成了“16 省自主命题、15 省全国命题”的接近对半划分的命题形势,这种形势一直保持到了 2014 年。自 2014 年 9 月国务院要求增加全国命题省份后,2015 年辽宁、江西改回全国命题,2016 年福建、湖北、湖南、广东、重庆、安徽、陕西改回全国命题,2017 年四川、2018 年山东也先后改回全国命题,也即“由分入统”的改革。2019 年,仍然进行自主命题的省(直辖市)仅剩上海、北京、天津、江苏、浙江。在改革过程中,辽宁、安徽、福建、江西、山东、湖北、湖南、广东、重庆、四川和陕西共 11 省(直辖市)经历了“由统入分”又“由分入统”的两次改革,河北、山西、内蒙古、吉林、黑龙江、河南、广西、海南、贵州、云南、西藏、甘肃、青海、宁夏、新疆共 15 省(自治区)一直使用全国命题试卷。

第二节　高考分省自主命题效应测算

除上文中提及的样本数据外，本章从国家统计局数据库和教育部发布的历年《全国教育经费执行情况统计表》中提取了各省历年人均 GDP（千元）、普通高中生均教育事业费（千元）数据，从历年的《中国人口统计年鉴》和《中国人口与就业统计年鉴》中的户籍统计人口数据中，收集了各省份的总人口数及县人口数，计算出县级人口占比，构建了 2000—2018 年省级面板数据。在此基础上，基于这十九年间高考命题统分情况的两次较大变动，本章以使用全国统一命题的省份为控制组，以使用分省自主命题的省份为实验组，使用双向固定效应模型来估计高考分省自主命题的平均效应。模型如公式 11-1 所示：

$$Y_{it} = \alpha + \beta_1 D_{it} + \beta_2 Quota_{it} + \beta_3 ZXQuota_{it} + \vec{\delta}\vec{Z}_{it} + Province_i + Year_t + \varepsilon_{it} \quad \text{（公式 11-1）}$$

因变量方面，本章采用县域高中学生占比 P_{it}（指标说明及其计算方式见第六章第一节）和衡量垄断程度的赫芬达尔-赫希曼指数 HHI_{it}（指标说明及其计算方式见第十章第一节），以全面描述高考命题统分政策的影响。自变量方面，D_{it} 为表示命题方式的二元变量，若 i 省 t 年采取的是分省自主命题则取值为 1，若为全国命题则为 0。15 个一直使用全国统一命题的省份是整个研究的对照组。

双向固定效应模型事实上是一般化的双重差分，衡量的是进行了高考命题改革的省份相对于未改革的省份在改革前后各个因变量变化情况的差异，其优势在于可以控制不可观测或难以测量的、不会同时随省份和年份变化的因素。例如，优秀生源和师资流失可能是造成县中没落和“超级中学”垄断的重要原因之一，但受省级面板数据的限制，较难找到这一学校层面因素的合适代理变量。尽管如此，由于优秀生源和师资流失是各省份共同面对的全国性影响因素，可以利用年份固定效应对这些因素进行一定程度的控制。

在控制变量方面，本章加入了 A 大学在各省份的贫困地区专项计划录取人数（$ZXQuota_{it}$）[①]以控制招生政策的影响，同时也加入了 A 大学录取的学生总数（$Quota_{it}$）以控制招生规模的影响。从经济和财政角度看，省份的高中教育质量均衡程度通常也与其经济发展水平相关，本章选取了人均 GDP（千元）加以控制；教育经费的投入与高中教育质量的绝对水平和均衡程度息息相关，本章因此也控制了普通高中生均教育事业费（千元）。此外，A 大学录取学生中的县域高中学生占比也与当年全体高考考生中县域高中考生的占比密切相关。受数据限制，各省历年高考中的县域高中考生数不易获得。为对这一因素进行一定程度的控制，本章在对县中学生占比的分析模型中，加入了县级人口占比的控制变量。

双向固定效应模型允许不同省份的改革年份不相同，同时可以将“由统入分”和“由分入统”两次政策变化都纳入同一模型进行考察分析。β_1 反映了高考自主命题相对于高考全国命题对精英大学入学机会公平情况的平均影响。然而，尽管两次改革高度相似，其差异仍然存在：2014 年后“由分入统”的省份采用的是分地区不同卷的全国卷形式，并不完全是改为 2004 年以前的“全国一张卷”模式。因此，将两种改革效果用一个系数 β_1 衡量其平均的影响显得太过简单。为了对这一问题进行优化，进一步分离两次政策改革进行研究，本章将时间线分为两段，使用 2000—2010 年的数据考察“由统入分”改革的影响，使用 2011—2018 年的数据考察“由分入统”改革的影响。

第三节　不同统分命题背景下的精英大学入学机会考辨

本节将通过折线图分析比较使用全国统一命题的省份和分省自主命题的省份，在县中学生占比和赫芬达尔-赫希曼指数方面的差异及变化情况。

图 11-2 和图 11-3 展示了“由统入分”改革中，改为自主命题的省份和一直使用统一命题的省份在县中学生占比（图 11-2）及 HHI（图 11-3）方面，自 2000 年至 2010 年的差异和变化情况。其中，图 11-2 中“改为自主

① 自 2015 年起，这一变量还包括了该校自该年份起开展的高校自主专项计划的招生人数。

命题的省份"包括了 2002 年改革的北京,2004 年改革的天津、辽宁、江苏、浙江、福建、湖北、湖南、广东、重庆,2005 年改革的安徽、江西和山东,2006 年改革的四川、陕西,共 15 个省份,以及在 2000 年以前已经自主命题的上海。由于直辖市没有定义"县域高中",而西藏录取政策较为特殊,高中集中在城区且每年录取人数仅为个位数,图 11-2 以及后文其他对县中学生占比的分析中均未包括直辖市和西藏。

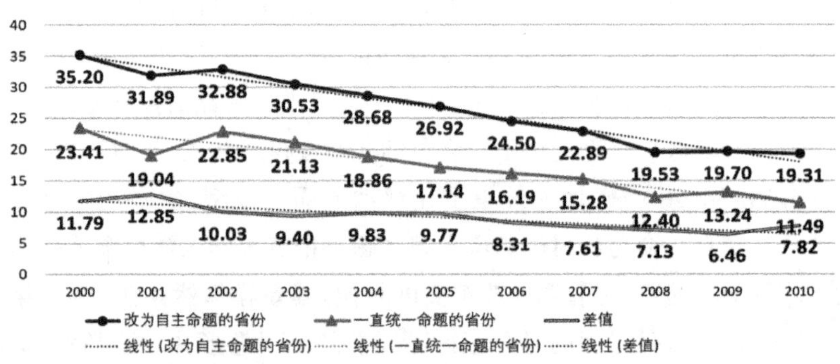

图 11-2 "由统入分"改革时两类省份的县中学生占比差异及变化情况

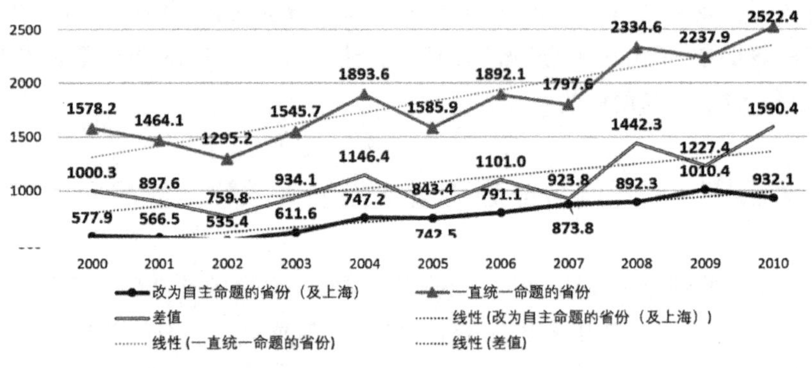

图 11-3 "由统入分"改革时两类省份的赫芬达尔-赫希曼指数差异及变化情况

如图 11-2 和图 11-3 所示,在第一次改革中,改为自主命题的省份与其余使用统一命题的省份在县中学生占比和 HHI 方面的变化趋势一致,满足了使用双向固定效应模型的共同趋势假设。2000—2010 年,两类省份的县中学生占比均在不断下降,HHI 则均呈现上升态势。在县中学生占比方面，改为自主命题的省份十一年间平均而言一直高于其余省份，但两类省份之间的差距在逐渐缩小。尽管 2004—2006 年间，两类省份的变化趋势差异不太明显，但总体而言改为自主命题的省份的县中学生占比下降更快，两类省份之间的差值由 9.83 降至 8.31，在一定程度上反映出自主命题对于县中学生占比的负面作用。在 HHI 方面，改为自主命题的省份在十一年间 HHI 平稳上涨，但平均而言低于其余省份。而其余使用统一命题的省份的上涨过程出现了较大波动：在 2004 年和 2006 年这两个集中改革的年份，没有改革、使用统一命题的省份 HHI 出现了大幅上涨，2004 年、2006 年分别相较前一年增长了 347.9、306.2，但改革后、使用自主命题的省份上涨幅度却较小，2004 年、2006 年分别相较前一年增长了 135.6、48.6。这反映出第一次改革中自主命题对于 HHI 有一定的稳定、抑制作用，有助于降低精英大学入学机会的集中程度。对于这些统计结果反映出来的问题，以下将通过双向固定效应模型进行更可靠的分析。

图 11-4 和图 11-5 展示了第二次“由分入统”改革中两类省份的差异。其中，作为对照组的仍然为 15 个从未改革、一直使用全国统一命题的省份。在第二次改革中，进行了改革、由分省自主命题改回统一命题的省份有 2015 年改革的辽宁、江西，2016 年改革的福建、湖北、湖南、广东、重庆、安徽、陕西，2017 年改革的四川和 2018 年改革的山东，共 11 个省份。

未进行第二次改革、仍然使用自主命题的上海、北京、天津、江苏、浙江也纳入代表自主命题的“实验组”进行比较。同样，在图 11-4 对县中学生占比的分析中没有纳入直辖市和西藏。

图 11-4 显示，两类省份在县中学生占比方面的变化趋势较为一致，总体呈现上升趋势。进行了第二次改革的省份与仍然使用自主命题的省份在县中学生占比方面变化不大，两类省份在改革集中的 2015 年后变化不太明显，但两者之间的差距呈现缩小的态势。需要指出的是，2012 年起一直统一命题省份的县中学生占比出现了明显的提高，这可能与 2012 年开始的“贫困地区专项计划”有关。该计划覆盖了河北、山西、内蒙古、吉林、黑龙江、河南、广西等省份，一直实行统一命题的省份全部位列其中。该计划主要针对上述省份连片贫困地区的县域高中，因而可能是造成两类省份差距缩小的原因之一，在后续分析中应加以控制。

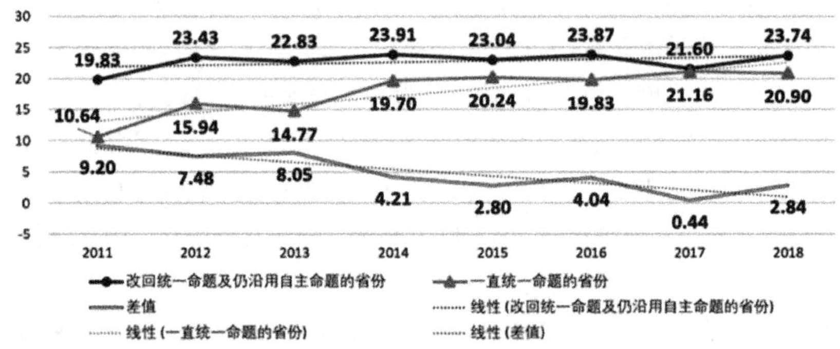

图 11-4 "由分入统"改革时两类省份的县中学生占比差异变化情况

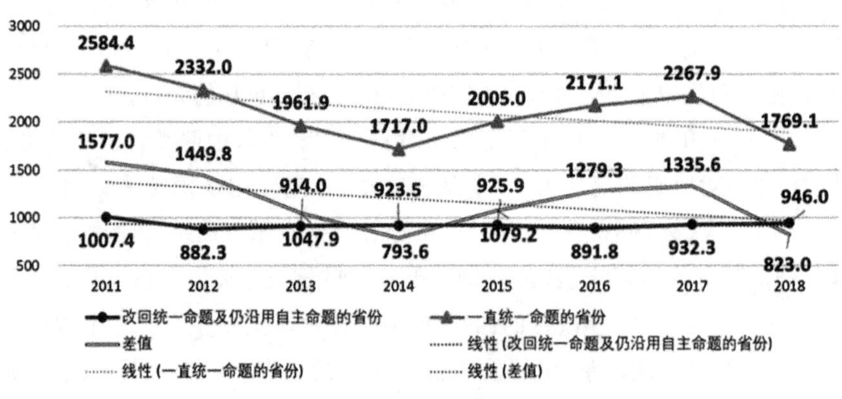

图 11-5 "由分入统"改革时两类省份的赫芬达尔-赫希曼指数差异变化情况

在图 11-5 中,"实验组"总体较为平稳,呈现了小幅下降的态势,在改回统一命题的年份也没有出现明显波动。但作为对照统一命题的省份虽然总体下降,却在"由分入统"改革开始的 2015 年起连续三年上升。从准实验的分析思路看,一直统一命题的省份并未经历改革的"实验处理",是"实验组"的参照,也即"实验组"若没有改回统一命题,也应当出现 HHI 的上升。但从结果来看,"实验组"的 HHI 并未出现明显上升,这在一定程度上说明"由分入统"的改革后,统一命题对于这部分改革省份而言起到了降低 HHI 的作用。接下来,本章将使用双向固定效应模型对分省自主命题和全国统一命题对精英大学入学机会的差异进行计量分析,以评价两种命题方式到底哪种更有利于教育机会公平。

第四节　不同命题方式影响县域高中学生精英大学入学机会

表 11-2 展示了以县域高中学生占比为因变量的回归结果。第 1 列先使用 2000—2018 年共十九年的省级面板数据，将两次政策变化结合研究发现，自主命题对于 A 大学县域高中学生占比并没有显著影响。如前文所述，两次命题改革存在一定的区别，“由统入分”的改革中，全国卷是完全“全国统一”的一张卷，“由分入统”的改革中，各省份使用的“全国卷”并不是完全“全国统一”的一张卷，而是分卷形式。因此，本章将时间窗口分段为 2000—2010 年(第 2 列)和 2011—2018 年(第 3、4 列)，前者反映了第一次“由统入分”改革中命题方式改革对于 A 大学县域高中学生占比的影响，后者反映了第二次“由分入统”命题方式改革的影响。第 2 列的结果显示，自主命题显著降低 A 大学录取学生中县域高中学生占比 3.2个百分点。自主命题对于县域高中学生的精英大学入学机会存在负向影响。

表 11-2　高考统分命题方式对县域高中学生占比的影响①

	(1) 2000—2018	(2) 2000—2010	(3) 2011—2018	(4) 2011—2018
是否自主命题	−0.004 (0.011)	−0.032** (0.014)	0.022 (0.014)	0.021 (0.016)
录取总人数	−0.001* (0.000)	0.001** (0.001)	−0.001 (0.000)	−0.000 (0.000)
专项计划人数	0.003** (0.002)		0.003* (0.002)	0.003 (0.002)
人均 GDP	−0.002** (0.001)	0.001 (0.001)	−0.002** (0.001)	−0.002* (0.001)

① 括号内为稳健标准误，显著性水平：***：$p<0.01$；**：$p<0.05$；*：$p<0.1$。

（续表）

	(1) 2000—2018	(2) 2000—2010	(3) 2011—2018	(4) 2011—2018
生均教育事业费	0.011*** (0.003)	0.009*** (0.002)	0.003 (0.004)	0.003 (0.004)
县级人口占比	−0.381*** (0.137)	−0.192 (0.126)	−0.194 (0.352)	−0.101 (0.354)
理科一本线占总分比				0.192 (0.137)
常数项	0.448*** (0.066)	0.269*** (0.070)	0.292 (0.234)	0.066 (0.262)
排除直辖市和西藏	是	是	是	是
观测数	493	286	207	200
R^2	0.79	0.84	0.87	0.88

第3列对第二次改革的研究发现，自主命题的影响并不显著。考虑到有实证研究发现高考难度对精英大学入学机会公平存在影响，本章参照其方法选择了理科一本线占总分比这一变量以控制高考难度。受数据限制，本章未能收集到2007年以前的各省份的理科一本线数据，因此仅在2011—2018年数据的回归中增加了对这一变量的控制（第4列）。第3、4列的结果对比来看，增加对高考难度的控制后，“是否自主命题”的系数仍不显著。以2015—2018年的“由分入统”改革来看，改革前后自主命题与统一命题对于A大学录取的县域高中学生占比而言并无显著差异。综上，在2004—2006年的第一次改革中，自主命题显著降低了县域高中学生的精英大学入学机会；但在2015—2018年的第二次改革中，这种效应并不显著，自主命题和统一命题并无显著区别。

几个控制变量也对A大学录取的县中学生占比有显著影响。就A大学录取总人数的影响而言，尽管在2010年以前录取总人数的增加提高了县中学生占比（第2列），但由于2010年以后录取总人数的增加主要是由于自主招生指标的扩大,这种扩大对于部分地市级高中更为有利,因此整体来看2000年以来录取总人数的增加对县中学生占比仍然有显著的负向影响(第1列)。此外,尽管从描述统计结果来看,经济发达地区的县中学生占比相对较高,但在加入了省份固定效应和其他变量后,人均GDP对县中学生占比的影响显著为负(第1列)。这是由于加入的省份固定效应吸收了省际差异的影响,经济发达省份的优势可能是经济、文化、政策因素长期积累的结果,而在控制了这种省际差异后,经济上的优势并不意味着县域高中的教育质量一定更好。而普通高中生均教育事业费的增加对县中学生占比有显著的正向效应(第1列),因此,在实现经济增长目标的同时保障教育经费投入,对于保障教育公平发展有更显著的效果。县级人口占比对县中学生占比呈现出负向效应(第1列),意味着并非县级人口越多,考入精英大学的学生里县域高中的学生就越多。首先,此处使用的县级人口占比是根据户籍统计人口数据计算得出的,而户籍处于县级的学生,特别是最优秀的那部分学生,可能并不在县域高中就读,地市级高中抢占了这部分优质生源。这部分最优秀的"县级人口"的高中生最终是作为地市级高中的毕业生考入了精英大学。其次,县级人口占比较大也并不一定意味着县域高中的教育质量较好,2000—2018年间,研究期内县级人口占比均值排全国第二(75.8%)、第三(73.6%)、第四(72.2%)的青海、云南和贵州省[①],其研究期内A大学生源中来自县中学生占比的年平均值仅列全国第十一(19.6%)、第十二(18.5%)和第二十一位(13.6%)。反过来看,县域高中教育质量较高的省份,县级人口占比也并不一定较大。山东、河南两省平均每年A大学生源中来自县中的学生占比达到了44.9%、38.7%,分列全国第一和第三位,但这两省平均每年的县级人口占比为41.7%、31.4%,分列第二十位和第二十五位。

需要特别指出的是,专项计划人数系数在第1、3列中均显著为正,仅在加入理科一本线占总分比后可能由于自变量较多而显著性降低。总体来看,专项计划录取人数的增加可以显著提高县中学生占比:以0.003计算,假设一

---

① 县级人口占比年平均值位列第一的是西藏自治区,由于录取政策特殊,并没有纳入分析范围。事实上,西藏的优质高中也基本均为地市级高中。

个省招生规模为100人,专项计划录取人数每增加3个时,录取学生中县域高中人数约增加1人[①]。这在一定程度上说明,在贫困地区定向招生计划推行后,这一计划显著增加了A大学县域高中学生占比。

第五节　不同命题方式影响精英大学入学机会的集中度

以HHI为因变量的回归结果如表11-3所示。基于相似的理由,第2、3列中分别对两次改革进行分析,第4列在第3列的基础上加入了对高考难度的控制。从第1列结果看,高考自主命题总体上对HHI有显著的负效应,即自主命题显著降低了A大学入学机会在省内各高中的集中程度。需要指出的是,这与自主命题降低了县中学生占比并不矛盾。如前文所述,县中学生占比和HHI描述的是教育机会不公平问题的不同侧面。自主命题使得县域高中学生精英大学入学机会减少,而地市级高中学生精英大学入学机会增加,但这可能并没有增加入学机会的集中程度。相反,入学机会可能分布在更多所县域高中,当然也可能在各个地市级高中之间分布得更加分散,降低了HHI。以浙江省为例,使用统一命题的2003年,A大学录取的131名学生中有38名来自20所县域高中的学生(占29.0%),有25所地市级高中有学生被录取,HHI为503;而使用自主命题的2006年,录取的135名学生中有33名来自21所县域高中的学生(占24.4%),有27所地市级高中有学生被录取,HHI为459。也就是说,2006年浙江省实行自主命题后,虽然县域高中学生被A大学录取的人数减少,但由于入学机会在县域高中(由20所变为21所)和地市级高中(由25所变为27所)的分布都更为分散,使得全省A大学生源的集中程度也有所降低。

高考自主命题虽然降低了精英大学县域高中学生比例,但却削弱了精英大学入学机会的集中程度,使得精英大学入学机会分布更分散、更均衡,因而也更适应各省的教育发展水平。但需要指出的是,将时间段分为两次改革分别研究后发现,这种对于集中程度的"削弱效应"主要集中于

---

① 计算如下:100×(3×0.003)=0.9≈1。

2010 年以前的第一次改革，而 2011—2018 年数据的回归结果显示，自主命题对于 HHI 没有显著影响。这很可能是由于新一轮“由分入统”的改革，各省份使用的“全国卷”事实上为分地区分卷形式，这样的形式同样起到了适应不同省份教育发展水平的效果，使得第二次改革前后自主命题与全国统一命题对于 HHI 的影响的差异不再显著。

从几个控制变量来看，“贫困地区专项计划”对于削减入学机会的集中程度有显著的效果，人均 GDP 的提高也有助于入学机会的均衡分布。而各省生均教育事业费对于 HHI 的影响显著为正，这在一定程度上说明，增加高中教育经费投入，需更明确地帮扶弱势高中、县域高中，才能对教育的均衡发展有明显效果；若只是增加教育经费投入，不注意经费去向，可能会进一步加剧高中之间教育水平的差距。

表 11-3　高考统分命题方式对 A 大学录取赫芬达尔指数(HHI)的影响①

	(1) 2000—2018	(2) 2000—2010 年	(3) 2011—2018 年	(4) 2011—2018 年
是否自主命题	−154.744** (72.793)	−174.163** (76.178)	−152.579 (101.133)	−30.405 (106.396)
录取总人数	2.717* (1.478)	−1.674 (1.797)	0.867 (2.042)	0.995 (2.190)
专项计划人数	−23.351* (12.442)		−14.112 (11.727)	−10.417 (12.136)
人均 GDP	−16.258** (8.047)	−16.640** (7.109)	−18.448 (15.431)	−19.384 (17.207)
生均教育事业费	31.140** (15.492)	17.988 (22.378)	79.350* (43.063)	84.862* (45.120)
理科一本线占总分比				−3567.552*** (1327.690)

① 括号内为稳健标准误，显著性水平：***：$p<0.01$；**：$p<0.05$；*：$p<0.1$。

（续表）

	(1) 2000—2018	(2) 2000—2010 年	(3) 2011—2018 年	(4) 2011—2018 年
常数项	−293.29 (539.774)	1735.153** (712.514)	−510.686 (972.453)	1774.202 (1426.360)
观测数	589	341	248	237
R^2	0.82	0.90	0.80	0.80

综上所述，两次命题改革的实证分析结果表明，高考命题的统分形式对于精英大学入学机会的影响呈现出如下特点：(1)对比两种命题方式，分省自主命题和全国统一命题的差异集中体现在 2010 年之前“由统入分”的改革中。这一次改革后，分省自主命题显著降低了县域高中学生的精英大学入学机会，但同时也提高了精英大学入学机会分布的均衡程度。而在第二次“由分入统”的改革中，两种命题方式对精英大学入学机会的影响并无显著差异。(2)就 A 大学县中学生占比来看，2010 年之前“由统入分”的改革中，分省自主命题显著降低了县域高中学生的精英大学入学机会；而 2010 年以后“由分入统”的改革中，自主命题与全国统一命题对县中学生占比的影响并没有显著差异，“专项计划”是提高县中学生占比的显著原因。(3)就入学机会的集中程度来看，总体而言，自主命题降低了入学机会的省内集中程度，但这种降低集中在 2010 年以前的“由统入分”改革中。

第六节　优化统分命题方式，配套招生制度改革，保障精英大学入学机会公平

本章利用 2000—2018 级 A 大学学生调查数据，结合 2004—2006 年高考“由统入分”和 2015—2018 年高考“由分入统”两次政策变化，分析了高考命题统分方式对于精英大学入学机会公平的影响。研究结果表明，在 2004—2006 年的“由统入分”改革中，自主命题显著降低了县域高中学生的精英大学入学机会，使用自主命题试卷会使得省内录取 A 大学的县

中学生占比降低 3.2 个百分点；而 2015—2018 年的“由分入统”改革中，命题统分方式并不是县中学生占比的显著影响因素，“贫困地区专项计划”的推行对此有更为显著的影响。就精英大学入学机会的集中程度（HHI）而言，在“由统入分”的改革中，自主命题显著降低了 A 大学录取机会在省内高中的集中程度；但从第二次改革的结果来看，全国卷的“分卷”形式与自主命题之间差异并不明显。更进一步比较分省自主命题和全国统一命题可以发现：(1)从精英大学入学机会来看，全国统一命题优于分省自主命题，自主命题对于县中学生的精英大学入学机会有负向影响；且即使是在较为复杂的第二次“由分入统”改革中，全国统一命题也至少在这一方面与自主命题位于同一条“无差异曲线”上。(2)从入学机会的集中程度来看，自主命题在最初的改革中实现了因地制宜、适应不同省份的教育水平的目标，降低了入学机会的集中程度；但在之后“由分入统”的改革中，替代自主命题的全国卷“分卷”形式同样实现了这一目标，其对集中程度的影响与自主命题无显著差异，并没有因改回统一命题而提高集中程度。

综上所述，从改革发展变化的角度来看，高考命题的方式经历了由“全国一张卷”的统一命题，改为部分省自主命题，再改为统一由教育部考试中心命制、不同地区使用不同试卷的“分卷”形式的过程。自主命题推行的初衷是为了使得高考更适应省内的教育发展水平，考试测量更加精准，而从实证结果看 2004—2006 年自主命题的出现确实使得精英大学的入学机会更为均衡，这可能与自主命题形式下，地市级高中优秀教师有更多机会参与本省命题工作有关。然而，付出的代价是自主命题存在更大的信息风险，地市级高中的学生与命题部门及人员的距离更“近”，县域高中学生的精英大学入学机会可能也因此减少。尽管入学机会更加分散，自主命题仍然更有利于地市级高中的学生。为整合“全国一张卷”与分省自主命题的优点，全国卷采用分地区不同卷的形式，既将命题权收回教育部考试中心，又延续了对不同地区社会、经济、教育发展水平的适应性考虑。从实证结果看，将自主命题改为全国卷的“分卷”形式后，分地区不同卷保证并延续了“因地制宜”的效果，入学机会分布的均衡程度与使用自主命题没有显著差异，而县域高中学生的精英大学入学机会通过“贫困地区专项计划”得到了切实的提高和保障。目前来看,在命题方面采用全国卷的“分卷”形式,招生时结合推行“贫困地区专项计划”,对精英大学入学机会的公平性起到了有效的保障作用。随着“新高考”的到来,“选科”制对高考试题是否与各省的高中教育水平及特点相适应提出了更高的要求。各科试题,尤其是除语、数、英外的其他科目的试题究竟是全国统一命制还是分省自主命制,新政策下的高考命题方式又会对精英大学入学机会产生怎样的影响,还有待未来的进一步研究。

第十二章　全面加强县域高中建设

随着城乡义务教育均衡发展的深入推进，近年来我国普通高中教育优质均衡取得了一定进展。但正如前文所述，由于我国县域经济社会发展水平整体较为滞后，加之普通高中教育管理体制和财政投入体制重心过低以及城镇化带来的县域人口持续向大中城市涌入，县域普通高中发展所面临的不均衡、不充分等现实困境和挑战日益严峻。面对超级中学的强势垄断与县域高中的溃退崩塌所刻画出的不同高中在精英大学入学锦标赛中呈现出的迥异图景，如何加强县域高中建设、全面振兴县域教育令人深思。

党的十九大把"推进国家治理体系和治理能力现代化"写入了党章，教育治理体系和治理能力成为国家治理体系和治理能力的重要组成部分。面对新形势、新要求，以教育治理现代化的思维审视、破解县域普通高中教育普及发展中的现实困境，能为县域普通高中教育改革与发展提供新视角和新路向。前面各章均围绕相关主题，对发展更加公平、更高质量的普通高中教育进行了初步探讨，本章将从县中教育法律制度建设、教育资源保障以及教育整体质量提升三个方面系统论述加强县域普通高中建设的路径、对策。其中，在县中教育制度建设层面，主要基于普通高中立法建设而护航县域高中建设的视角，夯实县中发展的制度之基；在县中教育资源保障层面，重点论述扩大县中教育资源供给以及加大教育经费保障力度，充实县中发展的物质之基；在县中教育质量提升层面，聚焦教师队伍建设、多样化特色化发展等领域，汇聚县中教育质量提升的力量之基。

第一节　加强普通高中立法护航县域高中建设

科学、合理、完备的教育法律制度体系，是推进教育治理现代化的基础和前提，也是实现县域普通高中教育事业改革与发展各项目标的重要保障。在当前我国各级各类教育法律制度中，普通高中立法最为乏力，最显薄弱，普通高中教育治理尚未从法律理念落实为法律制度。因此，亟须加强普通高中教育立法，加快推进县域普通高中教育法制建设，这既是现代政府的重要职责，也是破解我国县域普通高中教育发展的根本性、深层次困境，切实保障和促进县域普通高中教育事业健康、可持续发展的关键所在和迫切需求。应根据新时期普通高中教育改革发展的时代背景和现实需要，将县域普通高中教育纳入法制化轨道，系统谋划普通高中教育发展的制度框架，完善相关配套制度建设，构建和完善县域普通高中教育法制体系，为县域普通高中教育持续健康发展提供法治保障。

制度建设是普通高中教育法制体系的重要组成部分，是促进县域普通高中教育健康、可持续发展的关键所在。当前，县域普通高中教育进入了普及发展的重要阶段，面临诸多困境，在这一阶段，制度的作用无疑更加凸显。无论是提升教育质量，还是保障教育公平，都需要一套更加完备的制度体系，通过制度建设巩固县域普通高中教育改革发展的成果，同时依靠制度建设凝聚和挖掘进一步改革发展的动力。因此，当前亟待加强县域普通高中教育的顶层制度设计，系统谋划县域普通高中教育改革发展的制度框架，加快基本制度建设，深度聚焦改革发展中的薄弱环节和突出问题，通过一系列制度安排与制度创新，回应群众多样化教育诉求，为促进县域普通高中教育可持续发展奠定必要的制度基础。

一、深化县域普通高中教育制度供给侧结构性改革

国家层面应做好县域普通高中教育改革发展的整体谋划和顶层设计，用教育现代化的总目标和总任务统领整合各种制度资源，对影响和制约县域普通高中发展的全局性、关键性问题进行顶层判断，形成制度合力，提高制度设计的系统性和协同性。在供给侧结构性改革的背景下，不断增强制度供给和改革力度，重点解决县域普通高中教育发展中存在的结构性、体制性的矛盾和问题，建立健全和完善包括投入与供给、人员与实施、监管与回馈等一系列制度在内的系统完备、科学规范、运行有效的制度体系，其主要内容应包括以下方面：一是政府主导、社会参与的普通

高中教育办学体制;二是以多元治理为核心的普通高中现代学校制度;三是以政府投入为主的经费投入及保障机制;四是公平导向的普通高中教育考试招生制度;五是与人的全面发展相适应的普通高中教育评价制度;六是科学、合理的教师聘任及管理制度;七是以政府资助为主的普通高中学生资助制度;八是以保障贫困学生群体受教育权为核心的司法救济制度。应注重制度配套衔接,针对县域普通高中教育制度建设中的核心内容,制定和完善相关的配套政策,以此明确县域普通高中发展改革方向和具体措施,对普通高中的办学行为、考试招生、课程改革、多样化发展、质量评价等作出原则性规划和指导。

二、因地制宜构建县域高中教育发展所需法律制度

县域普通高中教育的改革发展,不仅需要国家政策的顶层设计,而且需要地方层面的基层探索。由于县域经济社会条件不同,普通高中教育发展水平、存在的突出问题及其产生原因和表现形式也具有一定差别,因此制度设计应当是基于特定的县域背景而展开,采取针对性较强而非放之四海皆准的解决方法与途径。为了避免制度设计中的不适切问题,最大限度发挥制度功效,应大力拓展基层改革创新的空间,积极鼓励县级政府在国家宏观制度设计的总体框架下,结合自身普通高中教育发展的实际情况开展制度创新的探索实践,因地制宜推进地方立法,构建适合县域普通高中教育发展所需的基础制度、基本制度和具体制度的体系架构,充分发挥基层制度创新在县域教育发展中的引领变革作用。

基于国家宏观制度设计框架基础上的县域创新能够最大限度发挥制度功效,从而提高治理的科学性和有效性。在各县级行政区域开展高中教育制度创新的过程中,还要注重对成功的实践经验进行推广和宣传,让更多县域薄弱普通高中加入普通高中教育制度改革的探索中来。应鼓励县级政府结合实际进行普通高中教育制度创新,并适时将这些被实践证明的优秀基层改革创新举措上升落实为制度供给,为县域普通高中教育改革发展提供更有效的制度保障。

第二节　切实保障县域高中教育资源供给

一、扩大县域普通高中优质教育资源供给

随着高中阶段教育普及攻坚进程的不断加快，县域普通高中学生规模还将有所增加。如何着力扩大有效资源供给，提供更多的普通高中优质教育资源，满足越来越多的县域适龄人口接受普通高中教育的需求，是当前亟待破解的重要问题。

（一）着力扩充县域普通高中办学资源

县域普通高中的数量、规模等教育资源供给情况直接决定着县域适龄人口普通高中教育的入学机会。为了适应和满足更多的县域适龄人口接受普通高中教育的需求，应对县域普通高中办学资源进行动态配置，既需要中央层面继续加大对县域普通高中办学资源的倾斜性输入，着力改善县域普通高中办学条件，弥补办学资源缺口；也需要地方层面加强对县域普通高中办学资源需求状况的科学测算和统筹规划。

第一，改善县域普通高中办学条件，补齐现存办学资源缺口。中央政府应继续扩大实施教育基础薄弱县普通高中建设项目和普通高中改造计划，继续加大对县域尤其是中西部贫困地区县域普通高中教育的扶持和投入力度，着力加强中西部县域普通高中校舍建设及其他基础设施建设，设立专项资金用于支持改善中西部县域普通高中基本办学条件，通过新建、改建、扩建一批普通高中，扩大培养能力。同时，要根据新高考改革对普通高中教育教学条件的新要求，完善县域普通高中标准，包括建设标准、教学设施配备标准、教师配备标准以及经费投入与保障标准等，逐步实现县域普通高中办学条件标准化建设，加强学校实验室、功能用房、体育活动场地建设，配足配齐教学实验仪器设备、音体美卫、计算机、图书等装备，使县域各类普通高中在建设用地、校舍建筑及设施设备配备等方面均达到国家办学标准的要求，弥补现有普通高中办学资源的缺口。

第二，加强对县域普通高中办学资源需求的科学预测和动态配置，满足新增适龄人口的普通高中教育需求。县级政府在优化普通高中教育资

源配置的过程中，必须充分考虑到普及高中阶段教育背景下普通高中教育学生规模扩大而导致的办学资源需求。为此，县级政府应对当地普通高中学龄人口数量和变动趋势进行科学评估和系统测算，在此基础上结合普通高中教育发展的实际情况，对当前和未来一段时间内当地普通高中新增办学资源需求情况进行科学预测。根据预测结果考察县域普通高中教育师资、校舍、教学仪器设备、经费等办学资源配置与发展规模的匹配状况，并研制相应的规划策略，以及时有效地提供动态化的资源配置方案。在对县域普通高中学龄人口数量及其变动趋势进行分析预测的过程中，应综合考虑当地经济发展水平、城镇化发展趋势和人口发展目标，同时注意“三孩政策”和未来县域贫困地区家庭结构变化所引发的普通高中阶段适龄人口规模波动状况，从而为科学预测普通高中阶段教育在校生规模与发展速度以及新增办学资源需求提供科学依据。

对于新增学生规模，可根据不同县域普通高中教育发展的实际情况，通过挖潜、改扩建与新建三种途径来扩充办学资源，满足其教育需求。其中，挖潜是指通过挖掘现有一些规模偏小且师资和校舍均有余量的学校办学潜力，消化一部分学生增量；改扩建是本着不盲目铺新摊子的原则，对挖潜之后学生规模仍然偏大的学校进行改扩建，吸纳一部分学生增量；其余的学生增量则需要通过设立新的学校来解决。

（二）合理规划县域普通高中空间布局

合理的普通高中布局是提高教育资源配置效率、缓解资源供求矛盾的结构性保障。学校布局合理性的影响因素包括自然地理条件（地形地貌、学校位置、学校距离）、社会文化条件（人口、经济、文化）及中小学校设计规范[①]（建校标准、学校规模等）等方面。针对当前一些县域普通高中数量和规模不能满足需求的现状，各地应根据当地经济与社会发展总体规划的要求，以及普通高中建设的现状和发展情况，结合城镇化进程、人口增长和分布情况、学龄人口变化趋势，综合考虑交通、自然地理环境、社

---

① 中华人民共和国住房和城乡建设部 2010 年 12 月 24 日发布的《中小学校设计规范（GB50099—2011）》明确了中小学校建校基本规定，以及场地、教学用房及教学辅助用房等标准。例如，中小学设计应与当地气候、地理环境、社会经济发展水平、民族习俗及传统相适应，中小学校用地应包括建筑用地、体育用地、绿化用地、道路及广场、停车场用地等。

区文化等影响因素，科学设置、合理调整普通高中布局。比如在充分挖掘现有教育资源的基础上，有计划、分年度实施若干建设项目，新建、改扩建一批学校，扩大普通高中数量和办学规模，保障学校数量、规模与普及教育需求和人口增长相适应，使学校具备适宜规模的同时具有可持续发展的空间。还未建立普通高中的贫困地区应根据人口变动趋势和实际情况，因地制宜新建或改扩建普通高中，科学制定普通高中标准化建设的总体规划和具体实施计划，确保建设工作按计划、分步骤顺利实施，优化整合普通高中教育资源，解决县域内初中毕业生在本地就读高中的问题，为适龄人口在县域内接受良好的普通高中教育创造条件。

（三）鼓励社会力量参与县域普通高中教育资源供给

现阶段我国县域财力较为有限，而高中阶段经费主要由县域负担，因此仅凭县域自身财力无法完全实现包括高中在内的十二年义务教育。为进一步提升普通高中入学率，需要全社会力量积极参与县中优质教育资源的供给。我国县级政府财力较为有限，普通高中教育投入严重不足，教育资源供求失衡是我国县域普通高中教育发展中始终未能解决的根本问题。这些问题的破解不能仅局限于教育行政系统内部，亦需要动员和凝聚全社会之力，激发社会主体的有效参与。从教育资源配置方式来看，政府计划配置和市场机制配置都是重要的教育资源提供方式。当单一的政府计划配置方式难以提供足够的教育资源时，就必须引入市场供求机制，发挥社会力量在创新和扩大教育资源服务供给中的积极作用，推动教育资源配置方式的变革，这既是世界范围内发达国家促进普通高中教育发展的主流趋势，也是现阶段我国普及发展县域普通高中教育的必然选择。

一是培育引领，搭建社会组织成长平台。县级政府要注重培育、发展和引进教育类社会组织，通过深入推进简政放权，创优政务服务，加快社会组织服务平台建设，在培育孵化、场地支持、政策咨询、能力建设、公益实践等方面提供专业服务和指导，不断提升社会组织参与普通高中教育改革发展的专业资质和能力，为多元智慧和协同行动的凝聚营造良好的治理环境和参与氛围。

二是完善机制，激发社会力量办学潜力。市场在资源配置中起决定性作用，统一开放、竞争有序的现代市场体系是提升资源配置效率与公平性的基本保障。应加强和完善普通高中教育市场机制建设，深化县域普通高中办学体制改革，大力发展民间资本办学，不断改善民办教育环境，完善相关优惠扶持政策，鼓励公办学校与民办学校之间的良性竞争和协同发展，通过政府购买服务、土地划拨、税费减免、培训教师、教研指导、设立专项资金等方式支持民办高中发展，使民办高中能够在改善办学条件、加强师资队伍建设、优化人才培养等方面取得突破，提高办学效益，扩大优质教育资源，满足贫困地区学生多样化的选择需求。

三是发挥优势，增强优质资源服务供给能力和效益。社会组织通过发挥自身的专业优势，能够精准锁定用户需求，提供差异化、精准化的教育公共服务。当前已有社会组织在“教育评价”“薄弱学校治理”“教师培训”“考试招生”等领域，有序、高效地提供普通高中教育资源服务的成果案例，如广东省通过公开竞争的方式委托符合条件的社会组织开展“国家级示范性普通高级中学评估”，提升了评估的独立性、专业性和科学性。同时，丰富和拓宽社会组织在县域普通高中教育资源服务供给中的路径和形式，通过政府购买、行政委托、项目招投标、听证会等形式将一些教育功能交托于具有专业资质的社会组织，促进社会组织在教育经费投入、学校内部管理、人才培养等方面，以多种角色和方式参与县域普通高中教育改革发展，增强优质资源服务供给能力和效益，使社会组织在创新和扩大县域普通高中教育资源服务供给方面具有更大的运作空间，发挥更大的作用。

二、加大县域普通高中教育经费保障力度

已有研究发现，当前我国普通高中教育经费仍存在以下问题：一是普通高中生均经费普遍偏低，学校办学条件受到限制；二是普通高中教育经费来源于政府的比例较低，家庭承担的教育成本比例较高，尤其是贫困学生家庭承担的高中教育成本负担较重；三是县域普通高中总体而言办学经费较为有限，然而有限的政府预算内教育经费呈现出向重点高中倾斜

的态势，进一步加剧了薄弱县域普通高中教育资源的短缺[①②③]。为增强县域普通高中经费保障力度，可从加大县级政府分担普通高中教育经费的比例、加大县域普通高中贫困学生资助比例，以及加大政府对薄弱县域高中的财政投入力度等三个方面入手。

（一）加大县级政府分担普通高中教育经费比例

我国普通高中教育经费政府分担比例低于经济发展水平较高的OECD国家，也低于经济发展水平不如我国且高中阶段私立教育规模大于我国的印度尼西亚和印度等国。切实改善高中阶段学校教育经费状况，需要县级以上财政加大投入力度。普通高中的经费主要由县级政府承担，与我国财政收入以中央和省级政府为主的财政体制不太相符。以县级政府为主的财政投入政策使得高中尤其是普通高中教育经费受到地方财政的影响。当前在县级财政支出负担较重的情况下，仅依靠县级财政来提高普通教育经费政府投入的比例是很难实现的[④]。建议省级和中央财政分担部分普通高中阶段教育经费，譬如借鉴义务教育投入新机制的做法，建立根据县级财政能力按比例分担公用经费的机制，或设立高中阶段学校建设专项基金，为新建校或有重大基本建设需求的学校提供专项基金。再比如，可以通过建设项目论证等程序，按需立项，为高中阶段学校提供基本建设经费。

（二）加大县域普通高中阶段贫困学生资助比例

已有研究认为，学生资助政策应与学费政策相配合，以便使所有愿意学习以及能够从学习中受益的学生都有机会进入学校学习，不论其父母的经济状况如何。因此，在人均收入不高且城乡差异较大的发展中国家，尽管我们认为高中应实行成本分担，但在制定具体的政策时，一定要考虑教育公平问题，即个人分担教育成本占家庭纯收入或总支出的比例不能

① 薛海平，唐一鹏．我国普通高中教育经费投入：现状、问题与建议[J]．教育学报，2016，12(04)：89－101．

② 张明星．县域普通高中教育发展现状与对策[J]．中国教师，2021(05)：108－109．

③ 于璇．我国高中阶段教育资源配置的地区差异、动态演进与趋势预测[J]．教育与经济，2021，37(03)：59－69．

④ 李世刚，尹恒．县级基础教育财政支出的外部性分析：兼论“以县为主”体制的有效性[J]．中国社会科学，2012(11)：81－97＋205．

过高，不至于影响其家庭的最低生活水平。政府应在加大对中等职业学校学生资助力度的同时，加大对普通高中学生资助力度，使家庭经济困难的学生不致受家庭经济条件的限制。

（三）加大政府对薄弱县域高中的财政投入力度

一般而言，相比于县域重点（示范）高中而言，薄弱县域高中的教育经费不足问题更甚。伴随薄弱县域高中经费不足衍生出的教育教学设施、设备简陋、办学条件较差、难以吸引优秀师资等问题，成为进一步阻碍薄弱县域高中提升办学质量的重要因素。县级政府及其教育部门在教育资金投入上应采取倾斜政策，提高原有的投入标准，或增拨专项补助资金加大对县域薄弱高中的投入力度，帮助它们改善办学条件。逐步改变以往对重点高中投入的倾斜政策，把所节省的资金用于办学条件较差的县域薄弱高中，以更好地保证每一所县中具备与地市级高中相近的办学条件和设施，实现教育起点与过程的平等。如给县域薄弱高中拨款，改善学生的学习条件和教师的工作条件。同时，提高县域薄弱高中教师的福利待遇。实践证明，在所有的学校投入中，对“教师队伍的投入是效益最大的投入”①，这既可以稳定薄弱县中教师队伍，也可以吸引更优秀的教师扎根在薄弱县中从事教书育人事业，促进县中和地市级高中之间教师队伍的均衡发展。

第三节　多措并举提升县域高中教育质量

党的十八大以来，我国高中阶段教育取得了历史性发展。但由于经济发展水平、城镇化进程、公共教育政策等多方面因素的影响，近年来不少地方县域普通高中优秀教师和学生不断流失，导致县中教育质量不断下滑，形成了以县域普通高中教育整体质量下降为突出表现的“县中塌陷”。从已有的相关文献来看，影响县域高中教育质量的因素有很多，师资、生源、学校管理、社会氛围等在其中均不同程度地扮演着重要角色。因此，应从加强现有高中师资队伍建设、禁止无限制跨区域招生留住优质

① 余雅风，齐建立.《教师法》修订对新时代教师队伍建设的应然回应[J]. 中国教育学刊，2020(4):15－21.

生源、提高县域高中学校管理水平等方面，多措并举大力提升县域普通高中教育整体质量。

一、加强县域普通高中教师队伍素质建设

教师队伍建设是县域普通高中教育发展的核心环节，教师队伍素质水平的高低影响决定着县域普通高中教育质量的优劣。由于大部分县域经济发展相对滞后、交通地理条件相对不便、学校工作环境相对较差以及工资待遇偏低，目前县域普通高中教师队伍建设整体面临数量不足、结构不优、质量亟待提升等问题，进一步影响了县域普通高中教育质量。鉴于此，推进县域普通高中师资素质转型，切实解决目前县域普通高中教师队伍建设的问题，必须立足教师本位，通过一系列精准的制度安排和政策举措，如健全待遇保障、建立补充流动机制以及提供高层次教师专业发展平台等，吸引优秀人才投身县中教师队伍。

（一）健全和完善待遇保障机制，提高县域普通高中教师工资待遇

切实提高县域普通高中教师工资待遇，是改善我国县中教师职业吸引力较弱现状的根本保障，也是解决县域普通高中教师队伍建设问题的根本出路。绩效工资制度具有保障和激励的重要功能，其功能作用的有效发挥在于建立体现外部竞争力和维护内部公平性的工资待遇保障机制，从而吸引更多优秀人才到相对落后地区任教并不断激励其工作积极性。然而，目前针对县域普通高中教师的待遇保障机制并未健全。在外部竞争力方面，县域普通高中教师工资待遇水平普遍偏低，一些地区无法达到公务员的平均工资水平，或远低于学历水平相当的其他行业从业人员的工资水平，这在一定程度上降低了教师职业的吸引力和在岗教师的工作积极性；在内部公平性方面，尽管国家和地方出台了一系列教师工资待遇的政策文件，对县域教师工资和福利待遇进行了补偿，试图缩小区域间教师的工资差距，但工资待遇政策在各地执行过程中仍面临诸多障碍，难以得到切实有效的贯彻落实。

（二）建立灵活多元的县域普通高中教师补充机制，多渠道扩充教师队伍来源

充足的教师数量是有序开展学校教育教学活动的基本保障。与大中

城市相比，县域普通高中教育发展存在先天劣势，难以吸引和留住优秀教师长期扎根县中任教。在我国，中小学教师总量自 2012 年起已基本充足，但教师体量充足是对于全国而言，实际上，近年来不少地方县域普通高中教师不断流失，尤其是优质教师资源不能及时补充，已成为“县中发展困境”的重要原因[①]。因此，当前亟须根据各地教育发展的实际需要，采取多种途径和措施，疏通优质师资向县域普通高中流动的渠道，建立和完善县域普通高中教师补充机制，既要在数量上满足县域普通高中教育发展的现实需求，又要吸引和选拔真正有志于从事普通高中教育事业的优秀人才扎根于县域任教，进一步优化县域普通高中教师队伍结构，不断提升其教师专业素质水平。

（三）加大县域普通高中教师的培训力度，推动教师专业发展

构建一支稳定且高素质的县域普通高中教师队伍不仅要依靠外部供给实现师资数量上的满足，还要通过推进现有教师的专业发展实现质量上的提升。教师培训是促进教师专业发展、实现教师可持续发展的有效途径。由于客观条件的制约，县域普通高中教师队伍“输血”功能缺失，往往难以招收到优秀教师充实到师资队伍当中。因而，教师教育应重点聚焦在岗教师的职后培训，大力开展继续教育，优化师资质量，提高县域普通高中教师队伍的自我“造血”功能，提升教师的专业素质和能力，以教师内涵式发展推动县域普通高中教育优质提升。

二、推动县域普通高中多样化、特色化发展

坚持走多样化特色发展之路，是普通高中内涵发展的重要体现，是县域普通高中教育普及发展的内在要求，也是办好人民满意的教育的现实路径。高中阶段教育是学生个性形成、自主发展的关键时期，这一阶段学生已经具有比较明确的自主意识和自我要求。通过学校间错位竞争、差异发展，让每所县域普通高中都可以根据自己的历史基础，结合当下的现实需要，办出自身的特色，形成多样化的普通高中发展格局。以上目标的实现既需要政府层面加强政策引导和规划统筹，也需要学校层面的积极

---

① 张志勇. 深刻认识县中振兴的战略格局意义[J]. 中小学管理，2022(2)：1.

作为和有效担当，加强普职教育融合发展，充分挖掘地区和学校办学特色，提供更多的备选资源，实现学校的自主办学、特色发展，从而切实推动县域普通高中教育的品质提升。

（一）加强政府规划统筹，系统推进区域普通高中特色多样发展

普通高中多样化发展是一个地域性、整体性、协同性的概念，因此，政府层面系统、健全的制度设计和科学的统筹引领，对县域普通高中多样化发展起到重要的推进作用。县级政府应结合经济发展实际和学生发展的现实需求，对区域普通高中特色化、多样化发展进行整体布局和系统规划，做好顶层制度设计，优化普通高中空间布局，从地区实际出发，对普通高中特色化、多样化发展进行分类指导，制定本县的特色高中推进计划或项目工程。着力在普通高中资源优化配置、校本课程开发、多元招生录取机制建设、特色学校专项奖励资金支持等方面进行系统谋划和统筹安排，为县域高中的特色化、多样化发展提供资金投入和资源支持，使各种类型和各个层次的普通高中合理定位、分类发展，形成特色多样发展的良性格局。

（二）关注普职教育的融合发展，实现学生发展类型的多样化

高中阶段加强普职融合，既能够成为促进普通高中特色多样化发展的重要突破口，也有利于提高中等职业教育的质量水平和社会认可度，进而推动高中阶段教育的整体优质提升。从促进普通高中多样化发展的角度出发，普职融合应以学生的全面发展为根本出发点，打破普通高中和职业高中之间的二元对立，为学生提供更多的兼跨学术课程和职业课程的学习机会和选择机会，使高中阶段的办学更加适应学生的志趣和自我发展的需要。将普职教育的融合发展、实现学生发展类型的多样化上升为国家中等教育人才培养战略；立足县域经济社会发展与县情实际，高度关注县域普通高中和中等职业学校在人才培养、科学研究、科技服务等方面的相互融合，搭建县域高中普职之间的“立交桥”，深化普通高中和中等职业学校课程的整合以切实促进普职融合，细化高中普职融合政策的实施方案。

三、构建政府、学校、社会良性互动机制

当前我国县域普通高中发展面临诸多严峻挑战，计划僵硬的管控式教育管理模式和单一分数导向的评价方式使得不同学校在办学理念、管理方式、课程设置、教学方式、校园文化建设等方面越来越趋同，县域普通高中长久积累下来的地缘性、文化性、个性化差异逐渐消解与模糊，由此造成“千校一面”的同质化现象越来越严重。学校办学缺乏灵活性与多样性，人才培养模式单一化问题较为突出，学生多样化的学习需求与教育供给之间的矛盾冲突较为明显。与此同时，社会普遍存在对升学率的片面追求，以及“千校一面”的格局所产生的重点高中与非重点高中、示范性与非示范性高中、超级中学与县域中学之间的区隔，并由此衍生出近年来愈演愈烈的县域高中优质生源流失现象。破解上述问题的关键在于着力破除体制机制障碍，积极构建政府、学校、社会之间的新型良性互动机制，包括推进政府职能转型，扩大和落实县域普通高中的办学自主权，禁止无限制跨区域招生，改变对中学校长“唯分数论”的考核模式，建立系统多元的普通高中评价模式，进而从整体上改进发展同质化和发展不均衡等问题，推进县域普通高中的内涵发展转型，从而进一步提升县域普通高中办学的生机与活力。

（一）加快转变政府职能，改变全能主义的教育管理方式

政府作为公共教育服务的主要提供者，其职能定位及履职方式在很大程度上影响甚至决定着教育发展的方向。长期以来，教育行政部门对普通高中的领导与管理依循着以管制为主的“全能政府”模式，在普通高中的办学体制、培养模式、课程设置、教学内容、教师聘用、招生录取等方面都具有绝对主导权，致使其在普通高中教育管理中角色越位、错位，挤占了普通高中追求发展的自主空间。事实上，普通高中对自主设置内部机构、自主选聘部门负责人、自主选聘教师、自主使用办学经费等方面都存在较高的期望值，这些办学自主权的保障和落实也是县域普通高中实现自主办学、多样化发展的重要基础。因此，当前必须进一步推进县域普通高中教育治理变革，通过建立服务型政府、法治型政府，逐步转变过去刚性僵化的教育管控模式，实现教育行政职能由微观管理向宏观管理转

变，由行政领导向统筹规划、政策引导、监督管理和提供公共教育服务转变，真正落实和扩大县域普通高中的办学自主权。

（二）优化学校内部治理机制，提高自主办学、特色发展的能力和水平

一些县域普通高中在办学中存在明显的“等、靠、要”的思想倾向，对政府管制存在较为严重的路径依赖，自身主体性缺位，自主发展的意识淡漠，缺乏特色办学的积极性和主动性。对于县域普通高中而言，必须充分认识到自身主体性建构的重要意义，在勇于承接政府赋权的同时，还需强化责任担当，转变学校发展中的消极懈怠思维，不断释放和激发自身办学活力和主观能动性，深化学校内部治理改革，形成县域特色办学模式和教育竞争力。在实现路径上，一方面需要坚持党的领导，构建与完善基于学校章程的学校内部治理机制，保障办学自主权的有序运行，不断提升自主办学、特色发展的能力和水平。另一方面要不断完善学校内部治理结构，通过“多元共治”助推学校特色发展。以“共治”为核心的教育治理决定了学校管理日益呈现出多元协同治理的特征。学校多元协同治理不仅强调教师积极参与学校管理，还关注家长、学生、社区等主体参与学校治理的渠道、内容的创新，最终形成多元主体共治共管的学校治理格局。教师、家长、学生等利益相关者通过协商和良性互动机制参与普通高中治理，各方的智慧与力量在多元共治的立体弹性架构中生成、汇聚，成为助推学校走向多样化、特色化的重要推动力。

（三）切实转变唯分数论评价模式，建立和完善社会主体参与评价的体制机制

当前许多县域高中仍把学生的高考分数及升入大学的比例作为评价普通高中质量的唯一标准。片面追求升学率，使政府对普通高中的管理、督导和评价存在“一刀切”的现象，不仅阻滞了普通高中追求自主发展、提升品质的空间和动力，也难以满足学生和社会多层次的发展需求。因此，必须变革政府传统的普通高中评价方式，建立系统多元的评价模式。其一，在评价标准上要突出多样分类，采取尊重差异、区别对待的策略，针对不同县域普通高中建立不同的评价指标体系，完善和关注不同类型县中的丰富性和多样性，改变办学的同质化倾向。其二，结合过程性、结果性和增值性评价，从县域高中学生平时成绩及高考成绩、精英大学入学机会

等认知能力，以及性格、态度、价值观、创新力、高中毕业生大学期间的综合表现等非认知能力入手，全面评估县域高中教育质量。其三，要拓宽评价主体，完善政府、专家和社会评价相结合的评价方式。总的来说，县域普通高中建设应该充分借助和发挥多元评价主体的积极作用，完善社会力量参与普通高中评价的体制机制，为普通高中发展创设良好的环境氛围。

致 谢

加强县域高中建设是我这几年重点关注的研究问题。之所以关注县域高中，主要源自这些年参加北大招生工作的体会和感受。我 1997 年从福建宁德考入北大，当年我们福安一个县级市考入北大的就有 5 个人。2006 年我博士毕业留校后开始参加招生工作，发现不少县域高中生源流失严重，很多年都出不了一个北大或清华等精英大学的学生。虽然从个体层面来说，学生能够考上北大清华具有一定的偶然性，北大清华入学率也不能完全代表一所高中的教育质量，但从学校层面来说，一所高中能够连续几年培养出被北大清华录取的学生，在一定程度上还是能够反映出该学校的教学水平的。此外，县域高中学生进入大学后在团队合作、心理素质等非认知能力方面也相对落后于地市级高中的学生。这些问题都引起了我对县域高中问题的关注。

在招生过程中，我越来越感受到超级中学对县域高中的挤压，同时也发现每年高考难度大些的时候，地市级高中成绩会更好一点，上北大清华的也多一些，而县域高中则相反。当然，这些都仅仅是一种感觉，还无法上升到学术研究的层次。因此，从 2018 年开始，我和我的团队成员一起撰写的《我国精英大学的生源究竟在何方》《中国高考难度大些好，还是小些好》《超级中学：提高抑或降低各省普通高中的教育质量》等文章相继发表在《教育研究》上，并被新华文摘或人大报刊资料转载，有的被上级部门政策研究室单独成篇编印成简报，报相关领导参阅，形成了一定的社会影响力。在这里，我要特别感谢《教育研究》的邓友超、高宝立、刘洁和许建铮老师长期以来对这一研究主题的关心和支持。

我们课题组是国内最早开展县域高中教育研究的团队之一。我们于 2017 年开始，先后在全国 8 个省份的 100 多所县域高中和 30 多所地市级高中开展调查，以此为基础成功申请了 2020 年国家自然科学基金项目

“乡村振兴背景下县域高中教育质量研究:评价体系、影响因素和提升策略”。课题组成员以这个项目为依托撰写了10多篇与县域高中有关的学术论文和研究报告。我以这些研究为基础,撰写了本书稿,并将其作为该自然科学基金项目的研究成果。在此,感谢福建省教育厅林和平厅长和李迅副厅长,河北省固安一中刘熙舵、霸州一中杭辉等校长,福建省福安一中陈平生、宁德市民族中学林国清、福鼎一中潘家料、霞浦一中林斌等校长,教育学院博士生雷阳、晏然、游振磊、徐志芳等对课题调研提供了大力支持。感谢李世奇在书稿统筹、文字梳理等方面承担了大量卓有成效的工作。感谢王家齐、张首登、王天骄、夏宇锋、徐柱柱、万博绅、林英杰、高雪姮在数据处理和论文撰写过程中所付出的辛苦努力。感谢胡褀臻在各省县域高中调查中耗费大量的精力进行统筹协调。感谢任静、杨莉、蔡畅付出了很多心血对本书稿进行数据和文字核对。感谢方晨晨和何菲对书稿内容提出的修改意见。

最后,我还要感谢教育学院党政领导班子闫凤桥院长,侯华伟、哈巍、刘云杉三位副院长对我们团队开展县域高中研究在办公条件和人员配置等方面给予的充分支持。

郭丛斌

2022年7月27日